本书系国家社科基金重大攻关项目"中国慈善通史"（项目编号：11&ZD091）、湖南省社科基金一般项目"民国救灾思想史"（项目编号：13YBA245），湖南省博士后科研资助专项计划"民国救灾思想研究——民国灾害学理论体系初步形成"（项目编号：2014RS4023）阶段性研究成果之一。本书受西北政法大学学科建设经费资助。

中国慈善研究丛书

民国时期救灾思想研究

文姚丽 著

人民出版社

目　录

第一章

导　论

第一节　选题的由来、背景及意义

　　自古以来,中华民族就是一个多灾多难的国度,正如傅筑夫先生所言,一部二十四史,就是一部中国灾荒史。一部中华文明史,从某种意义上来说,也是一部中华民族与自然灾害不断抗争的历史。各种自然灾害从上古时期至今绵延不断,救灾、抗灾、减灾、防灾一直为历朝历代朝野重视,中国人民不仅积累了世界上独一无二的大量灾害史料,也积累了极为丰富的减灾救荒的历史经验,既包括封建王朝的救荒政策与实践汇编,治水防洪、发展农业的对策措施,具体抗灾活动的详细记录,还包括历朝历代思想家对救灾思想的论述等。这些资料和经验都散见于浩如烟海的历史典籍中,无疑需要后来的学人总结、提炼、分析和研究,以资治于当世。

一、选题的由来

　　本论题的选择,首先源自个人学术兴趣。由于笔者初中毕业之后考取了中等专业技术学校,即陕西省旅游学校,未能接受高中阶段的学习以至于错失了读大学的机会。但一直以来并未曾放弃学习以提高学术。自 2000 年中专毕业之后,笔者一边工作,一边参加自学考试并在获得本科毕业证后参加研究生入学考试。在自学过程中,笔者荣幸结识西北大学刘文瑞教授,并受其传道授业影响。刘老师史学功底深厚,对中国政治制度史、管理思想史等都有较深入研究,与刘教授的无数次讨论使笔者积累了一定的史学基础,也在一定程度上促使笔者发现了自己对史学研究的学术兴趣。

考取中国人民大学博士生后,在郑功成教授的潜心培养和悉心指导下,笔者决定最终选择民国时期的救灾思想作为研究对象。郑老师学术思想博大精深,治学视野宽阔敏锐,关注民生事业,致力于中国社会保障理论研究,尽力于中国社会保障实践的推动。他非常支持我对中国社会保障史进行专题研究,不仅充分肯定这一专题是社会保障研究急切需要开拓的领域,而且将其纳入中国社会保障史研究(系列)重大课题之中,使我有机会参加中国社会保障史研究的多次专题会议,聆听到国内多位对中国社会保障史研究有建树的历史学者的深刻见解。4 年来,在郑老师的培养和指导下,笔者在救灾史和救灾思想史研究方面开始做了一些工作,尤以近 6 万字的《中国灾害研究述评(1919—2010)》为题,对灾害领域的大部分研究成果予以梳理,包括自然科学领域对灾害的研究、社会科学领域对灾害的宏微观研究、抗灾救灾与灾害防御对策研究、救灾保险研究、荒政制度及救灾理念研究等内容。灾害研究述评工作,实际上是对救灾以及救灾思想的文献梳理。通过对文献的梳理和述评,开阔了笔者的研究视野,廓清了笔者的研究疑虑,奠定了笔者的研究基础,找到了研究着力点。期间,笔者也曾受到中国人民大学清史研究所夏明方教授的多次无私帮助与指导,深感夏明方教授的治学态度与学术追求,在多次查找史料过程中受益良多。正是在这样的背景下,促使笔者明确了自己博士论文主攻方向,即选择民国时期的救灾思想进行研究。

二、选题的理论背景

在社会保障领域,从以往的研究路径和成果来看,多数集中于对现实问题的实证研究,而较少关注社会保障历史经验与教训的总结;多数侧重于数理模型与调查报告分析,而缺少对社会保障制度变迁的历史路径与历史规律的考察;研究角度也多基于经济学、社会学或管理学等学科,而较少从史学或者思想史角度研究社会保障制度,虽偶有学者涉足社会保障史研究,但也是仅从制度层面予以简单梳理和描述,从思想史的角度研究社会保障形成的成果不多。然而,每一个民族或国家都有其悠久的历史文化传统。对当代中国社会保障制度而言,既应借鉴西方现代社会保障制度的先进元素,也不可避免受中国传统社会保障思想与实践的路径依赖,如民本思想、以血缘为纽带的家族保障与邻里互助等,乃至于受中国传统文化的影响,如天人合一、宗法社会、中庸之道等。在这种情况下,加强中国社会保障思想史包括中国救灾思想史研究,必定有助于借鉴历史经验、汲取历史智慧,正如郑功成教授所言:"没有历史的长度无以厘清社会保障制度发展的脉络与客观规律,既不能吸取历史的经验与教训,也很难把握制度发展的未来能否可持续。因此,当代社会保障的发展不能不以历史为师,不能不以历史为镜,应当将尊重文化传统与重视历史经验作为谋求当代社会保障制度变革与发展的重要基础,而将当代社会保障发展放在历史进程中加以考量,从源头汲取智慧,并寻求可持续的发展路径,便是当代社会保障发展进程中应持的历史观。"[1]

近几年来,国内史学界对社会保障史的研究渐趋热潮,研究成果日益丰富。如王文涛的《秦汉社会保障研究——以灾害为中心的考察》,王卫平、黄鸿山的《中国古代社会保障与慈善事业——以明清时期为重点的考察》,李向军的《中国救灾史》,孟昭华的《中国灾荒史话》,王子今的《中国社会福利史》,张文的《宋朝社会救济研究》,周秋光的《中国慈善简史》,蔡勤禹的《国家、社会与弱势群体——民国时期的社会救济》及《民间组织与自然灾害救治——民国华洋义赈会研究》、汪汉忠的《灾害、社会与现代化——以苏北民国时期为中心的考察》,陈桦、刘宗志的《救灾与济贫——中国封建时代的社会救助活动(1750—1911)》以及阎守诚的《危机与应对:自然灾害与唐代社会》等,都是这一领域的代表性著作。然而,这些成果都是史学家基于史学的视角与研究方法所从事的研究,它通常被视为史学研究成果,从而与社会保障的研究视角存在着一些距离。因此,从社会保障视角对中国社会保障史进行专题研究仍然具有不可替代的理论意义。

尤其是救灾思想与救灾实践,在中国的历史长河中更是传承了数千年,它构成了中国社会保障史重要的甚至是主体构成部分,其中近代灾荒史与救灾研究更是具有承上启下的独特价值。李岚先生曾说:

中国近代是真正意义上灾荒史研究的发端和兴起阶段,这一阶段中国历史的大变动、大发展,具有完全不同于传统社会的发展内容和发展方向,各种事件接踵而起,无数人物起伏沉沦,而救荒随着近代社会经济结构的变动,西方政治、社会思想的传入,以及自然灾害的频发与严重,已经成为一场社会化了的全面运动,有着许多与以往完全不同的特点。因此,对其中的救荒、赈济实践和理论进行梳理总结,不论是在学理

　　上，还是在实践上，都是极有意义的一项工作。[2]

从 20 世纪 80 年代开始，随着社会史研究的复兴，灾荒史的研究开始日益为学界所重视，首先是自然科学工作者从资料的系统发掘和整理入手，包括对各地地方志、各朝实录、正史、档案、野史、笔记、碑刻、报纸、日记以及其他文献涉及的有关自然灾害资料、地质资料的搜集、归档和整理，面世出版了一大批有关水、旱、虫、潮、疫等灾害研究资料以及天象、水文、地质资料等历史文献，进一步的研究工作也次第展开，成果斐然，以至于灾害学作为一个独立的学科门类开始逐步形成。相对于自然科学的研究进度，社会科学起步相对滞后。以李文海、夏明方等为核心的一批史学工作者奋起直追，他们的努力使灾荒史的研究有了长足的发展，无论是成果的数量和质量，还是课题的深度和广度，都取得了突破性的进展，学术研究队伍逐步扩大，有关灾荒史研究的著述和史料陆续出版，包括《近代灾荒纪年》、《近代中国灾荒纪年续编》、《中国荒政书集成》、《民国赈灾史料初编》、《民国赈灾史料续编》等工具书以及《民国自然灾害与乡村社会》、《民间组织与灾荒救治》、《1931·救灾社会化》等诸多具有代表性的研究著作。除此以外，据不完全统计，从 1982 年起初，社会科学界公开发表的有关灾荒史研究的学术论文达数百篇之多，内容涉及灾荒的成因、灾荒与农业、灾荒与地方经济、灾荒与战争、灾荒与仓储、荒政与吏治、灾荒与难民、灾荒与动植物病虫害等各个方面，成果颇丰，在史学界有逐渐成为显学的趋势。但是，截至目前，学界关于灾荒史的研究更多的是侧重于单次灾荒救助或者某一地域灾害救助，少有涉及具体时段灾害救助的研究，更未曾展开对民国时期救灾思想的研究。再者，民国时期不仅自然灾害频繁发生，并且由于其战乱不断的政治环境及受社会思潮激荡的影响，民国时期的救灾思想不仅是对传统救灾思想的继承,也是晚清救灾思想近代化转型的继续,更是救灾思想近代化转型的形成与定型时期。因此,从社会保障学科视角下选择民国时期救灾思想进行专题研究,在一定程度上具有开拓性意义。

三、选题的现实意义

李大钊曾说:"历史这样的东西,是人类生活的行程,是人类生活的连续,是人类生活的传演,是有生命的东西,是活的东西,是进步的东西,是发展的东西,是周流变动的东西。"研究历史是为了总结过去,关照现实,预测未来。就当代社会保障制度包括救灾制度而言,政策制定者在制定社会保障制度时,更多的以现实问题的解决为政策制定的出发点与归宿,主要注意力集中在现实问题的解决,很少用历史的眼光审视当代社会保障制度,以至于许多政策存在"头痛医头,脚痛医脚"的情况,严重影响社会保障制度的稳定性、严肃性、科学性和长期性。

作为一个刚刚过去的历史时期,民国距今时间最近,与当前的现实联系也最为密切。因此,对于民国社会保障史包括救灾史的研究应当为社会保障学界所重视。更为重要的是,中国传统社会保障体系是以救荒为核心而展开的一系列民生保障,面对民国时期的社会转型,社会保障制度的探索从以救灾为核心逐步转向现代社会保障制度,以救灾思想为对象研究以救灾为核心的社会保障的近代化转型路径,可能会对后来的救灾制度以及社会保障制度的构建提供新的认识维度。

尽管在我国现行的社会保障体系中,养老保险、医疗保障等构成了其主体部分,但各种灾害的频繁发生,灾害损失的不断扩大,显示了救灾作为我国社会保障体系的必要构成部分仍然占居着独特的地位,任何时候都不可以轻废。1998年江淮大水灾、2003年

"非典"事件、2008年南方冰雪灾害、汶川大地震,以及近几年间发生的一系列重大灾难,都表明如何选择并不断完善我国的救灾制度具有紧迫性。而总结民国时期救灾思想及其实践,不仅可以为中国的救灾事业提供历史借鉴,而且能够为世界减灾救荒事业提供些许参考线索。历史研究的意义或许就在于从现实问题、当下社会环境及情境出发,从历史中追寻前人思考问题的思维方式与逻辑体系及具体的技术方法。如果基于历史眼光审视当今的许多灾害,可能我们对于当今的救灾政策及其实践将会多一分理智和清醒。因此,对民国时期的救灾思想进行深入研究,将历史与现实结合起来,为今天的救灾防灾减灾,乃至于社会保障制度建设提供有益的历史借鉴和启示,即为本书的出发点。

第二节　概念界定

概念的界定是研究的逻辑起点。本书对于"民国时期救灾思想"的研究,首先从相关概念界定入手,如"灾害"、"灾荒"、"救荒"、"救灾"、"救灾思想"、"荒政思想"、"救荒思想"等,唯有如此,方可深入展开对民国时期救灾思想的研究。

一、灾害与灾荒

邓云特先生认为,所谓的灾荒是由于自然界的破坏力对人类生活的打击超出了人类的抵抗能力而引起的损害,在阶级社会里,灾荒基本上是由于人和人的社会关系的失调而引起的人对自然条件控制的失败所招致的社会物质生活上的损害和破坏。[3] 夏明方教授在《民国时期的自然灾害与乡村社会》中,对灾害与灾荒进行了辨析,比较准确的阐述了灾害与灾荒的联系与区别。他认为:

"灾"即灾害,是在一定的历史条件下不可抗的自然力对人类生存环境、物质财富乃至生命活动的直接破坏和戕害,而"荒"即饥荒,则是天灾人祸之后因物质生活资料特别是粮食短缺所造成的疾疫流行、人口死亡逃亡、生产停滞衰退、社会动荡不宁等社会现象。"灾"是形成荒的直接原因,但不是唯一的原因,"荒"是灾情发展的结果,但不是必然的结果。由"灾"而"荒",通常的情况是要通过灾害学中所说的"社会脆弱性"这个中介才能完成的。就人与自然的关系而言,在灾害形成过程中,人的因素不能排除,但人毕竟是通过自然力来实现其破坏能量的,而在荒的形成过程中,则是自然力通过人的活动而不断扩散和放大的。由于旧中国几乎每"灾"必"荒",故而在时人的著述中,灾害和灾荒即是同义词。[4] 另外,经济学家钱俊瑞认为灾荒是恶劣的自然条件对于财富和生产力的破坏,主要的表现为自然和人类的冲突,而不是一个历史的范畴,人类在原始社会和古代社会固然能够发现古埃及与尼罗河洪水泛滥这样的天灾,在资本主义时代也会发生美国的水灾和日本的风灾;同样社会主义的苏联也会发生旱灾。这种天灾的程度自然会随着人类生产力和生产组织的扩张和改进,逐渐减轻。

以上学者对"灾荒"或"灾害"的界定,侧重点各有不同。邓云特先生认为"灾荒"是自然界的破坏超出了人类的承载能力而造成的,强调阶级社会中人与人关系的失调而导致人与自然关系失调所导致的损失和破坏。夏明方教授通过"社会脆弱性"这一概念来阐述"灾荒"与"灾害"联系与区别,其主要阐述"灾"与"荒"的因果关系以及人与自然的关系。无论是邓云特先生还是夏明方教授对灾荒的定义,其都是将"灾荒"或"灾害"放在一个历史的范畴进行阐述,可以说,是一种历史学的视野或研究方法。而钱俊瑞对灾荒进行界定,主要在于说明灾害发生的无限性以及生产力、生产组织的扩张和改进对灾荒的减轻作用,即财富或生产力对于灾荒的应对,主要从生产力、财富与灾害的关系予以说明,可以说,这是一种灾害经济学的视角。

在传统社会,由于经济发展水平和科学技术水平局限,可以说,有灾必有荒,"灾害"等同于"灾荒"。但进入现代社会后,灾害的发生未必造成灾荒,尤其是在经济社会大幅度发展的社会环境下,救灾能力有了大幅度的提高,灾害的发生几乎很少导致灾荒的发生。因此,"灾荒"、"灾害"等概念的内涵和外延也不断调整,现今理论界和实务界更倾向于"灾害"这一概念。

本书对于"灾害"与"灾荒"的界定,采用的是历史范畴。就其内涵和外延而论,由于本书以"救灾思想"为研究对象,二者并无明显区别。而就历史语境而言,本书则遵守历史语境下的词汇用法,在说明同一事物的情况下根据不同的历史语境则选用不同的词汇,即"灾荒"或"灾害",因此,在后文的行文中,本书将根据不同的历史语境选择不同的词汇。民国时期是继晚清救灾思想近代化萌芽之后,传统救灾思想的近代化转型与形成时期,救灾思想更多的包括了近代社会对灾害和救灾的认知与实践,因此本书在谈及传统意义上相关灾荒内容的论述或见解评论时选用"灾害"一词,指代历史上曾经的"灾荒"。

二、救荒与救灾

"救荒"与"救灾"概念的不同,和"灾荒"与"灾害"之间的区别大同小异,"救荒"相对于传统意义上的"灾荒"而言,而"救灾"则是相对于"灾害"而言。从本质来说,"救荒"与"救灾"的内涵和外延均无实质性差异,同是指救灾主体对灾害或灾荒的救助。不同之处在于,"救荒"是历史语境下的用法,由于我国历朝历代有灾必有荒,因而对于"灾害"的救助必然是对于"灾荒"的救助,而由于现代社会经济的高速发展以及科学技术的极大进步,即使发生全国性的灾害或特大重大灾害,可能也不至于发生灾荒。因此,对于现代社会而言,"救荒"已成为历史,由"救灾"代替。

三、救荒思想、荒政思想与救灾思想

"救荒思想"、"救灾思想"、"荒政思想"既有联系又有区别,对于"救荒思想"与"救灾思想"的区别,如同"灾荒"与"灾害"或"救荒"与"救灾"之区别,其本质内涵均无差异,只是历史语境下用法的不同。由于民国时期处于中国救灾思想的近代化转型时期,为了表明中国传统救荒思想与近代救灾思想的区别,因而,本书采用"救灾思想"这一术语。而"荒政思想"则与"救荒思想"或"救灾思想"有所区别,从本质内涵上来说,它们虽都是指救灾主体在对灾害或灾荒的救助过程中所体现出的思想性,但"荒政思想"主要指政府在灾害或灾荒救助过程中所体现的思想,而"救荒思想"或"救灾思想"不仅包括政府在灾害或灾荒救助过程中所体现的思想,还包括民间机构在灾害或灾荒救助过程中所体现的救助思想。

需要提及的是,"救荒制度"与"荒政制度"的区别与联系,与"救灾思想"与"荒政思想"如出一辙。就概念的本质而言,"救荒制度"与"荒政制度"都是指灾害或灾荒发生之后救灾主体所采取的一系列救助制度或措施,所不同的是救灾主体范围之大小,"荒政制度"主要是指政府对于灾害或灾荒救助所采取的救助制度或措施,包括中央政府与地方政府。而"救荒制度"不仅包括政府对灾害或灾荒所采取的救助制度或措施,还包括民间机构、家族邻里及乡绅等开展的一系列救助制度或措施。

至于"救荒制度"与"救灾思想"的区别与联系,显而易见,"救荒制度"是灾害或灾荒救助的一系列规章制度或措施,而"救灾思想"则是救荒制度或措施所体现出的思想性,救荒制度是救灾思想的反映,救灾思想是救荒制度的凝练,而且影响着救荒制度的制定与实施。

第三节 文献梳理

38 年的民国历史,战乱频仍,灾荒占据着一个相当突出的位置。李文海先生曾指出:

> 一旦接触到那么大量的有关灾荒的历史资料后,我们就不能不为近代中国灾荒的频繁、灾区之广大及灾情的严重所震惊。[5]

李先生在此处谈及的是晚清时期的近代灾荒,其实,这个说法也完全适合于民国时期。社会存在决定社会意识,对应灾荒频繁的现实及丰富的救灾实践,当时以及后来关于民国灾荒与救灾的研究一直不绝如缕,对民国灾荒史取得了大量的成果,关于民国时期救灾思想的研究也逐步丰富。

一、民国以来灾荒史研究进程简述

从众多历史经验来看,几乎每次重大灾荒的发生都伴随着灾荒史研究的一个繁荣阶段。民国灾荒史作为灾荒史研究的一部分,发端于现代科学意义上灾荒史研究产生的环境之下,即 20 世纪 20 年代初期,一场席卷华北 5 省的大旱灾和与之同时发生的甘肃大地震开启了民国时期学者对于灾害的研究。尽管其中许多研究成果还不属于灾荒史的研究,仅仅是对灾害或灾荒的认知或讨论,但这些研究成果已经体现了运用现代科学解释灾害或认识灾荒的探索。随着1931年江淮大洪水的爆发,更多的有识之士纷纷涉足灾荒史的研究,发表了数量和质量都相当可观的研究成果,从而将灾荒史研究在20世纪30年代推向高潮,此一时期的研究成果仅从数量上来说占整个灾荒史总数量的一半之余,因此这个时期也是中国灾荒史研究得到大发展的第一个时期。

邓拓先生的《中国救荒史》正是此时出版(1937年6月)。此书对民国灾荒史的研究也有详细的梳理和讨论,可以说这是当时的代表性成果,在某种意义上说,也是对以前的灾荒史研究作了较为完备的总结,从而成为灾荒史研究的集大成之作。但是,随着抗日战争的爆发,关于其他朝代的灾荒史研究几乎陷于停顿状态,从抗战开始到1949年中华人民共和国成立为止的十余年时间,关于其他朝代灾荒史的研究寥寥无几。值得一提的是,在此期间对民国灾荒史的研究却异常繁荣,究其原因可能是有识之士对当时时局及国家命运的关注,以及对民生保障事业的关心。

新中国成立后,灾荒史的研究重新提上议事日程,巧合的是建国后灾荒史研究成果较为集中的时期正是1960年饥荒发生的前后。这一时期主要是自然科学工作者从事该项研究工作,而且他们大多是从灾害学的角度来探讨灾害发生的规律,社会科学领域的相关研究涉及的并不多。这一时期的诸多研究成果主要集中发表在《地理学报》、《地学杂志》、《地理月刊》、《科学》、《水利》、《水利月刊》之类的自然科学期刊之上。这也说明了社会科学在灾害史研究方面大大落后于自然科学在此领域的研究,而那个时期关于民国灾荒史的研究情况也大致如此。由于历史的原因,"文革"的爆发几乎打断了灾荒史研究,从1966年到1976年,没有出现一篇有价值有分量的相关论文。

改革开放后之后，研究环境有了重大转变，国内灾荒史研究获得了长足发展。特别是在 80 年代中期，李文海先生痛感"史学危机"，牵头成立"近代中国灾荒史研究课题组"，带动了一批研究者专门从事该领域的研究，这标志着灾荒史研究步入了新的发展轨道。随后，社会科学工作者在这一研究领域逐渐取得了堪于自然科学工作者并驾齐驱的成果。关于民国的灾荒史研究也随之逐步发展，尤以夏明方教授的《民国自然灾害与乡村社会》（中华书局，2000）之出版最具代表性，该书在某种程度上代表了民国灾荒史研究的最高学术成就。

90 年代后，伴随着经济粗放式的飞跃发展，自然环境破坏严重，环境问题日益严峻，尤其是以 1991 年和 1998 年两次百年不遇的特大洪水的发生为最。因此，关于灾荒史的研究又迎来了新的高潮时期，研究内容不断拓宽，灾荒史的研究与历史学的其他分支如经济史、社会史、边疆民族史等有较多的交叉和互动，并且在研究方法上借助于统计学、社会学、经济学、环境学等诸多学科，研究成果丰硕，不论是从发表论文的数量来说，还是从论文及著作的质量来看，都标志着对灾荒史特别是民国灾荒史研究有了一个质和量的飞跃。

总的来说，关于民国灾荒史的研究因现实需要及其内在生命力而得到越来越多的认同与关注。大体而言，这些研究成果所探讨的主要问题可以划分为三个类：一是对灾荒本身的研究，即对灾荒成因、灾荒的实际发生情形及其规律等方面的考察；二是主要谈论灾荒的社会影响，也就是灾荒与政治、经济、文化、人口、社会变迁之间存在的深层关系；第三类是关于救灾对策的探讨，主要包括对救荒、备荒、防荒等方面的研究。

二、民国时期灾荒史的研究概况

在梳理民国时期救灾思想研究成果之前,需要厘清民国时期灾荒史的已有研究成果,这有助于展开对民国时期救灾思想的系统研究。在此之前,也曾有对民国时期灾荒史的回顾与总结,如武艳梅的《河南近代灾荒史研究的回顾与展望》[6]和《五十年来民国救灾史研究的回顾与展望》[7]、焦会琦、雷桂贤的《近代华北灾荒史研究述评》[8]、苏全有、王宏英的《民国初年灾荒史研究述评》[9]、苏全有、李风华的《民国时期河南灾荒史研究述评》[10]、叶宗宝的《期待人文视野下的灾荒史研究——中国灾荒史研究之回顾与前瞻》、[11]阎永增、池子华的《近十年来中国近代灾荒史研究综述》[12]、杨洪远的《民国时期甘肃省灾荒研究述评》[13]、欧阳晴的《民国自然灾害研究述评》[14]等均有相当的篇幅涉及到民国时期灾荒史研究。

由此可见,民国时期灾荒史作为一个独立研究对象已存在,并且已经成为一个独立的论述主题,然而学界未能就民国时期灾荒史研究领域有过较为统一的、系统的研究成果,这个领域还远远缺乏必要的整合性,也较少有人对此领域作较为明确的界定,包括对其内涵、外延以及研究方法和研究方向等问题都未曾给出了一些总括性的意见。这种情况使得对民国时期灾荒史研究进行学术梳理与概括尤为必要且相当迫切。正如李岚先生所说:

> 中国近代是真正意义上灾荒史研究的发端和兴起阶段。这一阶段中国历史的大变动、大发展,具有完全不同于传统社会的发展内容和发展方向,各种事件接踵而起,无数人物起伏沉沦,而救荒随着近代社会经济结构的变动,西方政治、社会思想的传入,以及自然灾害的频发与严重,已经成为一场社会化了的全面运动,有着许多与以往完全不同的特点。因此,对

其中的救荒、赈济实践和理论进行梳理总结,不论是在学理上,还是在实践上,都是极有意义的一项工作。[15]

鉴于民国时期的救灾处于中国传统荒政的近代化转型时期,因此通过对这些具体研究成果进行较为全面地回顾与总结,或许可以收到窥一般而知全貌的效果。

灾荒史的研究范围不仅仅限于灾荒的历史内容,还包括其他与灾荒密切相关的历史内容,如救荒、备荒、防荒以及为了应对灾荒而出现的思想与实践。概而言之,关于民国灾荒史的研究大体上可以分为三类。

第一类是专项研究方面的论文论著。这部分占总数量的比重最大,据初步统计,共有相关论文 200 余篇,专著方面则有夏明方所著的《民国时期自然灾害与乡村社会》(中华书局,2000)、苏新留的《民国时期河南水旱灾害与乡村社会》(黄河水利出版社,2005)、汪汉忠的《灾害、社会与现代化——以苏北民国时期为中心的考察》(社会科学文献出版社,2005)、蔡勤禹的《民间组织与灾荒救治——民国华洋义赈会研究》(商务印书馆,2005)、孙语圣的《1931·救灾社会化》(安徽大学出版社,2008)、薛毅的《中国华洋义赈会救灾总会研究》(武汉大学出版社,2008)、陈业新的《明至民国时期皖北地区灾害环境与社会应对研究》(上海人民出版社,2008)与李庆华的《鲁西地区的灾荒、变乱与地方应对 1855—1937》(齐鲁书社,2008),以及杨琪的《民国时期的减灾研究 1912—1937》(齐鲁书社,2009)等二十余部。

第二类属于工具书。这里主要指李文海等人编著的《近代中国灾荒纪年续编——1919—1949》(湖南教育出版社,1991)。该书依照编年体形式,对 1919 至 1949 年间历年全国发生的各类重大灾荒情况进行了详细的说明。还有刘仰东、夏明方所著的《灾

荒史话》,提纲挈领地分析了 1840—1949 年之间的自然灾害及与
此有关的一些史事,以及李文海先生等人所著的《中国近代十大
灾荒》中对民国若干重大灾荒案例的研究。此外还包括李文海、
夏明方等人编著的《中国荒政书集成》(天津古籍出版社,2010),
该书几乎涵盖了历朝历代以"灾荒"为主题的大部分论著,其中总
共搜集到汉至清末现存荒政书 411 部(其中明代 41 部,清代 352
部),辑佚书目 65 部(明代 38 部,清代 16 部),共约 476 部,而晚清
一代共 368 部,占总数四分之三以上。另有译著或外国人编撰的
中文著作 15 部,可以说,是国内外灾荒研究的集大成之作。

　　第三类则主要是民国灾荒史料汇编。与全国性及地域性灾害
史料的整理对比来看,或者是与清代灾荒史料的整理对比来看,民
国时期灾害史料的整理工作尤为薄弱。这里值得一提的是由詹福
瑞等人主编、国家图书馆出版社出版的《民国赈灾史料初编》
(2008)、《民国赈灾史料续编》(2009),其主要以民国赈灾史料为
对象进行资料汇编,这可以说是目前学术界就民国赈灾史料收录
最为完全的史料汇编。正如该书在序言中提到:"本书辑录了十
余种民国时期的赈灾史料,如《救荒辑要初编》、《赈灾辑要》两部
重要专著以及 1920—1949 年间四川、湖南、陕西、江西、广东等地
的赈灾刊物,反映了民国时期的各项救灾减灾政策、措施,涉及民
国的经济、社会、政治、法律等方面,是研究当时各地区的重大灾害
和赈济措施的重要文献。"[16]灾荒史研究必须从查阅有关灾害记
录、做详尽的统计、辨析等这些最为基础、最为繁琐的工作做起,同
时也只有扎实做好统计工作,才能迈出研究的坚实脚步。因此,对
民国灾荒史的深入研究首先需要对民国时期灾害史料做以汇编和
整理,这是研究民国灾荒史紧迫而繁重的工作之一。除此之外,邓
云特先生在《中国救荒史》中也有对民国灾荒的整理,湖南省气象

局气候资料室编写的《湖南省气候灾害史料(公元611年—公元1949年)》(1982年版)等地域性灾害种类的研究之中,也分布着对民国灾荒的资料整理。

除以上三类之外,还应该提及的成果主要有解放后出版的一系列有关水利史、地质史和农林科技的著作,如经著名地质学家李四光提议、由中国科学院地震工作委员会组织整理的《中国地震资料年表》(科学出版社,1956)、《华北、东北近五百年旱涝史料》(中央气象局研究所编,1975)、顾功叙等编的《中国地震目录》(科学出版社,1983)、水利部黄河水利委员会编的《黄河水利史述要》(水利出版社,1982)、齐武的《一个革命根据地的成长》(人民出版社,1957),该书部分内容涉及到晋冀鲁豫边区救灾工作;章有义编写的《中国近代农业史资料》(第三辑,1957),该书收集了大量关于民国时期灾荒所导致的不良影响的资料等。在所有这些著作中,对民国灾荒论述并非其重点所在,但这些论述无疑为民国灾荒史研究增添了不少分量,可以成为研究者不可忽略的参照系。

三、民国时期救灾思想研究回顾

社会保障学界大部分研究成果以政策研究居多,很少涉及到社会保障史的研究,更很少涉及到救灾思想和社会保障思想的研究。当然,必须提及的是郑功成先生对当代社会保障思想的研究,他提出了“公平、正义、共享”的社会保障理念,这一理念逐渐成为当代中国社会保障理念与思想的核心。但是,总体看来,社会保障学界关于社会保障思想尤其是民国时期的救灾思想的研究成果较少。

相对而言,史学界对于民国时期救灾思想的研究倒是多于社会保障学界,本书选取有代表性的文献予以评价分析。孙语圣以

1931 年水灾为切入点研究民国时期灾害救助的社会化,从灾害救治社会化的动因与条件、灾害救治的路径取向、灾害救治的资源动员等方面分别对灾害救治的社会化做以透彻分析。汪汉忠则以民国时期的灾害与苏北的相互作用为主线,研究灾害、社会和现代化之间的关系,在此基础上分析总结民国时期灾害对苏北社会的影响以及灾害的赈济和治理,总结了苏北现代化过程中的特点以及灾害对苏北现代化的影响,提出"可持续发展是一种科学的发展理念,更应该成为一种生存理念,可持续发展不仅体现为发展战略,更应该纳入到先进文化之中,成为先进文化建设的重要内容"。[17] 然而,杨琪关于 1912 年至 1937 年南京国民政府减灾措施的研究,其中,部分涉及到救灾思想,如减灾制度与立法、民国时期灾害的科学研究以及灾害的科学治理等相关问题,并在大量史料发现的基础上提出了民国时期现代水利管理体系的形成与医疗卫生体系的建立等具有代表性的观点,但是,其研究主要局限于民国减灾制度的角度,而未能上升到救灾思想研究的高度。

    杜维鹏在其硕士论文中以"近代救灾思想(1840—1931)"为研究对象,对近代救灾思想展开论述,其主要侧重点在于总结近代救灾思想的内涵,如"教养并重"思想、国际人道主义救灾观念、实业救灾论等,总体而言其对于近代救灾思想的研究缺乏史料的支撑,论述过于简单。陈凌在其硕士论文"1920 年华北五省旱灾与赈务研究"当中提出了灾荒救济的近代化与国际化,并明确提出救灾思想的近代化这一命题,主要从以工代赈、植树造林、重农、利用现代科学技术防灾救灾、学习国外先进经验改良政治及改进组织等方面对救灾思想的近代化予以说明,并进一步指出救灾体制的近代化,如交通和通讯手段的近代化、募款渠道的多元化、救灾机构的完备和发展、官赈与义赈的结合和互补等。救灾思想的研究需要建立在大量史料与代表性、重大性灾害研究的基础上,陈凌的研究虽有史料支撑,然而其未曾涉及到南京国民政府时期的灾害相关研究成果及灾害救助,而南京国民政府时期的救灾思想恰恰是民国时期救灾思想的重要组成部分。因此,救灾思想近代化的命题还需要建立在大量史料深入分析的基础上充分论证。

应该说,在史学界,对于救灾思想近代化转型论述最为精辟的则是夏明方教授,他在《洋务思潮中的荒政近代化构想及其历史地位》一文中对救灾思想近代化转型的几个方面分别给予分析评价,如近代工商业的发展作为救灾的根本途径,摒弃了传统的"以农为本"的救灾模式,主张实业救灾等;传统农业到近代农业的转型为近代救灾思想的转型提供了物质基础;救灾主体的多元化为建立一种官、商、民相结合的社会化的救灾备荒体系提供基础等。然而,夏明方教授主要讨论晚清救灾思想的近代化转型,未曾涉及到民国时期救灾思想的近代化转型。

可见,从已有研究成果来看,无论是从社会保障学的角度,还是从社会保障史研究,民国时期的救灾思想都已成为一个深入研究中国近代社会史,中国救灾思想变迁、社会保障史或社会保障理论不可或缺的部分,已有的研究成果亦为民国时期救灾思想研究积累了一定的基础,这是驱使着笔者展开民国时期救灾思想专题研究的重要原因。

第四节　研究方法与研究思路

一、研究方法

"民国时期救灾思想"这一研究主题,无疑是一个历史学的研究范畴,然而,中国自古以来是一个灾难多发的国度,在经济发展水平有限的情况下,这必然决定着中国传统社会保障是以灾害救助乃至社会救助为核心建立的灾害的保障体系。因此,对于民国时期救灾思想的研究可以在一定程度上反映中国传统社会保障思想乃至社会转型时期的社会保障思想,可以说民国时期的救灾思想也属于社会保障研究领域,而且对于中国救灾思想乃至社会保障史的研究在一定程度上可以促进社会保障理论的研究,同时在一定程度上推动着社会保障学科发展建设。需要说明的是,学科视角不同,研究方法必然有所不同,研究论证及结论各有侧重。同样是对"民国时期救灾思想"的研究,历史学视野下的研究在侧重大量翔实充足的史料基础上,目的是通过深入论证说明民国时期救灾思想是什么,而社会保障学视野下的研究更为侧重民国时期救灾思想对政策及实践的影响,强调对当代的借鉴与现实意义。所以,本书采用历史学与社会保障学相结合的研究方法,在搜集大量一手史料的基础上,以史料为依据详细论述民国时期的救灾思想,同时基于社会保障学科视角,分析民国时期救灾思想产生的历史环境与时代背景,分析民国时期救灾思想的微观基础和主要内容,提炼民国时期救灾思想的中国元素和本质内核,总结民国时期救灾思想对救灾实践的影响,从历史中找到可供借鉴的经验和教训,启发人们对中国传统人文关怀的再认识。

史学研究着重强调讲求史实,实事求是,论从史出,强调将历史事实说明白、讲透彻。有一分史料说一分话是史学研究的基本要求,因而史料的充足性与可靠性是本书研究的基础。笔者认为这方面还是勉强做到了。本书搜集了大量关于民国时期救灾思想的一手史料,对民国时期救灾思想进行翔实可靠的论证。论证的过程完全基于史料说话,将民国时期救灾思想讲明白,分析透彻,避免以偏概全。

一般而言,史学研究不太注重总结对当代有借鉴意义的结论或启示。如果将同一历史事实放在不同的历史长河中,或从不同的视角看待历史事实,得出的结论可能大相径庭。从目前社会保障学科研究的研究成果来看,主要理论成果体现在社会保障政策或实践方面,注重研究实践意义与应用价值,这是由于社会保障的学科应用性所决定。因此,社会保障学的研究方法必然要求在论证清楚民国时期救灾思想的基础上,着重强调民国时期救灾思想对政策及实践的影响,以及民国时期救灾思想对当代的借鉴意义与价值。

基于此,本书采取文献研究方法。在近四年间,笔者不仅遍查京城各大图书馆,而且亦到南京第二历史档案馆、中山大学图书馆等地方查找史料。研究资料的来源包括如下几个方面:

1. 民国赈灾史料汇编。主要是国家图书馆出版社 2009 年出版的《民国赈灾史料初编》与《民国赈灾史料续编》,这两部资料汇编几乎涵盖了民国时期大部分的灾荒类书籍与报刊杂志,其中《民国赈灾史料初编》以民国时期出版的灾荒类著作或期刊为主,著作类如《赈灾辑要初编》、《赈灾辑要》等,期刊则包括《湘灾周报》、《湘灾月报》、《湖南水灾善后委员会赈务类刊》、《陕赈特刊》、《陕西赈务集刊》、《江西善救影集》及部分公牍。而《民国赈灾史料续编》则主要是以救灾报告及救灾实录为主,包括《国民政府水灾救济委员会赈灾报告》、《国民政府救济水灾委员会灾区工作组宁属区赈务报告》、《国民政府救济水灾委员会工赈报告》、《救灾经过及放在计划》、《一年来赈务之设施》、《赈灾委员会报告》、《民国十九年赈务统计图表》、《民国二十二年黄河水灾调查统计报告》、《水灾调查规划说明书》、《调查全国水灾情形初步报告》等。

2. 民国时期的学术期刊杂志。如笔者遍阅的《新中华》、《中国农村》、《红色中华》、《斗争》、《红旗》、《向导》、《解放日报》、《水利月刊》、《申报月刊》、《观察》、《科学》、《东方杂志》、《申报》、《中国实业》、《社会科学杂志》、《社会科学季刊》、《社会学界》、《地理学报》、《清华学刊》、《禹贡》、《地学杂志》、《新闻报》等。其内容主要包括民国时期学者对灾荒、灾害及救灾的具体研究成果，可以说，这部分资料有史料发现的创新性价值，代表了民国知识界或学者对于灾荒或救灾的最高研究成果，属于民国时期救灾思想史料之重要组成部分。

3. 其他出版物。本书对中国共产党边区政府史料的搜集整理与选择，一方面来自于已出版的各根据地史料汇编，如《抗日战争时期陕甘宁边区财政经济史料摘编》、《新四军和华中抗日根据地史料选编》、《晋冀鲁豫抗日根据地财经史料选编》、《山东革命根据地财政史料选编》等。当然，各根据地资料汇编并不能满足对于本书写作的需要，关于革命根据地的救灾史料，本书在写作过程中还大量查阅了《解放日报》、《新中华》、《红色中华》、《向导》、《中国农村》、《解放前的中国农村》《红旗》等报纸、期刊杂志。此外，还有部分人物全集、选集、传记，如《孙中山全集》、《熊希龄集》、《章元善外传》等。

4. 已有研究成果。即当代对民国时期灾害救助方面的研究成果，它们作为支撑本书的第二手资料或间接资料，亦对本书的完成有重要的参考作用。

正是上述史料的搜集，为本书的写作提供了丰富的养分。本书即是在这些以千万字计的史料基础上，经过梳理、归类、概括加工，并融入自身对民国时期救灾思想的理解和感悟而成书。

二、研究思路与本书框架

本书在写作过程中,以"民国时期救灾思想"作为研究对象,将社会保障学的研究方法与历史学的研究方法相结合,以"历史渊源与背景分析——客观基础与主要内容——对制度及实践的影响——个案研究——结论"的分析框架展开。首先分析民国时期救灾思想的历史渊源与时代背景,这对于深入理解民国时期救灾思想不可或缺,民国时期救灾思想一方面继承了传统救灾思想的精华,一方面又是特殊时代背景下的产物。其次,论述民国时期救灾思想的客观基础和主要内容,以民国时期学者对灾害的微观研究作为民国时期救灾思想产生的客观基础,关于灾害的研究实际上也是民国时期救灾思想的一大特点,突出反映了民国时期救灾思想的科学性和近代化转型的特征;以民国时期代表性人物及文献为线索展开对民国时期救灾思想主要内容的论述,并从民国时期救灾思想与传统救灾思想的关系、民国时期救灾思想的特质、民国时期救灾思想的中国元素等方面对民国时期救灾思想做详尽的研究评述。再次,分析民国时期救灾思想对民国时期北京政府、南京国民政府救灾制度与实践的影响,从政策法规、体制机制和具体措施等方面分析思想和实践的相互关系。最后,分析中国共产党边区政府的救灾思想及其成功实践,以此为个案,更加清晰地描述救灾思想与实践的关系,更加全面地解证传统救灾思想、民国时期救灾思想、中国共产党救灾思想的内在逻辑发展关系,从而再次提炼出民国时期救灾思想的中国元素,演绎民国时期救灾思想与民生保障思想的关系。

本书的研究框架建立在研究思路的基础上,包含五个部分:

第一部分,即导论。主要阐述研究的背景与意义,界定所涉及到的主要概念,回顾并简要评述史学界和社会保障学界关于"民国时期救灾思想"的已有研究成果,说明本书的研究思路与框架,交代研究方法与资料来源,最后指出本书的理论创新与不足。

第二部分,民国时期救灾思想的渊源与产生背景及历史环境,即第二章、第三章。第二章主要从中国传统救灾思想的哲学渊源、古代典籍中的救灾思想及古代历史人物的救灾思想三部分分析民国时期救灾思想的历史渊源。主要目的在于说明民国时期救灾思想产生的历史土壤和特定文化背景,传统救灾思想所蕴含的中国文化元素包括天人合一的哲学思想、民本思想、大同思想等,不仅为后来学者提供了宝贵的思想来源,实际上也可能直接或间接的影响着甚至规制着后来中国学者的思考视野与研究路径。特别是,由于晚清与民国前后相继,晚清学者关于救灾的讨论直接影响民国时期学者关于灾害以及救灾的认识,发端于晚清时期救灾思想的现代化转型直接传承到民国时期的救灾思想以及学者们的研究。第三章则讨论民国时期救灾思想产生的时代背景与历史环境,即民国时期救灾思想的产生及特殊的历史环境,如政治、经济、文化、社会结构等,本章还突出呈现了民国时期的灾荒史实,作为民国时期灾荒研究的现实关照,奠定民国时期救灾思想产生的社会存在。

第三部分,民国时期救灾思想的客观基础与主要内容,即第四章、第五章。第四章建立在大量创新性史料发现的基础上,以民国时期学者对灾害、灾荒及救灾、防灾的研究成果作为研究对象,从灾害成因、灾害的性质与规律、灾害影响等三方面总结了民国时期学者关于灾害与灾害学的研究成果。应该说,关于灾害本身的科学化研究是民国时期救灾理论的突出特点,晚清以来特别是民国时期,由于科学技术的发展,对于灾害的认识逐步破除封建迷信,并在科学思潮的指引下逐步趋向科学化认识。专门科学的发展为哲学发展提供强有力的论证,专门科学的知识积累助推思想体系的升华。毫无疑问,这种关于灾害本身的科学化研究影响着民国时期的救灾思想,在一定程度上,可以认为民国时期关于灾害的研究是民国时期救灾思想的客观基础。第四章以民国时期代表性人物的救灾思想、主要文献中的救灾内容、学者关于救灾对策的研究为线条梳理民国时期救灾思想。代表性人物包括邓拓、熊希龄、孙中山、蒋介石、章元善等,代表性文献则包括《赈灾辑要初编》、《赈灾辑要》、《湘灾周报》等,学者关于灾害的讨论和救灾对策的研究当然也在很大程度上体现了民国时期救灾思想的内涵。本章一方面从实业救灾论、建设防灾思想、防灾重于救灾思想、科学防灾救灾思想、以工代赈,植树造林、重农等方面总结了民国时期救灾思想的主要内容;另一方面,还从民国时期救灾思想发展与晚清救灾思想转型的关系、民国时期救灾思想的特点、民国时期救灾思想的中国元素、民国时期救灾思想的本质等方面对民国时期救灾思想做了全面解读,从而真正深化关于民国时期救灾思想的本质认识,全面掌握中国传统文化对于社会保障思想发展路径的影响,也在一定程度促进对于西方社会保障思想的客观认识和辩证理性认识。

第四部分,民国时期救灾思想对政策及实践的影响,即第六章、第七章。一般而言,有什么样的救灾思想就有什么样的救灾制度及救灾实践,救灾思想影响着救灾制度与实践。反之,救灾制度与救灾实践促进救灾思想的形成。救灾思想与救灾实践辩证统一,相互影响、相互促进。第六章以北京政府、南京国民政府的救灾实践为线索,以政策法规、体制机制、具体措施等三方面为论述框架,尽量搜集相关史料,铺陈历史逻辑,全面解证民国时期救灾思想对救灾制度及实践的影响。然而,由于历史局限,北京政府与南京国民政府虽然已经建立了救灾制度,尤其是南京国民政府已经形成了比较健全的灾害理论体系,但无论是北京政府还是南京国民政府,其救灾实践都不应该说是最为成功的。因而,第六章还不足以说明民国时期救灾思想对救灾制度及实践的影响,不足以认识民国资产阶级救灾思想的缺陷,也不足以认清民国时期救灾思想的历史坐标和纬度。因此,本书在第七章再以民国时期中国共产党边区政府的救灾实践为个案,进一步论证救灾思想及救灾实践的关系,并进一步阐述民国时期救灾思想的影响与传承。面对民国时期边区政府的严重灾荒,中国共产党从群众中来到群众中去,注重民生保障事业,将民生保障思想发挥到极致,扬弃中国传统救灾思想,以"自力更生、生产自救"为救灾思想核心,采取赈济粮款、厉行节约、社会互助、捕蝗打蝗、灾民安置与水利建设等措施,将救灾上升到政治高度,发动群众,依靠群众,取得了良好的救灾实效。这一个案,鲜活地再现了中国共产党对于民生保障思想的深刻认识,内置了中国传统救灾思想的合理内核,演绎了民国资产阶级救灾思想与中国共产党边区政府救灾实践的关系。本书进一步指出,民国时期中国共产党边区政府以救灾的成功实践在事实上代替民国学界和资产阶级政府完成中国救灾思想的近代转型。之所以中国共产党能完成这种转型是因为对民生保障思想的深刻理解和忠实贯彻执行。完成转型的民国时期救灾思想,在内核上已经转变成一种朴素的民生保障思想。虽然它并不等同于现代社会保障理念,但正是这种朴素的民生保障思想,在经过理论界不断挖掘和探索后,在当代中国,已经开始发展成包括"公平、正义、共享、和谐、可持续发展"等要素、具有中国特色的社会保障理念。历史的发展再次无可辩驳地证明公平和正义的自由逻辑。

第五节 理论创新与不足

作为一名青年研究者,虽然能力有限,但笔者尽到了自己的努力,这就是在写作过程中尽可能地有所发现、有所突破。本书的创新之处主要有如下几点:

第一,本书首次系统地梳理并论证民国这一特定时期的救灾思想。这无论是在史学界还是在社会保障学界,都应当是第一次尝试。就社会保障学科视角下的社会保障史研究,本书可能是社会保障史研究领域中为数不多的一部著作。近些年来,社会保障学界的著作大都集中在社会保障政策或实践。而且,关于社会保障政策的选题,也多以社会保险为研究重点,侧重关注养老保险、医疗保险等热点问题。救灾一直是中国传统社会保障的核心,因此选择救灾作为研究切入点更能以小见大,管中窥豹。由于民国距离现代社会最近,选择民国时期救灾思想作为研究对象,从中演绎和提炼出中国社会保障思想的基本内核和变迁路径,对中国当代社会发展可能具有一定的直接参考价值。因此,本书对民国时期救灾思想的研究具有填补空白意义。

第二,本书是从历史学与社会保障学交叉视角来研究民国时期救灾思想及其实践,可以说是研究方法上的一次大胆尝试。就论证的结论而言,本书基于中国传统救灾思想的简要梳理,详细论证民国时期的救灾思想,并在此基础上,演绎救灾思想对实践的影响,提炼出社会保障思想的中国元素,引申出"公平、正义、共享、和谐、可持续发展"的统一认识和一致理念,也可算是交叉研究的有益结晶。

第三,本书对民国时期救灾思想史料的发掘有新突破。正如上文所言,本书的写作是建立在大量史料搜集的基础上的。为了论证充分,笔者在写作过程中尽最大努力多方寻找资料,尤其是笔者曾逐一在中国人民大学图书馆、国家图书馆、南京第二历史档案馆、中山大学图书馆等地方翻阅民国时期的相关传媒记载、学术期刊以及专门著作,发现了大量未被关注或被忽略的新史料,这为本书的论证增添了可靠的史料依据。如此前学术界对于人物或他们的著作,救灾思想的研究成果大都散见于诸多文章当中,未能系统地总结,本书第一次系统地总结了民国时期代表性人物及著作的救灾思想,第一次完整系统地总结了民国时期中国共产党的救灾思想及实践。

此外,本书的研究视野相对开阔。从史学界已有的研究成果来看,无论是硕博论文还是已出版的著作,大都就灾荒或救灾的内容、特质等而论,很少从其产生的背景和历史环境讨论,本书则注重对民国时期救灾思想产生的背景与历史环境予以分析。已有的研究多是断代研究,未曾注重对传统救灾思想的传承与总结提炼,未曾专门剖析中国共产党救灾思想、民国时期救灾思想与中国传统救灾思想的前后传承和"扬弃"关系,未曾基于这种关系全面审视或集中精力发掘中国传统的基本内核。

由于笔者知识积累有限,研究能力和水平所限,本书仍有诸多不足之处。一是史料的发掘和阅读似乎永无止境,即使耗费近4年时间与精力,并受惠多位同仁提点,亦不可能穷极所有史料。例如,"民国时期救灾思想产生的时代背景"这一章,就可能还有一手资料未被发现。再如,《大公报》、《申报》等报纸中的救灾史料未能收集全面,南京国民政府的《中央日报》等代表性报刊,笔者也未能全面查证,这只能留待以后努力了,当然,这一不足并不影响本书观点及结论的形成。二是将史学与社会保障学相结合需要全面而深刻地把握两大学科的知识,同时还需要具备经济学、社会学、政治学等多种人文学科知识,笔者显然还有欠缺,这可能会导致本书研究的深度不够。三是语言组织提炼仍觉不足,尚不能完全做到以词达意、准确传达学术观点。因此,唯有在继续提高自身研究能力与素养,继续深化民国时期救灾思想以及社会保障史的研究,当穷尽后续之力慨当以壮,孜孜以求,努力向前!

注　　释

1　郑功成:《当代社会保障发展的历史观与全球视野》,《经济学动态》2011 年第 12 期。

2　15　詹福瑞主编:《民国赈灾史料续编》(一),国家图书馆出版社,2009 年版,序言第 3 页

3　邓拓:《邓拓文集》(第二卷),北京出版社,1986 年版,第 7 页。

4　夏明方:《民国时期的自然灾害与乡村社会》,中华书局,2000 年版,第 25 页。

5　李文海:《论近代中国灾荒史研究》,《中国人民大学学报》1988 年第 6 期。

6　武艳梅:《河南近代灾荒史研究的回顾与展望》,《新乡师范高等专科学校学报》2007 年第 5 期。

7　武艳梅:《五十年来民国救灾史研究的回顾与展望》,《郑州大学学报》2007 年第 5 期。

8　焦会琦、雷桂贤:《近代华北灾荒史研究述评》,《天中学刊》2009 年第 6 期第 24 卷。

9　苏全有、王宏英:《民国初年灾荒史研究综述》,《防灾技术高等专科学校学报》2006 年第 3 期。

10　苏全有、李凤华:《民国时期河南灾荒史研究述评》,《华南大学学报》(社会科学版)2005 年第 2 期。

11　叶宗宝:《期待人文视野下的灾荒史研究——中国灾荒史研究之回顾与前瞻》,《晋阳学刊》2008 年第 6 期。

12　阎永增、池子华:《近十年来中国近代化灾荒史研究综述》,《唐山师范学院学报》2001 年第 1 期。

13　杨洪远:《民国时期甘肃省灾荒研究述评》,《丝绸之路》2009 年第 12 期。

14　欧阳晴:《民国自然灾害研究综述》,《防灾科技学院学报》2008 年第 12 期。

16　古籍影印室编:《民国赈灾史料初编》(一),国家图书馆出版社,2008 年版,第
　　1 页。

17　汪汉忠:《灾害、社会与现代化——以苏北民国时期为中心的考察》,社会科学文献
　　出版社,2005 年版,第 381—382 页。

第二章

民国时期救灾思想的历史渊源

纵观我国大量古代典籍与历代贤人志士的治国方略,其救灾思想主要起源于"天人合一"、"天人感应"的思想,根源于儒释道与仁政思想,救灾思想的根基是民本思想,在某种程度上也可以说这是中国救灾思想产生根基、代表着未来的发展方向,是中国救灾思想的核心所在。同时,也必然是民国时期救灾思想的产生、发展的根本。然而,历代救灾思想的发展形成了一脉相承的完整体系,后代救灾思想的发展总是在前代救灾思想的基础上,并根据其时代背景和救灾制度与实践进一步完善和发展。晚清时期救灾思想明显带有近代化转型的特质。民国时期救灾思想是历史时代的产物,一方面是对中国传统救灾思想,即天人合一思想、民本思想的继承与发展,同时也是继晚清救灾思想的近代化转型的继续,民国时期完成了中国救灾思想的近代化转型。

第一节　中国传统救灾思想的哲学渊源

"天人合一"作为一种中国古代特有的哲学思想与智慧,以"位育种和"为其核心内涵,深刻包含了我国古人对"天、地、人"三者关系极富哲理的深刻思考,是一种宏观、连续的哲学思维方式和研究方法。[1] 其主要内容包括:人是自然界的一部分,人服从自然规律,人性即天道,道德原则与自然规律一致,人生理想就是天人协调[2]。在前人看来,自然过程、历史过程、人生过程、思想过程在本质上是同一的,这一思想成为中国古代处理自然界和精神层面的基本思想,始终贯穿于中国古代的哲学、科学和艺术中,同时也贯穿于荒政思想的变迁与发展之中。

一、天人合一思想的本质内涵

"天人合一"思想是"中国古代先哲在'自然威胁人类生存的时候,仰观天文,俯察地理,近取诸物'通过实践、思考、感悟而建立的人与自然因地制宜,协调发展的理想理念"[3]。这一理念造就了独特的中华文化和东方思维,是对人与自然关系思考的总结。[4] 天人合一理念作为中国古代哲学的重要命题之一,萌芽于中国古代的西周时期或更早时期,"天人合一"的思想源于《周易》,其中"与天地合其德"是天人合一思想的具体表达,《周易·文言》中记载:

> 夫大人者,与天地和其道,与日月和其明,与四时和其序,与鬼神和其凶。先天而天弗违,后天而奉天时。

天人合一思想是殷周时期宗教神学对天人观念的一种表达。董仲舒在《春秋繁露·五行相生》明确提出了"天人合一"思想,即"天地之气,合二为一,判为四时,列为五行"。"天人合一"在中国传统社会中既把人与自然看成一体,也把人与天看成一体。宋代的张载、二程将天人合一思想发展成熟,张载的"天人和谐"思想强调人与自然的统一,人的行为与自然协调,道德理性与自然理性一致,充分显示了他对主客体之间、主观能动性与客观规律之间的辩证思考。

民国时期的救灾思想直接根源于天人合一的哲学思想,反映了是自然灾害与人类的辩证关系。灾害范畴的界定、阴阳五行论和灾害三要素的认识构成了古代灾害理念的基本框架。[5]古代灾荒思想中的禳祈救灾观念是其重要组成部分,是在远古天命思想基础上发展的灾荒理念,其后又融入了五行灾异观和灾异天谴说,将祈祷上天救灾济民作为防治灾荒的主要做法。[6]在孔子时代,"礼"已经成为以敬畏天命与敬孝祖先为主要内容的一种现实伦理,其实"礼"反映了农业文明面对变幻莫测的自然所抱有的一种求"善"的心态。但另一方面,植根于中国古代农业生产方式的"天人合一"思想,并没有否定人的主观能动性。人作为古代农业的主要生产者,在人伦与自然的统一中,产生了一种把人伦之道归于天的天道观念。正如《左传》所言:"天道远,人道迩。"天道是人伦之道的本源,人道是天道的延伸。在这种观念的主导下,并不排斥用金木水火土五行元素说明世界多样化运动的五行思想。在当时的社会条件下,人们不可能放弃对天的神格化向往,人民的传统观念植根于所处的自然环境中,植根于先秦以及后来长期农业社会的经济基础之上,这些都是由于古代农业社会对"天"依赖的缘故。[7]在此基础上,天的主宰性便是"天人合一"观念的重要特征。从某种意义上来说,这是中国传统荒政思想的渊源。

二、天人合一与救灾思想

天人感应的灾异观起源很早,早在《尚书·洪范》中就有相关记载:雨晴暖寒风这五种现象如果按照一定的规律发生,草木就会茂盛,庄稼就会丰收。天子的德行对这五种现象具有决定性的影响,天子具有肃、义、哲、谋、圣等德行和能力。《吕氏春秋》也有类似的看法,认为气候的正常和异常对社会有截然不同的影响,其记载:"雪霜雨露时,则万物育矣,人民修矣,疾病妖厉去矣。"同时还认为人事治乱也会影响气候和环境。之后,《淮南子》在论述灾异与人事的关系时也强调"天之与人,有以相通也"。荒政思想初步形成于先秦时期,其本质就是考究"天"与"人"的关系,解答灾荒为何出现以及"人"在灾荒中的能动性。先秦时期农业减灾救灾思想主要体现了技术层面的减灾思想和社会层面的救灾思想,两者有机统一,具体表现在灾害的防治思想、农业减灾思想、以及以民为本的救灾救荒思想等方面。[8]《周礼》十二荒政措施主要论述了"索鬼神"思想、国家救济思想、节支思想、"省刑"、"舍禁"思想,先秦时期,他们就采用平籴的方法来利用供求规律以达到调整经济的目的。[9]

董仲舒将"天人感应"发展为特定的观念和较为完整的理论体系,强调人事能够影响天意,修人事能克服灾异,肯定了人的主观能动性,能增强人们的救灾动力,并将"灾异观"发展为"天谴论",有利于劝告君主救灾,这是他理论体系的重要组成部分之一。"天人感应"是古人对现实社会思考的一种思维方式,起源于人类对自然力量的崇拜、恐惧和无能为力。在西周时期,就将救灾同政令联系起来,从而提出了"荒政"理论。据《周礼·大司徒》记载,在周王所颁发的政令中对六官的职责做了明确记载,由此可以看出,周初的治国理论、政治思想乃至意识形态,核心是"明德慎罚"与"敬天保民","敬天保民"是荒政的理论基础,"聚万民"是周初"敬天保民"治国理论在救灾实践中的应用。[10]

到汉代时期,董仲舒的"天人合一"理论占据了主导地位并成为社会普遍认同的意识形态,也是当时荒政思想的核心。[11]两汉时期的荒政思想主要有积贮备荒论、重农说、仓储说及赈济议等,这些救灾思想有内在的逻辑关系,相互联系,相互发展,相互制约。总的来说,两汉荒政思想的产生与发展,源于两汉脆弱的小农经济,在中国历史上具有承上启下的地位,既继承了《荀子》、《礼记》中的富民、积储思想,对后代救灾思想和救荒实践也产生了深远的影响。

中国传统荒政思想发展到宋代,文人士大夫阶层不愿意接受"天命"的安排,迫切需要对以往荒政思想进行变革,他们抛弃了天命主义的救灾思想,提出了"人定胜天"的主张,更加积极主动发挥人的作用,并且将这种思想通过政治权利贯彻到宋代荒政的实践过程中。[12]

中国古代传统的农业体系,以及频繁的自然灾害,这些对中国人的心理结构特征有着一定的制约作用,使人们逐渐形成了崇尚自然,顺应自然的倾向,进而产生了"天人合一"的信奉观念。中国古代往往将"人"复归于自然,与天地精神沟通,从而归顺天命,讲求"受命于天",正如孟子所说:"天视自我民视,天听自我民听。[13]"中国古代文化中很少有独立的、超越人世的神的观念,这与西方不同,西方的"君权神授"是君权与神权的分离,君权为神权所授,而不为其所制。在我国古代则强调君权与神权的统一,君必须"视天如父,事天以孝道也"。

三、天人合一思想与救荒制度

中国救荒制度的形成直接受天人合一思想的影响。首先,中国传统价值观是一种以人的道德性为核心、以内在超越为特征的人本主义的真理与价值的统一,对"天人合一"的泛道德追求是以善为最、以善为真的内核。其根本是把人的道德修养放在第一位,放在"天人合一"的首要位置,认为道德是善,便是一切。在此内在文化与理念的影响下,历代帝王在发生大的灾害时,都要通过禳弭、减膳、释放奴婢等措施来减少灾害的发生并且以此方式来应对灾害,这已成为灾害救助方式之一。其次,积贮备荒说、重农说、仓储说、赈济议等救灾方式的产生与发展也直接根源于天人合一的思想,其中天人合一思想的核心是考究"天"与"人"的关系,而这些救灾措施产生正是古人在当时的生产条件下应对自然灾害的直接反映。

在先秦救灾措施的基础上,中国古代救荒制度,在秦汉时期又得到了进一步的继续发展,灾害的上奏、遣使巡检等制度初具邹形,发仓廪赈济灾民更是政府频繁使用的救灾措施。同时,为解决赈灾粮食的不足,还大量使用移粟救民、令民就食等方式来救灾。两汉荒政思想主要包括:积贮备荒说、重农说、仓储说、赈济议[14]。魏晋南北朝时期,在中国历史上处于长期混战政治时局,这在一定程度上影响了救灾活动,但各朝统治者均很重视荒政,政府还是以儒家荒政学说理论为指导,救荒政策具有明显的儒化色彩。[15]汉代以来的各项救灾措施均在使用。北齐时期,还出现了专门防备水旱的"义租"制度,这是后代义仓制度的起源。[16]随着佛教的传播与发展,地方僧众在国家的支持下也参与了救灾活动。[17]唐以前的救灾活动在制度、方式上都有了一定的规范,为唐代救灾事业的发展奠定了坚实基础。到唐代时期,中国的救灾制度发展到了顶峰。

从宋朝一直到明清时期,中国古代救荒制度有了社会化的转型,地方政府在救灾中不再具有唐后期地方政府的优势,而地方由乡绅、富商等实力阶层组成的慈善团体发挥了更多的作用。这一时期的荒政更具有了社会化的特性。[18]明代的赈灾制度总体上来说是比较完备而细致的,由赈粥、赈米和赈钱等多种方式构成了完备的赈灾体系,使不同程度和不同地区的灾民都能得到救助,并且在赈灾的每一个环节中都强调州县正官亲临现场,不仅表明赈灾制度是详细而明确的,而且也得到政府的足够重视。

救荒思想、救荒制度与救荒实践三者之间紧密联系,救荒思想是在特有的社会背景条件下对对救荒实践的抽象总结,反过来救荒思想也会影响到后世的救灾实践。救荒制度是对救荒实践中成熟措施的系统化总结并使其制度化,反之,救荒实践也直接影响救荒制度的形成与发展。救荒思想、救荒制度及救荒实践都是在特定历史背景下,一定的生产方式与生产关系下对历史现实的客观反映,当我们用今天的眼光和历史条件来评判历史上的救灾思想、救荒制度与救荒实践时,无论如何也不能脱离当时的历史条件和时代背景,我们从中吸取的不仅是救灾思想与救荒制度的先进与落后,而且也吸取了古人思考灾害问题的方式与方法,更多的是一种思维方式的借鉴,其背后的深层问题也许是一种哲学价值观的体现。这正如马克思所说:"最抽象的范畴,只有在最发达的社会状态下才表现出它的充分力量。"[19]天人合一是抽象的哲学思维方式,这种抽象的哲学思维方式思考"人"与"天"的关系,而"人"与"天"的关系是随着客观环境与时代背景的不同而变化,在不同的时代背景下有不同的含义,"天"与"人"的关系是辩证发展的,其发展具有永恒性。

第二节　古代典籍中的救灾思想

从《春秋》开始,许多古代文献和典籍中都有对救荒的记载和论述,其救荒思想也逐渐得到发展和完善,尤其是以《管子》、《周礼》、《救荒活民书》、《康济录》、《荒政辑要》、《筹济篇》等最具有代表性。在这里需要说明的是,历朝历代都有关于荒政的著述,李文海、夏明方、朱浒等一批学者在《荒政书集成》一书中收集了历朝历代关于荒政的贤人著述,由于篇幅所限,本节仅对具有代表性的著述予以分析。

一、《周礼》救灾思想

《周礼》已初步构建了我国古代救灾制度的基本框架,其荒政思想首先体现在荒政制度中,主要表现在《地官·大司徒》中曰:

> 以荒政十有二聚万民:一曰散利,二曰薄征,三曰缓刑,四曰弛力,五曰舍禁,六曰去几,七曰眚礼,八曰杀哀,九曰蕃乐,十曰多昏,十有一曰所鬼神,十有二曰除盗贼。

这为此后的救灾奠定了坚实的基础。《周礼》中包含着两类荒政制度,一类是礼仪、祭祀方面的荒政制度,主要有素服、撤善减食、去乐弛悬等;另一类是经济、政治行为方面的荒政制度,主要体现在社会组织、农田水利、农业、手工业、法律刑罚、国君与诸侯国之间的救荒制度、官联制度等方面;[20]《周礼》中的灾荒思想主要体现在减灾思想(灾害预测思想、自然保护思想、兴水利思想、悯时疫思想、祈禳思想)与救荒思想(备荒思想、临事救灾思想、安民思想)两方面。[21]《周礼》认为解决灾荒问题的最好办法是积极发展农业生产,在发展农业生产的基础上增加粮食储备,从而更好的增强抵御自然灾害的能力,[22]并且《周礼》主张国家救济,其备荒费用主要从政府的财政收入中支出。

二、《管子》救灾思想

《管子》进一步发展和完善了救灾赈济的思想。在对灾害的认识方面,《管子》的著者注意到了自然灾害的破坏力与一国财富增长之间的关系,明确将防灾措施提到了富国的高度来对待;在救灾思想方面,主张国家应重视和利用商品流通和货币的作用以调节市场,运用轻重之理,聚敛财物,以赈济救灾,其思想来源于"委施于民之所不足,操事于民之所有余"。[23];在救灾方式上,运用轻重之理救灾,不仅从粮食问题本身来寻找解决粮食问题的办法,并且极其注意粮食与货币、粮食与万物之间的关系以及在市场上的反映,将救灾扩展到增强国家救灾实力乃至国家财政经济问题的总体范围之内,从中寻找救灾策略;在救灾措施方面,主张制定防火条例和修筑水利以避免减轻凶灾所造成的损失,尽力做到防患于未然,这在我国历史上第一次提出了制定防火法令,明确指出防火和防水分别属于各自主管者的职责,其次极其重视仓储对赈济灾民和国家安全的重要作用,鼓励人民自建粮仓储存粮食,并通过商业手段来调节粮价,最后还主张减轻灾区农民的赋税。[24]

管仲认为"政之所兴,在顺民心;政之所废,在逆民心"。充分认识到民心相背对国家存亡的决定作用,把国家存亡与民心相背相联系,并且认为实行社会保障是争取民心的重要手段和安定社会的有效方法,因此,《管子》从根本上是为维护统治阶级利益服务的,它所推崇的是"施惠于民"的统治策略。在《管子》一书中,奉行以民为本的思想理念,主张富民济贫,这是《管子》一书中社会保障制度架构的思想根源。[25]此外,《管子》反对两极分化,认为"贫富无度则失",主张"富能夺、贫能予",国家应调节贫富差距。

三、《救荒活民书》救灾思想

中国历史上第一部关于荒政的专著是北宋时期董煟所著的《救荒活民书》,被誉为荒政百科全书,它开创了救荒制度传史的编纂体例,提高了救荒著述的历史地位。此书记述了从先秦到南宋的荒政制度,提出了较为完备的救灾思想,主要论述了救灾思想、救荒策略与方法、救荒实践及其管理以及救荒、荒政与国家存亡的关系等方面。董煟在此书中主要提出了预先救济的思想,以及五种救济方法为主,多种辅助方法相结合的全方位救荒的思想,即"常平以赈粜,义仓以赈济,不足则劝分有力之家,又遏粜,有禁抑价,有禁能行"[26],[27]从本质上来看,这是利用市场来自发调节粮米价格。[28]

另外,在《救荒活民书》当中,董煟对赈粜、赈济、赈贷的不同作用、实施对象以及方法等作了分析,主张统治者要"厚下"恤民,以"仁政"减灾。并且提出了一系列分工明确、严密的救荒行政管理程序,分别概述了人主、宰执、监司、太守、县令的具体职责,[29]此救荒管理程序依据管理级别,管理级别越高,越是具有政策性的指导,管理级别越低,越具有实践的可操作性,在具体的各个级别中分工明确,具有严密的组织性和连贯性。

董煟通过对历代救荒制度的总结,第一次系统地阐述了从上到下各级官吏应履行的救荒职能,分为人主当行、宰相当行、监司当行、太守当行、县令当行五部分,各有职守;他在书中提出的救荒措施,阐述的救灾思想以及对当代荒政之弊的尖锐抨击,也为后世荒政的发展提供了理论与实践的借鉴。

四、《康济录》救灾思想

在《康济录》一书中,作者首先论述了当政者对待灾害的政治态度,作者将儒学的民本思想发挥到了极致,强调救荒必须"以仁心行仁政"、"爱国必先爱民"、"彻底为民"等思想,作者考虑问题的出发点是关心政治、关心社会、关心民众疾苦。[30]在对待因灾荒生活无着落而被迫铤而走险的灾民时,陆曾禹从民本的思想出发,认为"凡陷于剽掠者,皆因饥寒逼迫而致之,岂乐此丧身亡家之祸哉?"(卷二,第138页)"米珠薪桂,人皆自顾不暇,何处恳求,官长若不就全,老弱死而壮者盗,必然之势。"(卷三,第337页),此观点与传统的观念大相径庭。另一方面,《康济录》认同"天意示警"的灾害观念,其灾荒观也来源于"天人感应"、"天人合一"的传统认识。

《康济录》搜集和总结了历史上各种赈灾救荒的具体方法,对于防灾和救灾的关系,主张"防"重于"救",把灾害的防止放在更加重要的位置,认为只要事先有充分的准备,"天下无不救之饥寒"。同时也强调粮食储备的重要性,"国无九年之蓄曰不足,无六年之蓄曰急,无三年之蓄,曰国非其国也。"[31]在具体救灾策略或措施方面,《康济录》认为快速、及时是有效赈济灾荒的第一要务;在组织选拔救荒人员方面,《康济录》的作者陆曾禹强调救荒"首重得人"、"以得人为首务",他认为"有一代之圣君必有一代之贤臣。"在此特别强调"圣君"对"贤臣"的决定作用。除此之外,还应"择贤任能",鼓励地方绅士介入赈灾事物,并且在防灾抗灾中要"以工代赈"。

五、《荒政辑要》救灾思想

中国古代救荒制度发展到清朝时期已经非常完备,清代是中国荒政制度发展的鼎盛时期,除《康济录》之外,汪志伊所著的《荒政辑要》也是比较有影响力的著作。汪志伊对救荒措施进行了较为全面的论述,形成了独具特色的救灾思想。首先表现在对救荒人才的重视,即"所至必先修书院,以兴贤才为急";他认为管理素质及行政态度是民政好坏之关键。[32]在"法"与"人"的关系上,汪志伊认为"祥于议法,不如慎于用人,盖人正而弊自除也,故得人甚难"。他强调救灾责任是救荒官员的本质,具体体现在"宰执当行八条"、"监司当行十条"、"太守当行十六条"、"牧令当行二十条"。他认为荒政实施效果的好坏,主要在于帝王如何用人,更多的强调帝王的"识才"、"鉴才"能力。

在救荒策略方面,《荒政辑要》强调救济为治标,治本需根治灾荒之源,并且分别论述了治标之法(卷五至卷八论述治标之策)与治本之术(卷二、三、九为治标之术)。在救灾治标的方法上,报灾要做到及时、快捷;堪灾工作要细致周密;"审户"工作也需具体切实,总之,在具体救荒措施上务实是第一位的。在对救荒根治方面,《荒政辑要》与前代救灾思想一样,救荒禳弭思想也是其组成部分之一。除此之外,赈荒济困也是重要的一方面,从国计民生的角度出发,注重灾民的生活与灾后重建,这也是经世致用思想的具体体现。在经世致用思想的影响下,《荒政辑要》中还主张救灾方法灵活多变,其中列举了范仲淹任杭州知府时对所遇灾荒的救济方式,用此来说明灵活变通的重要性,即"随时地之宜而用之"。因此,他还鼓励民间互为赈济,"劝富济贫",如"劝富户业主当商"、"劝捐粥"、"劝施粥"、"劝捐棉衣"等。由此可以得出,在当时救荒措施中非常重视人的主观能动性的发挥。

第三节　古代历史人物的救灾思想

一、历代帝王的救灾思想

历史上开明国君特别重视其救荒制度的建设以及救荒实践,在此基础上救灾思想有了很大的发展,朱元璋以在灾荒中的亲身经历,对救荒有着自己独到的见解。朱元璋把自然灾害与政治联系起来,笃信天人感应的灾异观,他认为自然灾害的发生是"天心仁爱仁君而欲止其乱"的结果,"古之圣贤不以无灾异为可喜,惟以只惧天谴而致隆"。朱元璋对"天人感应"灾异观的认识来源于董仲舒的社会思想,即"国家将有失道败得,天乃出灾害以谴告之。不知自省,又出怪异以警惧之。尚不知变而伤败乃至"。[33]朱元璋在位期间非常体恤民疾,清楚地认识到农民是灾荒中受冲击最大的群体,传统的小农经济在自然灾害面前往往是极其脆弱的,促使小农经济在灾害的影响下继续进一步发展,这是维护明代社会稳定的基础。因此,朱元璋在处理救荒问题上表现出务实的风格,在救荒措施方面,他首先建立了仓储备荒以备在灾荒发生时救济灾民;其次,朱元璋也非常重视对灾区赋税蠲免与赈济。[34]用马文升的话来说:"太祖皇帝所存者,仁民之心,所发者,恤民之政。凡遇水旱灾伤,百姓阙食,必蠲免税粮,附加赈济。虽丰收之年犹度仓廪有余,去处量为减免。是以民皆家给人足而无冻馁之忧。"[35]

　　清代救灾思想的发展已趋于成熟,首先体现在历代帝王的救荒措施中。康熙的救灾思想主要表现为社会控制思想,他的社会控制思想具有以积极控制为主而以消极控制为辅的特征,主要表现为教化和法律,其荒政思想经历了一个从坚持"耕九余三"论到主要依靠国家储备钱粮赈灾的转变过程。[36]乾隆年间的荒政思想有了进一步的发展,其主要包括重农思想、预防思想以及赈济思想,并且救灾实践有了进一步的发展。[37]纵观历代君王的救灾思想,都有一个共同点:将救荒同其自身的统治联系起来。

二、贤达人士的救灾思想

中国历史上著名的思想家、士大夫等都对救灾、救荒等有所论述,在儒家传统文化的影响下,他们大多有经国济世救民的思想,早在汉代,董仲舒就将社会救助思想纳入天人感应的神学体系中,将救荒与安民、保民、调均贫富等问题结合起来考虑。[38]他强调采用"重农、限民名田、去奴婢、除专杀、轻徭薄赋"等措施来防止和限制贫富分化以保民、安民,重农思想与后来仓储后备社会保障思想不可分,为后来的仓储后备建立了理论基础。[39]董仲舒认为天是至高无上的人格神,"天"不仅创造了万物,也创造了人,天是有意志的,和人一样"有喜怒之气,哀乐之心",天灾可以通过尽人事来减轻,王朝政治对于灾害救助非常重要。天人感应论把王朝政治与天道运行紧密联系起来,把发生灾异的根本原因归结为政治失误。

宋代朱熹对救灾思想曾有独到见解,其救灾思想的根本是民本思想,而其产生则是建立在朱熹"理"学的基础上,理学具有唯物主义本体论的合理性,其强调"理"既不是物质,也不是精神,而是事物运动变化的内在客观规律,是不以人的主观意志而转移的客观存在。[40]朱熹提出了"省赋"、"恤民"、"安民"的思想,主张"蠲阁、赈恤本事一事,首尾相须"。[41]他认为在发生灾荒时,首先要对灾情进行勘察,其次根据灾害的严重程度采取两方面的措施予以赈济,一方面是减轻农民的负担,即"民者邦之本,财者民之心",这是朱熹荒政思想的集中体现;[42]一方面是要对遭遇灾害的农民予以救济,在救济的过程中,朱熹认为应当委官置场循环收籴出粜、建立社仓、发展生产等各方面群策群力,充分调动各方面的人力、物力、财力来救济百姓,朱熹首次提出建立社仓的主张,自此以后流传甚广。由此可以看出，朱熹强调发挥人的主观能动性、增强人自身的生存能力来应对灾害的发生和防范饥荒的出现，将发展生产和救荒联系起来综合考虑，力求做到标本兼治，使灾民更好地发展生产、更好地生活，即"富民"思想，这是朱熹救灾思想中比较有创建的一方面，并不是将救荒的目的仅仅局限于维护当政者的统治。

除民本思想之外，朱熹的禳弭救灾思想也是其救灾思想的重要组成部分，禳弭救荒主要是通过对某种超自然力量的祈求来减少或消除灾害，这是建立在生产力落后与科技不发达的基础上，主要通过祭祀山林川泽丘陵、风雨神的活动祈求减少灾害而发生。朱熹用"气"的理论解释鬼神的合理存在及其与人之间情感相通的相互关系。[43]由此可以看出，即使伟大的思想家朱熹也没能超越当时历史条件的限制，这警醒我们：任何伟大的思想都是随历史发展而发展的，人类对真理的探求也是永无止境的，永恒不变的是人类探求真理的勇气和良知以及哲人探求真理的思维方式和思考方法；我们对历史的分析不能简单地做以评判对错或先进与否，必须看到在当时的历史条件下所产生不可替代、起进步作用的思想和行为，尽管这些思想在现在看来有落后或不正确的地方。

与朱熹相齐名的另外一位宋代政治家、思想家王安石，他虽然承认"天道"与"人道"的偶合，但他的天灾观是建立在否定"天人感应"的基础上，他认为"天"是自然的、物质的，是沿着自有的轨道运行和变化，没有既定的意志与目的，同样人也是按照自身的规律运动并发展。王安石认为天灾并不可怕，问题的关键在于对待天灾的态度，他主张既不能被天灾所吓倒，也不能对天灾听之任之，而是要有"不蔽不惑不固不怠"的态度。[44]王安石的天灾观与朱熹相比较而言，明显的具有历史唯物主义色彩，这是历史发展的一大进步。

宋代另一位书法家、文学家苏轼对救荒也有独到的论述。日本学者近藤一成从政治史的角度曾对其救灾思想进行过专门的研究,还有学者从灾害管理的角度进行探讨。早在北宋时期苏轼就提出了灾害预警与灾前管理的思想,这是苏轼救灾思想的精髓。由于当时科学技术的不发达,苏轼在判断灾害的标准上主要依据经验及其日常积累和对地方财政的了解。苏轼主张用国家调控的方式对地方财政征收项目依照当年丰歉程度做出调整,同时明确责权,健全救荒的行政程序和监督机制。[45]

明代荒政思想的发展是对宋代荒政思想的进一步发展和完善,农业科学家徐光启的救灾思想与重农思想紧密相连,其救灾思想的根本是"预弭为上,有备为中,赈济为下"。[46]徐光启的救灾思想具有很强的科技色彩,他的救灾思想主要包含在救灾方法和技术方面,他用近代科学方法研究农事,通过调查、访问、观察、试验等方法把古代农业科技提到新的科学高度,[47]主要表现在他用历史统计学的方法总结蝗灾发生的规律,用地理学的知识阐述"风土"和作物分布的关系,并且运用科学程序促进农业生产。[48]其著作《农政全书》全面记述了我国古代农业生产、农业政策、土地制度、土地利用方式、耕种方法、农田水利以及救荒政策和措施,总结并保存了我国古代农业生产中取得的农业技术和经验,反映了明代农业的最新发展,并收录了关于西方灌溉技术的相关资料。同时他也主张藏富于民,即农民的财富越多,抗震救灾的能力也就愈强,反对统治者对农民过分掠夺。明末清初时期文学家、教育思想家魏禧对灾荒也有论述,即"天灾莫过于荒",于是"摭所见闻","成万世万民之利"。魏禧认为"以民为本"是救灾思想的基础,其次要保证政府的有效供给和有序管理。[49]

第四节 晚清近代救灾思想的萌芽

中国传统荒政思想在经历了两汉、唐代、宋代、明代的发展,已经发展到成熟时期,并且救荒措施已趋于完善并形成了系统化的救灾体系。晚清时期包世臣、左宗棠、林则徐等人都在救灾制度与实践的基础上对救灾思想有深入总结和论断,均体现了中国救灾思想近代化转型这一时代特征。可以说,民国时期救灾思想正是在这一近代化转型的基础上,在新的历史环境与时代背景下产生并形成了近代化的救灾思想,因而,在全面梳理民国时期救灾思想之前,需要重点梳理晚清时期的救灾思想,从而有助于全面解证民国时期救灾思想。

一、晚清代表性人物的救灾思想

晚清时期,由于经济社会结构的剧烈变化,涌现了一大批仁人志士,均论及到救灾思想。首先是包世臣,他的救灾思想在其经济思想中有明显体现,是经世致用思想的重要组成部分。包世臣非常重视民生问题,对农政、荒政、河工、漕运、盐政等诸多问题都有过专门论述。他认为,"民贫而不能御灾"[50]的原因在于烟酒、鸦片以及帝国主义的入侵。包世臣将维持社会安定作为救灾的首要目的,他认为灾荒问题的有效解决,其根本指导思想是要坚持适合时宜的政治策略,因此,在救荒措施方面需要在政法方面缓刑,加强社会治安,注重用人;在社工方面应当鼓励富户捐赈,调节贫富对立;在经济方面需要考虑救荒物质的多寡、采买及精打细算;在技术方面要将粥赈、平粜的程序等各个方面综合考虑,统一规划,这样才会在救灾实践中收到更好的实效。[51]

　　晚清另一位荒政思想家林则徐认为,"与其过荒不苴,不如未荒筹备",尤为强调注意安定社会秩序,恢复农业生产,并且号召地方政府协助政府救灾。[52]另外,林则徐在长期的救荒实践中,相当重视人才选用、使用,不拘一格提拔人才,以"以事攻取人","以才取人"。[53]1850年底,林则徐在回籍途经长沙时,专门安排时间会见左宗棠并讨论西域问题,后来左宗棠的荒政思想也深受其影响,尤其体现在对西北边疆地区灾荒的治理方面。左宗棠尤为重视灾后的生产恢复,他针对西北边疆地区的地理情况,提出在发展农业的同时以畜牧业为重,他认为西北地区发展畜牧业既符合天然条件,又利于安置流民;[54]其次,由于左宗棠长期生活在农村,具有丰富的农作实践,因此对农业生产极为看重,他把农业视为人类生存的根本,对兴农桑与开利源的关系曾做过精辟的阐述,把国家的农业政策同"为吾民开百世之利源"[55]相联系,强调农业为国于民的重要性,经略西北时尤为重视民屯,提倡种树并发展多种经营;在灾害的预防方面,左宗棠认为防灾甚于救灾,应当重视灾害防治,在重视农业生产的同时注重兴修水利;在荒政与社会的关系方面,左宗棠强调救荒应与治理匪患并举。左宗棠救灾思想的形成和发展,很大程度上与其早年的困苦经历和所受的教育有关,同时也与当时的政治背景有关,是当时社会发展的产物。

　　晚清时期,另一位不得不提的代表人物是陈炽。陈炽经济思想与灾荒有着直接的关系,他的一生被内忧外患所困扰,一生为国计民生而奔波。少有的游历生涯和长期任职户部这一独特的个人经历使陈炽的经济思想以救治民生为中心。灾荒问题与民生问题是陈炽思考一切问题的出发点和归宿点,也可以说是其经济思想体系的原创动机和核心理念。"内政既修,外患自息"是陈炽民生保障思想的核心,他将解决民生问题放在"修内政"的首要位置。

陈炽认为,救灾的根本在于"养民",在于农业,他提出"农政之所关,又在格物中至重"、"经致国用、举出于农"、"五谷之利,在各业中为至微,而耕作之功在各事中为至苦"[56]等农业思想。因此,陈炽又认为,当政者在发展农业方面具有不可推卸的责任,加强农田水利建设、倡导和组织植树造林、筹集林业发展基金、发展农业机械化、保护农业生态环境等应当成为政府在农业和民生保障方面的主要责任。[57]

此外,陈炽还从民俗民风的角度探讨了自然灾害的社会成因及其对社会的反作用,提出了一系列关于人口、环境、经济、社会方面的救灾措施,第一次从环境变迁的角度分析了近代中国特别是北方地区地瘠民贫、灾荒频繁的原因[58]。在其著作《续富国策》中,主要强调发展生产力,提出农工商协调发展[59]。另外,他提倡植树造林,把改善生态环境、减轻自然灾害作为救治灾荒、养民富国的第一要务。应该说,陈炽从农到工,从矿到商,从富民到养民再到教民,比较彻底的改造了传统的救灾思想,建立了初具雏形的近代化救荒理论体系;他把列强入侵和中国内在的自然、社会隐患以及由此造成的灾荒问题、民生问题综合起来进行考察,拓宽了救灾思想的研究范围和视角,这对从其他领域来研究救灾思想史具有重要的借鉴意义。[60]

经元善是晚清时期一位重要的慈善家。他的慈善观起源于儒释道三教的善恶观念与福祸相依的思想,客观上具有拯救灾民的普济性质。他认为,在遇到灾荒时,不仅应当竭尽全力组织大规模义赈,还须重视治河代赈和官义合一的赈济等赈灾措施,希望从根本上消除灾害。[61]由于19世纪社会动荡不息,民生煎熬,各种社会问题突出,当时以谭嗣同等人领导的维新变法蓬勃发展,在此影响下,经元善的慈善观已经开始趋向于近代化的社会公益思想,更加关注"开风气、启民智、正人心"的慈善公益活动,以此促使社会走向进步和发展。他的慈善措施已经从重养轻教转向教养兼施,主要体现在创办劝善看报会、建立新式学堂、兴办义学、首创女子义学、新式公益团体等方面。[62]在赈灾组织上,经元善与部分绅商设立了新型民间赈灾机构,即创办新型民间慈善机构协赈公所,此公所的赈捐代收处分别设于国内许多城市及海外的旧金山、横滨、长崎等地,是一所影响海内外的全国性民间赈灾机构。[63]

二、晚清救灾思想的特征与内容

在中国传统的救灾实务中,通常以"养"为主,[64]晚清时期,从诸多代表性人物的救灾思想中可以看出,非常重视"富国养民"以及"教养并重"等救灾思想,[65]如李鸿章在1878年左右创设善堂、广仁堂等社会机构举办"兼筹教养"的传习手艺,学成者可以走出学堂自谋出路。[66]郑观应提倡"防灾救灾并举"、"教养兼施"的理念,并将其与民族存亡联系起来,上升到战略高度。[67]徐世昌对"教养并重"思想进行了明确的阐述,指出"朝廷德泽之所未逮惜精力不善名实难副"的原因是贫民多无教养,没有谋生的手段与维持生计的生活素养,从而沦为乞丐或盗贼;指出"欲为地方图久安宜先为贫民筹生计,必其人有恒业,国无游民始足以厚民生而谋富庶。"他主张将工艺"分八科,建筑科、皮革科、染工科、缝纫科、织工科、印刷科、木工科及铜铁科等"[68]传授无业游民,从简易入手,限年分科学艺,艺成之后自谋生活,"以养成贫民生计发达为宗旨"。

晚清时期,不仅救灾思想推行"教养并重",并且社会保障思想也推动着以单纯救济向"教养并重"的方向发展,强调教给贫民纺织、制造、机器、电化等现代工业劳动技术,并改革工艺厂与义学的教学内容和兴办方式。其社会救济的对象被一些社会贤达人士进一步扩展,并改变救助方式,不仅关注贫民、弃婴的救助,更主张将妓女、聋哑人及疯人纳入救助范围。当时一批贤达人士已经意识到社会保障事业是富国强民的手段,并且建议改革社会保障机构的救助方式。[69]康有为的恤穷之法,主张移民垦荒,在各州县设立警惰院,但凡无业游民,教以工艺,另外将鳏寡孤独和有残疾的由各州县设院收养。可见,当时社会思想主张富国、养民之外,还主张教民。

晚清时期,实业救灾论兴起。实业救灾论是近代"实业救国"思想的重要组成部分,也推动着中国救灾思想的近代化转型。实业救灾,发展民族资本主义,在富国强民、提高救灾、防灾能力方面起到了一定的积极作用,具有时代性和爱国性。晚清许多仁人志士如李鸿章、薛福成、郑观应、陈炽等从发展生产力出发,把救灾同发展实业与发展民族资本主义相联系。例如,在具体救灾措施方面,当时社会尤其注重铁路建设,注重铁路在救灾赈灾活动中的作用,铁路一方面可以使全国连为一体,使赈灾物资能快速的调往灾区,进行合理有效配置;另一方面还可以以铁路达到振兴商务的目的,推进商品经济的发展,最终达到防治灾荒的目的。[70]再如,郑观应还借鉴西方银行保险业的做法设计了一套由社会承担救灾、备灾的机制,通过设立下级金融机关、筹备农业保险等达到共担灾害风险的目的。[71]

晚清时期还注重学习和引进西方技术与制度救灾。防灾备荒涉及科技、经济、社会、政治等众多方面,体现出综合治理的特点。一批贤达人士以"富强救国"、"实业救国"思想为核心,要求清政府实行一系列资本主义性质改革,防灾备荒思想正是这种思想的集中体现。他们认识到西方强盛的背后是发达的科技与先进的政治制度,因此非常重视学习西方先进技术与管理方法。[72]如郑观应将西方防灾减灾理念纳入到防灾救灾思想中,提出符合时代要求的主张,即在防治水旱时采用西方的机船和风车来治河,并采用日本的水粪浇灌方法来防旱等。[73]

三、晚清救灾思想的近代化转型

从上述关于晚清仁人志士的救灾思想以及晚清时期救灾思想的内容与特征来看,晚清时期救灾思想具有近代化转型的特征。晚清时期救灾思想不仅仅是单纯的救灾思想,更多的是与经济思想甚至政治思想联系在一起。贤达人士的救灾思想与自身经历、时代背景有紧密关系。这也再次证明,救灾思想是社会存在的真实反映,任何救灾思想的产生都脱离不了时代背景和历史条件的局限。

晚清时期,虽然经济社会结构剧烈变化,但一直在社会经济结构中占绝对优势地位的小农经济并没有在外国列强冲击下迅速瓦解,传统救荒制度还没有完全丧失合理性并退出历史舞台。华北出现5省大饥荒后,清政府仍按传统救灾思路开展工作。但是,这次对灾荒的救助以失败告终,这必然使社会对传统救荒制度的低效有了更清楚的认识,救荒中暴露出来的各种问题促使社会在向西方学习的过程中探寻新的救灾对策。实业救灾论等的提出表明贤达开明人士开始明确地将把发展近代工商业作为减灾备荒的根本途径,摒弃了传统的"以农为本"的救灾模式。尤其是19世纪70年代末以来,随着水旱饥荒日趋严重,越来越多的仁人志士将发展近代工商业与减灾救荒直接联系起来。[74]当然,导致这一转变的形成原因,一方面是由于外国列强的侵略,另一方面则是由于日益严重的民生问题。

"工商业作为减灾备荒的根本途径"这一思想转变的集中体

现是,采用新的工业技术,提高农业产量,从而强化农业在国民经济中的基础地位,这看似矛盾,实则殊途同归。尤其是 1887 年黄河决口以后,更多的言论对轻农倾向提出严厉批评。[75]西方先进农业机器与农业技术在晚清农业近代化过程中已被大范围采用,从而改变了传统农业主要依靠人力畜力的生产状况,从根本上提高了农业生产率,提高粮食及其他作物产量,以备水旱灾害。此外,当时的减灾救荒还通过改变传统农业种植结构,大力发展适应市场需求的经济作物等以提高灾荒应对能力。需要强调的是,在传统农业向现代农业的转型过程中,还极力宣传植树防荒的科学原理,提倡广植树木,保护并改善生态环境,如郑观应主张大量种植树木,这已成为防御灾害的策略之一。

就救灾主体而言,晚清时期出现了"要求打破传统集权体制,建立一种官、商、民多种力量相结合的多元化、社会化的救灾备荒体系"的思潮。[76]国家内忧外患及各种社会思潮的冲击,激发了以近代绅商、新兴知识阶层及社会贤达名流为主的中国资产阶级忧国忧民的国家情怀和社会意识,驱动着他们冲破狭隘的宗法意识与地域偏见,把传统意义上的灾害救助、民间慈善等引入了更加广阔的地域范围和社会空间,其政治参与意识日趋强烈。他们提出一系列防灾备荒建议,如"民捐民办"等,对当时的官僚政治体制给予了一定程度的批判,并要求进行适当改革,如改变政府职能,或设立新机构,扶助工商,发展农业等;更有甚者,直接主张推翻封建制度,学习西洋,君主立宪。

值得一提的是,与救灾思想息息相关的社会保障思想的转型在晚清也已发端。从某种意义上说,中国传统社会保障思想根源于儒家的仁爱观、佛教的因果报应观与道教的行善积阴德的思想,与西方现代社会保障制度理念在思想基础、救助对象与救助方式上均存在本质差异,晚清时期一批贤达人士介绍了德国社会保险制度、西方慈善组织等,[77]并对传统的宗族福利保障模式提出深刻反思和批判,将西方社会福利制度与中国传统社会思想,即大同思想结合起来,构建适合中国国情、符合人类文明发展趋势的新社会福利保障模式,将中国古代的大同思想推向了新的发展高峰。当时对社会福利问题的认识已经非常先进,已经将社会福利问题提高到治国方略的高度。[78]有学者提出构建完备、先进的社会福利保障体系,在资金筹集方面,主张资金来源多元化,如官绅合力、奉行节约、以工代赈等;在保障措施手段方面,主张教养兼施、设百工之保险、金融机构等;在福利机构方面,主张设立各种保障机构,政府承担更多的公益服务责任;[79]在福利思想宣传方面,主张刊行善书,劝人行善。显然,这对中国传统社会保障思想是一次重大冲击。[80]当然,建立在农业文明基础上的传统宗族福利保障模式向建立在工业文明基础之上的西方福利保障模式的转型和变迁,将是一次巨大的且长期的碰撞。这种碰撞在晚清仅仅开始萌芽,更多的转型发生在民国时期。

四、小 结

正如上文所言,民国时期的救灾思想起源于"天人合一"的哲学思想。"天人合一"思想反映的是自然灾害与人类的关系,已经成为中国古代处理自然界和精神界的基本思想,人是自然界的一部分,人服从自然规律,道德原则与自然规律一致。自然过程、历史过程、人生过程、思想过程在本质上具有"天人合一"的同一性。"天人合一"思想包涵了古人对"天、地、人"三者关系的哲学思考,可以说是一种宏观的、连续的、抽象的哲学思维方式和研究方法,这种抽象的哲学思维方式思考的是"人"与"天"的关系,而"人"

与"天"的关系是随着客观环境与时代背景的不同而变化,在不同的时代背景下有不同的含义,"人"与"天"的关系是辩证发展的,其发展具有永恒性。可以说,"天人合一"思想是民国时期救灾思想的哲学渊源,是思考自然灾害与人类关系的哲学基础。

与此同时,民国时期的救灾思想是对中国传统救灾思想的继承,即民本思想。中国传统救灾思想强调"以仁政之心行仁政","爱国必先爱民","彻底为民"的民本思想。民本思想建立在民本主义基础上,强调在应对自然灾害中发挥人的主观能动性以防范饥荒的出现,民本思想将发展生产与救荒联系起来综合考虑以至于在救灾中达到标本兼治的效果,力求使灾民更好的生活。民国时期救灾思想继承了中国传统救灾思想中的民本思想,从本质上来说,传统民本思想是在当时的历史条件下产生的朴素的民生保障思想,将救荒作为民生保障的重要部分。然而,这种民生保障思想带有其历史局限性,其根本出发点则在于维护其统治阶级的统治,是建立在皇权基础上的民生保障思想。然而晚清近代以来,由于西方国家观念的影响以及资产阶级新政的推行,一批新兴知识群体开始普遍关注民生问题,以包世臣、陈炽等人最为代表,此时对民生保障问题的关注兼具了中国传统民本思想的特质,同时也受现代西方国家观念的影响。

与民本思想紧密关联的是仁政思想,中国传统救灾思想直接根源于仁政思想,民国时期的救灾思想是对中国传统救灾思想的继承与发展。中国历朝历代主张行仁政之政,历代帝王及贤达人士都极为重视对灾荒的救助,管仲充分认识到民心相背对国家存亡的决定作用,将国家存亡与民心相背相联系,并且认为实行灾荒救助与民生保障是争取民心的重要手段,且是安定社会的有效方法。管子奉行以民为本的思想,主张富民济贫,可以说这是中国传统救灾思想乃至于社会保障思想的架构渊源。仁政思想主张政府实行积极的仁政政策,政府在救灾中有义不容辞的责任,如《周礼》主张国家救济,其备荒费用主要从政府财政收入中支出。《荒政辑要》则主张从国家民生的角度出发,注重灾民生活与灾后重建。

从古代典籍与历史人物的救灾思想之中,可以看出中国传统救灾思想中已经体现了灾害的预防思想及减灾思想,"救灾思想"不仅包括对灾害的直接救助,而且包括灾害的预防思想与减灾思想,并且灾害预防思想与减灾思想已经成为积极救灾思想的重要组成部分。如《周礼》已明确体现了灾害预测思想、自然保护思想、兴修水利思想等灾害预防思想与减灾思想,《康济录》在总结各种赈灾救荒的具体方法上,突出了灾害的预防重于灾害救助。晚清时期左宗棠认为防灾重于救灾,主张重视灾害防治。民国时期的救灾思想继承了中国传统救灾思想中的灾害预防思想与减灾思想,并在西方科学思想的影响下,结合现代西方科学技术将灾害预防思想与减灾思想进一步发展,后文将对此进行详细讨论。

仓储备荒是中国传统救灾思想又一重要组成部分,民国时期的救灾思想继承了中国传统的仓储备荒思想,尤其是在各根据地救灾过程中,非常重视仓储备荒。如《周礼》提出在发展粮食生产的基础上增加储备。可以说,这是早期的仓储备荒思想。朱元璋非常重视仓储备荒,在诸多救灾措施中,朱元璋首先建立了仓储备荒以应对灾荒发生时救济灾民。《康济录》也十分强调粮食储备的重要性,主张"国无九年之蓄曰不足,无六年之蓄曰急,无三年之蓄,曰国非其国也"。历朝历代均十分重视仓储后备,义仓、社仓、常平仓均在不同程度上有相当的发展。

以工代赈是中国传统救灾思想中的重要组成部分,民国时期救灾思想继承了以工代赈的救灾思想,并在现代科学技术传播的基础上进一步发展,建设了许多具有重要意义的河防工程,在减灾防灾方面发挥了重要作用。中国传统救灾思想非常重视以工代赈,相对于赈济来说,是积极救灾思想的具体体现,以工代赈既解决了灾民生活燃眉之急,同时也将救灾与河防工程的建设协调统筹考虑。

　　救灾思想与农业思想、商业思想、经济思想及实业思想关系密切,相互交叉构成了民生保障思想的重要组成部分。如早在《周礼》时代,已经认识到解决灾荒问题的最好办法是发展农业生产,《管子》提出通过商业手段调节粮食进行灾害救助,并减轻灾区居民的赋税以减缓灾区居民生活压力;朱熹强调增强人的生存能力来应对灾害的发生并防范饥荒,主张将发展生产和救荒联系起来综合考虑,力求做到标本兼治,使灾民更好地发展生产和生活。随着晚清近代实业的发展,包世臣、陈炽等救灾思想直接与经济思想相联系,或者说救灾思想是其经济思想的重要组成部分,体现了经世致用的思想,可以说非常重视民生保障问题。

注　　释

1　曾繁仁:《中国古代"天人合一"思想与当代生态文化建设》,《文史哲》2006 年第4 期。

2　张岱年:《中国哲学中"天人合一"思想的剖析》,《北京大学学报》(哲学社会科学版)1985 年第 1 期。

3　张其成:《意图探秘》,中国书店出版社,1999 年版,第 4 页。

4　冯小林:《从"文化自觉"看"天人合一"理念与中国社会学》,《广西社会科学》2008年第 7 期。

5　卜风贤:《中国古代的灾荒理念》,《史学理论研究》2005 年第 3 版。

6　卜风贤:《中国古代灾荒防治思想考辩》,《中国减灾》2008 年第 11 期。

7   吴十洲:《先秦荒政思想研究》,《中华文化论坛》1999 年第 1 期。

8   卜风贤、冯利兵:《先秦时期农业减灾救荒思想研究》,《灾害学》2007 年第 9 期。

9   陆晓东:《先秦时期的救荒防灾思想及其现实意义》,《浙江经济高等专科学校学报》
    2000 年第 7 期。

10 李亚光:《论西周的荒政理论》,《渤海大学学报》2006 年第 3 期。

11 12   付振宇:《宋代文人士大夫与荒政变革》,《黑龙江史志》2009 年第 21 期。

13 《孟子·万章上》引《泰誓》,伪古文《尚书》袭用。

14 陈业新:《灾害与两汉社会研究》,上海人民出版社,2004 年版,第 262—279 页。

15 王亚利:《论儒家思想对魏晋南北朝救灾理念的主导作用》,《社会科学研究》2003
    年第 4 期。

16 杨钰侠:《试论南北朝时期的赈灾之政》,《中国农史》2000 年第 2 期。

17 全汉昇:《中古佛教寺院的慈善事业》,载《食货》第一卷第 4 期,上海书店 1982 年
    影印,第 1—7 页。

18 毛阳光:《唐后期两税三分制下的地方财政与救灾》,《陕西师范大学学报》(哲学
    社会科学版)2007 年第 1 期。

19 马克思:《〈政治经济学批判〉导言》,摘自 1857—1858 年经济学手稿。

20 陈采勤:《试论〈周礼〉的荒征制度》,《学术月刊》1998 年第 2 期。

21 祁磊:《〈周礼〉所见灾荒思想》,《湖北职业技术学院学报》2004 年第 12 期。

22 甄尽忠:《〈周礼〉备荒救灾思想浅论》,《河南社会科学》2004 年第 7 期。

23 管仲:《管子·国蓄》。

24 阎应福:《〈管子〉中的救灾思想探讨》,《中国减灾》1995 年第 11 期。

25 穆森、田志刚:《论〈管子〉的社会保障思想》,《税务与经济》2005 年第 6 期。

26 董煟:《救荒活民书》卷中《常平》,影印文渊阁四库全书,台湾商务印书馆,
    1986 版。

27 刘云军:《〈救荒活民书〉中救荒思想浅析》,《古今农业》2005 年第 1 期。

28 孟繁颖:《从一部〈救荒活民书〉说起—关于市场调节、效率与公平、经济道德的思
    考札记》,《船山学刊》2007 年第 3 期。

29 郭文佳:《董煟〈救荒活民书〉的价值与历史地位评议》,《商丘师范学院学报》2005
    年第 4 期。

30 李文海:《〈康济录〉》的思想价值与社会作用,《清史研究》2003 年第 1 期。

31　《礼记·王制篇》卷一，第 25 页。

32　刘亚中：《汪志伊〈荒政辑要〉所见之荒政思想》，《中国农史》2006 年第 4 期。

33　周致元：《朱元璋的救荒思想和荒政措施》，《安徽史学》2000 年第 2 期。

34　白艳艳：《从免租和赈灾看朱元璋的民本思想》，《徐州师范大学学报》2002 年第 2 期。

35　《端肃奏议》卷 10。

36　成积春：《论康熙的社会控制思想》，《山东社会科学》2007 年第 10 期。

37　张天周：《乾隆防灾救荒论》，《中州学刊》1993 年第 6 期。

38　董仲舒用"调均"思想阐述了社会财富分配和占有的原则。

39　王文涛：《董仲舒社会救助思想探微》，《衡水学院学报》2007 年第 12 期。

40　俞兆鹏：《论朱熹的民本主义思想》，《南昌大学学报》（人文社会科学版）2004 年第 3 期。

41　周茶仙：《简论朱熹赈济救荒的社会福利思想与活动》，《江西社会科学》2004 年第 8 期。

42　贾玉英、赵文东：《略论朱熹的荒政思想与实践》，《河南大学学报》（社会科学版）2001 年第 9 期。

43　李华瑞、王海鹏：《朱熹襄弭救荒思想论述》，《中国农史》2004 年第 3 期。

44　马玉臣：《论王安石救荒思想》，《抚州师专学报》1999 年第 12 期。

45　张喜琴：《苏轼救荒思想述略》，《山西大学学报》（哲学社会科学版）2007 年第 7 期。

46　李志坚：《试论徐光启的荒政思想》，《农业考古》2004 年第 1 期。

47　刘明：《论徐光启的中农思想及其实践——兼论〈农政全书〉的科学地位》，《苏州大学学报》（哲学社会科学版）2005 年第 1 期。

48　李长年：《徐光启的农政思想——纪年徐光启逝世三百五十周年》，《中国农史》1983 年第 3 期。

49　陈建平、叶卫贞：《魏禧救荒思想探析》，《经济研究导刊》2009 年第 6 期。

50　袁霞：《包世臣的赈灾救荒思想》，《理论界》2005 年第 10 期。

51　周邦君：《包世臣的荒政思想：衰世中的民生关怀》，《广州大学学报》（社会科学版）2008 年第 11 期。

52　王卫平：《林则徐的荒政思想与实践——以江苏为中心》，《中国农史》2002 年第

1 期。

53　曾杰丽:《林则徐在荒政实践中的选才用人思想》,《南宁职业技术学院学报》2004
　　年第 9 期。

54　高中华:《论左宗棠的荒政思想及其边疆救灾实践》,《中国边疆史地研究》2005 年
　　第 3 期。

55　李政、岳现超:《论左宗棠的农业思想》,《西北农林科技大学学报》(社会科学版)
　　2006 年第 1 期。

56　赵树贵等编:《陈炽集》,中华书局,1997 年版。

57　张登德:《论陈炽〈续富国策〉中的富国思想》,《理论学刊》2007 年第 9 期。

58　徐研:《灾荒与民生:考察陈炽经济思想的新视角》,《清史研究》2001 年第 2 期。

59　王延涛:《陈炽的经济思想》,《辽宁科技大学学报》2009 年第 2 期。

60　徐研:《灾荒与民生:考察陈炽经济思想的新视角》,《清史研究》2001 年第 2 期。

61　罗彩云、陈丽华:《论经元善慈善思想的形成和发展》,《株洲师范高等专科学校学
　　报》2002 年第 3 期。

62 63　朱英:《经元善与晚清慈善公益事业的发展》,《华中师范大学学报》(人文社
　　会科学版)2001 年第 1 期。

64　蔡勤禹、李元峰:《试论近代社会救济思想》,《东方论坛》2002 年第 5 期。

65　陈国庆:《晚清社会与文化》,社会科学文献出版社,2005 年版。

66　杜维鹏:《近代救灾思想浅论》,《辽宁大学学报》(哲学社会科学版)2010 年第
　　6 期。

67　胡剑宾、肖飞等:《郑观应慈善公益思想的当代启示》,《华南大学学报》2011 年第
　　2 期。

68　徐世昌撰、李毓澍主编:《东三省政略》(六)民政,台湾文海出版社印行,1965 年
　　版,第 3741 页。

69　王玲:《论郑观应的社会保障思想》,《郑州航空工业管理学院学报》2010 年第
　　2 期。

70　夏明方:《洋务思潮中的荒政近代化构想及其历史地位》,载《北京档案史料》,第
　　170 页。

71 72　张大伟:《郑观应防灾备荒思想探析》,《石河子大学学报》2007 年第 3 期。

73　艾新军:《郑观应防治水旱灾害探析》,《赤峰学院学报》2010 年第 3 期。

74　夏明方:《洋务思潮中的荒政近代化构想及其历史地位》,载《北京档案史料》,第
　　166 页。

75　参见夏明方:《洋务思潮中的荒政近代化构想及其历史地位》,载《北京档案史料》,
　　第 174 页。

76　夏明方:《洋务思潮中的荒政近代化构想及其历史地位》,载《北京档案史料》,第
　　188 页。

77　王玲:《论郑观应的社会保障思想》,《郑州航空工业管理学院学报》2010 年第
　　2 期。

78　夏东元:《郑观应集》(上册),上海人民出版社,1982 年版。

79　胡剑宾、肖飞等:《郑观应慈善公益思想的当代启示》,《华南大学学报》(社会科学
　　版)2011 年第 2 期。

80　肖飞、胡剑宾:《郑观应慈善思想的基本特征》,《学理论》2010 年第 28 期。

第三章

民国时期救灾思想产生的时代背景

　　随着 19 世纪 90 年代世界局势的巨变,世界资本主义国家已进入新的历史时期,即资本输出时代。此时世界各殖民地已被分割完毕,西方列强已经将目标锁定为当时贫弱的中国。然而,晚清时期封建主义生产关系仍占统治地位,但作为新兴政治力量的中国资本主义经济开始逐步发展。与此同时,各类资产阶级社团不断诞生,新型知识阶层不断涌现。这些无疑为民国时期救灾思想的形成奠定了历史条件与发展环境。再加之民国时期自然灾害频发,加之时局动荡不息,战争所致使的灾荒更是雪上加霜,这无疑致使民国灾荒甚为悲惨。与此同时,近代科学思潮的传播为民国时期的减灾救灾注入了一股活力,现实的残酷与理想的期望为民国时期救灾思想形成以及中国救灾思想的近代化转型提供了历史机遇。

第一节　民国时期救灾思想产生的历史环境

一、政治时局与军事环境

　　民国的建立并没有为中国带来和平与统一,相反,民国早期道德沦落、君主复辟运动、军阀割据以及帝国主义外国势力在中国的加剧更加促使时局动荡不息。[1] 北洋政府时期各派系军阀割据一方,拥兵自重,相互混战,试图以自身力量夺取中央最高权力统治。然而,各派军阀割据一方,但不是脱离中华而独立,由此造成民国初期国家并未分裂而军阀混战的局面。[2] 由于各派系军阀的残暴统治,很大程度上激化了社会矛盾,抢米、罢工、抗捐、抗税、罢市、罢课等社会问题层出不穷,因而北京政府时期民生疾苦,民生保障问题凸显,已经成为影响政府存亡的至关因素之一。同时,也正是在如此社会背景之下,客观地培育了大范围的革命运动,从而致使北洋政府最终退出历史舞台。

南京国民政府建立后,从 1928 年成立之初到 1937 年日本侵华战争爆发,一直在国内矛盾纠纷与帝国主义侵扰的夹缝中生存。就国内矛盾而言,一方面是来自于国民党党内不同派系最高权力斗争与"新军阀"的威胁,另一方面则是中国共产党在东南部地区不断壮大的挑战。就外部矛盾而言,则是日本在东北、上海、华北地区日益加剧的侵略。据有关学者分析,国民政府之所以被内忧外患夹击,部分原因在于如此势不可挡的大历史环境下,未能开展急需的社会经济改革,[3] 未能缓解农民的苦难及诸多民生问题,由于自然灾害与战争灾害致使灾荒问题更是加剧了民众生活的苦难与民生问题的严峻,国民政府正是由于受内忧外患的影响而未能对减灾救灾乃至民生事业坚定信念,未能采取有力的救助措施、缺少有力的救灾实践,而这些问题恰恰在十年之后对南京国民政府的存亡产生着深远影响。

相对于国民政府而言,中国共产党根据地政府根据群众路线创立了一套新的社会政治制度,以毛泽东同志为核心的第一代领导集体创造性地为革命运动奠定了理论基础。抗战结束时,中国共产党已经控制 18 块根据地,其面积达 100 万平方公里,人口数量约 1 亿人,拥有 100 万党员和相同数量的武装力量。[4] 与此同时,中国共产党已经取得了一种半国际化承认的地位,当时吸引了一个美国军事观察团、美国国务院外交官和美国总统特使及大批国外记者访问。这为后来中国共产党辖区内的减灾救灾奠定了坚实的政治基础,群众路线的方针政策也为中国的减灾救灾事业创造性地提供理论依据与实践可能,以至于在此基础上总结出了"自力更生、生产自救"的救灾实践经验,并已经成为当时的核心救灾理念。

抗战胜利后社会各界呼吁国共双方进行政治谈判,反对内战,共建联合政府。重庆谈判期间,毛泽东与蒋介石对于和平建国等重大原则问题进行多次协商,然而最大的分歧则在于军队问题与中共地方政权问题。《双十协定》无法解决关键性的军队问题,国民党蓄意挑起内战,这必然导致内战爆发。然而由于抗日战争后国民政府军队虽装备精良,但已疲惫不堪,再加上急剧的通货膨胀,大肆滥发纸币,彻底摧毁了国民政府的信用,各种迹象均表明国民政府最终会失败。此时南京国民政府更多关注抗战后政治权力的争夺,而无暇顾及灾害救助及民生保障,乃至于抗战时期建立的一系列救灾减灾政策沦为形式,无法真正落实到实践中,因而此一时期的灾害乃至于民生保障问题尤为严重。对于国民党最终失败的历史原因,盖棺定论复杂,但可以肯定的是,民生保障问题的严重是导致国民党最终失败的重要原因之一,其中包括减灾救灾事业。

二、经济环境

晚清新政时期,清政府推行了一些有利于工商业经济发展的措施,使中国的民族资本主义经济有了进一步的发展,民国政府建立后顺应社会潮流,采取许多奖励实业发展的措施,包括鼓励经济作物的种植。[5] 但就中华民国整体经济而言,中华民国经济主要由两部分组成,一是农业部分,涵盖大约75%的人口,另一部分则是很小的非农业部分,以半通商口岸城市为主,主要出口农产品,同时也出口手工业、小买卖和老式运输。总体而言,晚清时期"国民生产总值增长缓慢,人均收入没有增长,平均收入也没有任何下降的趋势"。[6] 当时国民生产总值的增长主要来自传统部门产量的增长,以农业和手工业为主。由于特殊的政治军事及自然条件,满洲地区及西南一些地方反而增长较之其他地区要快一些。

辛亥革命后的北洋政府时期,资产阶级的政治地位和社会地位大大提高,工商界人士参加中央和地方政府政务活动的人数越来越多,级别也越来越高,有的担任要职。许多工商界人士通过办报纸、兴教育、撰文演讲、组织实业团体,在全国开创了振兴实业的社会风气。仅1912年至1915年,全国18个省创办50多种实业报纸,信息的传播促使实业知识的传播,进行实业调查与研究实业政策蔚然兴起,这在一定程度上推动了实业界的交流与联合。[7] 当时成立了许多实业协会,如中华实业团、民生团、经济协会、西北实业协会、苏州实业协会等,并且通过实业协会汇聚了一大批工商实业人士,其宗旨旨在振兴实业,富强国家、发展国民经济、促进工业发达、增强国力,国富民强等。民国时期已在全国掀起一股振兴实业的思潮,许多民间社会资金大量投向工矿企业。

总体而言,继晚清之后民国的科学翻译、科学教育引进了许多科技知识与理论,然而,近代科技的革命性力量归根到底体现在社会生产方面,科技作为生产力已融入企业。近代工业以机器生产为特征,而机器制造与运转需要具有近代科技修养的科技人员与工人。民国时期社会环境发生了重大变化,新政权振兴商务、奖励实业、颁布了一系列工商、实业法规,这为企业创办、人才培养创造了良好社会氛围。振兴实业思潮为实业救灾论奠定了基础,实业救灾也正是在振兴实业的基础上所创新的一种新型的救灾理念,"实业救灾论"这种新型救灾理念在晚清时期已萌芽,到中华民国已发展定型并走向成熟。

南京国民政府建立后,随着对财政、金融政策的重大调整,关税自主和币制改革成功,中国经济在短短的 10 年间得到了快速发展,整个中华民国时期经济增长率平均为 5.6%,而这 10 年间增长率为 8.4%,1936 年全国工业生产总值达 306.12 亿元,工矿业产值为 106.89 亿元。[8] 此时全国物价基本稳定,没有大规模的恶性膨胀。然而由于 30 年代受世界金融危机的影响,工业、商业、农业一片萧条。在经济比较发达的沿海城市,农业手工业不振,不发达地区更是天灾人祸接连不断,农民有田无法耕种被迫出走。

抗战时期,一方面,国民政府由于军费大幅上涨、在财政收入中占主要份额的关、盐、统三税大幅度下降,从而导致国民政府财政支出严重失衡,国民政府通过滥发纸币、增税、发行公债、统购统销和征缴田赋等手段加以平衡。然而沦陷区的工业则很更多的停滞或下降,从而致使民众苦不堪言,负担沉重,民生问题尤为凸显,此时国民政府的社会减灾救灾能力相对来说大不如以前。另一方面,为了躲避战火与日军的烧杀掠夺,工厂、贫民、学校等都向西迁移,中国重心迅速西移,一则科技人才的集中及其创造精神的发挥对后方工业起了关键性的作用,加之广大工人的艰苦劳动,成为工业发展的重要积极力量。再之,国民政府为了开发大后方经济并支援抗战,出台一系列政策鼓励发展工矿业、交通业,迅速掀起了开发大后方经济的热潮。[9] 抗战期间由于沿海交通封锁,对外经济联系切断,大后方工业被迫形成了从重工业到轻工业、军事工业到民用工业门类比较齐全的自给工业体系，其经济中心主要围绕国防军事的需要，首先发展重工业生产，以能源动力工业促进其他工业的发展，如电力、煤、石油等。战时交通业也有不少发展，先后修筑了叙坤、滇缅、湘黔、湘桂、黔桂等铁路与公路。与此同时，国民党有识之士积极推动国民政府制定并试行农业合作社，进行农产品统购，推广农仓、储购，改良农业技术、垦荒等一系列措施，以提高农业生产。[10]此外，战时大后方还兴起垦殖业，如陕西的黄龙山垦区、云南华西垦殖、湖南沅芷垦殖等，实际上只不过借垦殖的名义用以提高土地买卖或租佃。然而，国民政府通过以上举措无疑使战时的减灾救灾能力稍稍有所回转，但与抗战前的减灾救灾经济物资储备来说，则大不如前。

随着伪满洲政权的建立与统治的加强，日本将东北地区变成战时经济的大后方和重要基地，并有计划、有重点地开发与战争有密切关系的铁、煤、石油、电力等重工业和能源工业。在华北地区日军掠夺资源，并栽培日本所需的原始资源，土地与农产品成为日军经济掠夺的主要对象。抗战结束后，国民政府一方面从对日伪的接收中获得了不少财产补偿，加之广大东南地区收复之后税源得以开辟，暂时缓解了财政吃紧的局面。另一方面，国民政府采取一系列积极政策，以促进工矿企业尽快恢复并扩大生产，取得了积极的效果。但内战爆发后，大批工厂倒闭停产，工业生产大幅下降。由于自然灾害不断，农业生产急剧下降。而内战所需的庞大军费开支，国民政府滥发钞票以弥补财政赤字，致使恶性通货膨胀，国统区经济衰败，民众生活每况愈下，从而引发严重社会动荡。

无论是北洋政府还是南京国民政府，主要从沿海经济城市为政府部分筹措经费，中华民国中央政府既不能从农村征收大量税收，也对地方利益集团的征收和支出没有绝对控制权。可以这样说,民国时期没有一届政府能够通过中央政府的国库从而掌控国民收入的大部分,因此,也不可能从其收入中专门划拨资金用于国民经济的重大发展投资。即使有限的财力,也将其投入庞大的军费开支与内战消耗。北洋政府、南京民国政府的经济政策虽然对经济有深远的影响,但都未能推动中国经济走上现代经济增长的道路。

对于农村问题的解决,南京国民政府比较受重视,但由于对新军阀的妥协,其对民众利益和苦难漠不关心,并且相当一部分国民党将领和官员自身也与土地利益勾结在一起,实质上并未开展激进的改革。[11]在不触动农村基本政治和社会结构的前提下,广州国民政府在国民革命时期曾推行过租佃改良,这虽是减轻农民负担,刺激农业生产的改良办法,但一旦触动了地主阶层的利益,必然遭受强烈的反抗,颁布的各种法规和章程大都无法在实践中贯彻执行。[12]然而,抗战时期南京国民政府实施战时体制,以此来强化政治与经济集权,但由于制度化程度低,国家对经济的统治以及国家资本的快速增长不仅未达到预期期望,反而成为官僚阶层谋取暴利的手段,以孔氏家族资本和宋氏家族为主均有独占性的垄断地位。[13]这无疑进一步加深了民众疾苦,民生问题已经到了威胁政府存亡的边缘境地。然而,边区政府在当时及其恶劣的政治经济环境下,积极通过减租减息、开垦荒地、春耕等政策促进了经济、农业生产的发展。

由于长期封建剥削与战争破坏,抗日战争前边区的农村经济凋敝不堪。封建地主土地所有制占统治地位,边区农村土地兼并十分严重,土地集中普遍存在,高利贷盘剥,苛捐杂税剥削严重,加之军阀拉丁、拉畜、官府拉差,可谓民不聊生,百姓流离失所。当时手工业遭受巨大破坏,边区工业非常落后,一切日用品几乎来自外部输入[14]。尽管在土地革命时期,边区已经建立了苏维埃政权,农民得到了土地,但农村经济并没有得到恢复,正如当时学者所言:"沿途无日不见陕人携妻,母携子,肩负起生活所必须之简单物品,仆仆道上,面有忧色,询之,则皆家中颇有田亩,可称小康者,盖不胜捐税指派之类,勒压苦打之苦,将其田契贴诸城隍庙或县政府前,扶老携幼,离乡已去。"[15]

　　随着抗日政权的逐步建立,边区政府为促进农业生产发展采取了一系列有效措施,给农民带来了巨大的经济利益,如减租减息政策,开垦荒地,扩大耕地面积,推广植棉,兴修农田水利,举办农业贷款,提高农业生产技术,发展畜牧业等。一方面,各根据地政府与边区政府,大力推行减租减息政策并开展大生产运动与农业互助合作运动。随着各种经济政策的推行,农村的经济结构发生了根本性的改变,并由此引发农村阶层关系的变化。通过减租减息"上升起来的中农,已经成为农村中的活动分子,并且成为农村中党政军民各组织、各部门的骨干"。[16]这为根据地政府的减灾救灾提供了基本的组织保障。另一方面,根据地政府通过开展大生产运动与农业互助合作,在灾荒严重之时,组织广大农民开展生产运动,实行变工互助。边区政府的一系列经济政策举措,在某种程度上来说本身就是一种救灾举措,当灾害降临时,边区政府将农业经济政策乃至于工商业政策与减灾救荒政策有机结合,共同抵御自然灾害或人为灾害,可以说,边区政府的农业经济政策及其他经济政策为中国共产党在民国时期的减灾救灾奠定了技术、组织机构、政策等方面的基础。

　　就边区的自然环境而言,由于森林的过度砍伐,造成边区水土流失,沙漠化趋势严重,自然环境与气候恶化,水、旱、雹等自然灾害频繁发生。对于这些严重的自然环境问题,边区政府对森林保护问题尤为重要,多次明令严禁任意砍伐树木。为了提高森林在边区生态环境中的重要性,并为制定林业政策提供科学依据,边区政府于1940年5月组建了森林考察团并根据对甘泉、延安、河水、正宁、固临等县区进行考察并形成《陕甘宁边区森林考察团报告书》,详细论证边区的森林面积、分布、森林与生态的关系,森林与边区农业、工业的关系,并提出了保护森林的措施。[17]边区政府对于森林保护问题的重视,可以说在一定程度上提高了边区的防灾减灾能力建设。

就普通百姓的生产生活来说,整个民国时期的民生呈现这样一幅景象:"农村经济崩溃,农民生活困苦,贫富不均现象严重,即使比较富裕的江浙地区也即如此。"[18]正如熊希龄所言:"……惟念剥极冀有转机。然沉痼已深,痛遍体,虽有良医,亦难为治。无兑之币,发行万万,一枚交易,代以竹筹。斗米五斤,斤盐千钱,柴煤零杂,一以当十。此纵不死于兵戈,亦必死于金融者……",[19]北洋政府时期通货膨胀严重,必然导致大量民间财富贬值,造成民不聊生,基本生活困难并难以保障。20世纪30年代前后的广大农村经济衰落,天灾人祸导致水利失修,不少土地荒芜,流民四起,农民生活贫困。虽然国民政府采取了一些改善农村经济的政策,如"二五减租"等,1933年还成立农村复兴委员会,对农产市场、土地租佃和农村金融等问题均进行调查研究,但这仅仅是一个转变的开端,对于整个农村经济局势,还只是处于传统农业向现代农业转变的初始阶段。

民国时期,就农村问题而言,中国农村处于中国传统农业向现代农业的转型的开端,土地问题仍然是农村问题的中心,而土地问题的核心是土地占有关系,据1947年《中国土地法》大纲估计,地主、富农占农村总人口的10%,而土地占有却高达65%,占20%

农村人口的中农占有土地 20%，占 70% 农村人口的贫农占土地
15%。[20] 由此数据可以看出，占人口极少数的地主、富农却占大部
分土地，而占人口绝大多数的贫农、雇农却只占很少的土地。此
外，还有土地经营和使用的问题。据著名经济学家李景汉在河北
定县对 200 户农家的调查，其农户的经营主要是分散和碎小的土
地经营，加之其他因素，如农业机械化、专业化生产无实现基础，农
业生产力始终停留在低水平的简单再生产，这在某种程度上决定
着农村经济的自给自足性，农产品商品化程度低下。因此，土地关
系和经营形式决定着绝大多数贫农和佃农仍然过着辛苦劳作、贫
寒交迫的生活，如若遇到天灾人祸，则基本民生问题更为严重突
出，无论是救灾的经济基础，还是救灾的生产方式，都无以应对处
在经济转型时期的严重灾荒。

　　然而，中华民国时期中国农村除了分散式自给自足经营之外，
也曾出现了带有资本主义性质的农业经营形式，主要有经营地主、
新式富农及垦殖农场等。孙中山先生提倡兴办新式农业，主张利
用科学技术来发展农业生产以提高生产效率，并将之视为治国之
"根本"。具体而言，经营地主拥有较肥沃的土地及较好的农具，
雇佣若干长工或短工耕种，地主主要指挥生产，大部分农产品直接
作为商品在市场上出售。富农经济是农村资本主义经济，可以说
是一种进步的经济成分，主要进行大规模的土地经营，生产技术及
投入资本都有很大提高，农业商品化程度高。农牧垦殖业以"垦
殖公司"的形式，采用股份制的方式雇佣农业工业生产，使用新式
农具，农产品进入市场流通，主要为城市工业提供原材料。曾在北
洋政府时期一些振兴实业的资本家已经开始通过设立农业试验场
所推行扩充棉花、改良棉种、种植制糖原料、改良棉种等试验。[21] 农
业生产技术以及农具的改善与提高、商品化程度的提高标志着农

业的近代化转型,传统农业到现代农业的转变为新型救灾方式奠
定了基础,也为救灾思想的近代化转型提供了坚实的物质基础。

　　无论是北洋政府、国民政府还是抗日边区政府,都非常重视水
利事业的发展。政府在发展水利方面不遗余力,曾设立专门水利
机构,如1931年政府设立农业部,次年设立水利委员会,其工作均
从经济部门划出,并增拨经费,扩大各省水利工作,包括建设与修
理灌溉工程以增加粮棉生产,改进河道以便利粮食水运,修理堤防
以减免水灾损失。[22]此外,还建立专门的水利学校以培养水利人
才,从中央到地方非常重视兴修水利,农田灌溉甚至出现了电力灌
溉这一现代化的尝试,在促进水利事业发展的同时,也提高了水旱
灾害的预防。[23]

三、社会文化背景

　　在特殊时代背景下,民国时期救灾思想产生的社会文化背景
尤为复杂,诸多因素错综复杂交织一起,一方面为民国时期救灾思
想的形成提供了社会条件与基础,另一方面也为民国时期救灾思
想的近代化转型提供了动力源泉。其主要包括人口、城市发展、社
会结构等诸多方面。

　　民国时期人口分布与晚清类似,或者说,晚清时期已经奠定了
民国时期的人口分布状况。95%的人口集中在全国总面积一半以
上的华北、华东、东南、中南和东北地区,这些地区气候事适宜、土
地肥沃、经济发达、人口繁衍较快,而其中多集中于长江中下游、黄
河下游、海河下游和珠江下游地区。只有不足5%的人口分布在
西北蒙古等干旱地区。[24]而各大河流区域则经常发生大的自然灾
害,民国时期各大水灾几乎都发生在长江流域、黄河流域等,如
1931年水灾。因此,这些地区一旦发生大的自然灾害,波及范围

及灾害的严重程度都相当严重,这无不与人口分布有密切关系。

从晚清时期开始,人口流动异常频繁,这无疑加剧了社会不稳定因素,在太平天国起义之后,长江下游人口剧减,暂时是一个人口迁徙的汇聚地。然而,到中华民国时期,只有满洲地区仍可以大量吸收移民,因为这里有大量未开垦的土地。除永久性的迁徙之外,还有一部分暂时的迁移,这些大部分是为了就业和逃避战乱、自然灾害、饥饿与贫困。每逢遇到自然灾害时,抢劫、走私便作为一种更大胆的、不法谋生之道。此外,还有因自然灾害、叛乱与战争引起的难民潮,难民很容易在迁移的过程中引起暴动,对所经之地进行抢劫掠夺导致大范围的社会恐惧。[25]人口流动必然引起社会结构的变迁,由于自然灾害、战乱等因素迁移,很可能造成流离失所、家庭破裂、卖妻卖女等。"租佃"在辛亥革命之后更是大范围出现,一些农民仅按照口头协议租地耕种,有时候还会因政府政策前后改变加剧紧张的租佃关系。因经济困难和战争、自然灾害而导致的不稳定越来越频繁,民众生活毫无保障可言,民生问题已经成为严重的社会问题。

南京国民政府时期,由于区域性经济差异、天灾人祸、人口与资源日益严重冲突等诸多因素,人口流动频繁。随着城市近代工业的发展,此时的人口流动除清末时期海外人口流动外,更多向边疆、城市流动,当时农民的苦难程度已经到了极端危险的地步。[26]国际联盟的调查表明,华南地区的雇农和半雇农占农村人口的60%—90%,他们除了将年产庄稼的40%—60%交地租外,还要替佃主缴纳正常的地税和附加税,即附加税为政策地税的30%—350%不等。[27]

由于人口的流动,城市工人运动不断逐步发展。城市不断从乡村吸收农民使之成为现代意义上的工人,而这些工人常常来自于特定地区,和家庭并没有断绝联系。年轻女性到一定年龄后回到家乡结婚生子,而年龄大的工人则是将家留在乡下,当经济萧条时失业工人回到乡下,其工资也可补充农民家庭收入。然而,许多城市工人讨价还价的地位非常可怜,出外做工的工人(有农民身份转化而来)只能得到很低的工资,这也进一步说明大多数底层民众民生问题严重。尽管如此,工人开始在工厂组织起来,老式行会已有高度发展,这成为动员工人的组织基础。而新建的组织却是仿效西方工会模式,主要来自于知识分子的推动以及具有较高技能、有魄力的职业工人,如广州等沿海经济发达城市。老式行会与西式公会并存成为中华民国时期劳工运动的一大特点,从组织形式来看,距离建立统一的组织形式还有很长的路要走,这也必然导致劳工运动未能成为一股强大的政治力量。[28]

北洋政府建立初期,由于政治动荡、军阀混战和国民革命的影响,全国各地农村出现了明显的社会变动,尤其是以长江、珠江流域等沿海通商口岸城市为主,大多数地区的农村由于本族土地先买权、永佃制的废除以及赎回制度式微等开始出现土地自由买卖。再加之军阀地主与官僚利用职权强占土地,逐步成为新兴的地主阶层。以土地经营、高利贷和商业于一身的传统地主阶层正朝向多元化的方向发展,使阶级结构更为复杂。[29]但由于他们还未具备农业资本主义的经营素质,主要以收地租为主要目的,从而阻碍了农业生产发展。部分地主、富农开始把眼光投向经商致富,农业开始扩大再生产并兴起,尤其是东南沿海地区更是如此。[30]

另一方面,北洋政府建立初期农民起义风起云涌,但此时的农民起义仍然无法摆脱旧式农民起义的模式,从组织形式看,主要采用传统的秘密结社,如洪江会、三点会、哥老会、江湖会、红灯会、忠义堂等极为普遍。但此时的农民起义受晚清国家观念、社会意识等洋务思潮的影响,已经从观念上开始了近代化转型,如"光复"、"共和"、"民军"、"政党"、"革命"等西方舶来词汇层出不穷。当时一些地方争办选举、行政、司法、议会、参事会等近代化的政府结构应运而生,民政、财政、学务、教育、商会、农会等公用事业与民众团体开始向近代化方向发展。[31]在 30 年代,国民政府时期还曾以公开考试方式选拔基层干部填补基层行政人员空缺,提高基层行政人员素质。北洋政府时期社会结构的复杂化与多元化为新社会结构的形成推波助澜,同时也促使减灾救灾的主体朝向多元化方向发展。

　　抗战时期各抗日根据地政府,不仅建立从边区到县、区、乡、村各级行政机构,而且在此过程中设置相应级别的代议、监督制度,从而使各根据地民众不仅积极参加民族抗战活动,协助民主政权做好各项工作,而且也开始在政治参与中进行民主监督。[32]各根据地政府一方面通过经济政策让农民得到实惠并逐步改变其观念,使农民意识到根据地的存在与国家危亡及自身利益不可分割,鼓励农民积极投身于抗战。另一方面,各根据地政府通过颁布一系列法律法规,如《婚姻条例》、《人权条例》等,确立了男女平等、一夫一妻制、婚姻自由、婚姻自主以及妇女财产继承等基本精神,对传统的社会结构、家庭关系、男女地位等产生强烈冲击,有力地动摇传统社会结构。同时,开展兴办教育、识字运动、大众文艺创作以此传播民主、抗战等新民主主义文化。[33]这些为民国时期中国共产党根据地减灾救灾思想的形成提供了社会土壤,由于普通民众对于新式社会结构的认同与接受,以及新民主主义文化的开展,这为民国时期中国共产党根据地"自力更生,生产自救"的救灾思想提供了社会基础。

　　相对于人口变迁而言,社会结构的变迁更能反映时代背景,20

世纪 20—30 年代是学会发展的高潮期。当时一批专业科学家组织相关专业学会,并已建立有大学专业教学或研究作为支撑,相应学会的成立已水到渠成。1922 年中国天文学会在北京中央观象台成立,该学会本着"有所发明,则群相传播;有所怀疑,则群为商榷"的宗旨,发挥传播专业学问的作用。天文学会的成立推动着天文气象的研究,从而必然推动着灾害气象天文成因的探究,这无疑为灾害的预防提供必要的理论知识基础。1920 年北大地址学系学生杨钟健成立北京大学地质研究会,半年之内举办六场报告会,对于地质科学的传播也起了重要推动作用,这对于地质灾害的研究与预防有重要影响。1922 年中国地质学会成立,李四光、翁文灏等任副会长,意在促进"地质学及其关系科学之进步",这对于地震灾害的研究有重要推动作用。1924 年中国气象学会成立,这与气象学课程在中国各大学的开设有密切关系,学会形成的基础有一批专业科技工作者。其他如 1926 年成立中国生理学会、1927 年成立华西自然科学社、1928 年成立中国昆虫学会,1929 年中国古生物学会于北平成立,1932 年成立中国物理学会、中国化学会,1933 年成立中国植物学会,1934 年成立中国动物学会、中国地理学会及创办世界科学社,1935 年成立中国数学学会。各相关学科学会的成立为科学系统化与学科体系化提供了平台,也推动着相关学科研究的深入,与救灾有关的地理学会、气象学会、天文学会对于灾害及救灾的研究提供了理论基础,其研究成果直接推动着救灾措施的科学化。[34]此外,学会的成立建立了与国际学术界的联系,通过参加国际学术会议或聘请外国专家来华交流指导中国科学事业。可以说,各种学会的成立为减灾救灾提供了最基本的客观知识基础。

　　中华民国的教育,可以说是传统与现代并存。其突出的特点,

则是派遣大量留学生赴欧美等国学习先进科学技术及文化，主要
集中在理工农法医等几方面。另一方面，晚清时期派遣的大量赴
欧美留学人员已归国，直接从事翻译、科学研究等事业，此两方面
因素为民国时期的科学发展储备了大量基础人才。在留学教育方
面，北洋政府时期创办清华园，其课程设置、教材选用、教学方式、
校规校纪等方面完全西化，上课仿效美国全英文授课，采用美国原
版教材，主要目的是培养留学出国人员。民国时期留日学生逐渐
由法政类专业偏向理工类，文科依然占很大比重。1918 年教育部
决定每年从部分国立大学和高等专科学校中选优秀学生赴美留
学，各省派官费生往往根据其具体情况自行决定，但教育部对名额
分配加以管理，其海军留学继晚清之后继续，主要研究海军军事等
技术知识。[35] 民国时期庚款留学继续进行，此时范围已经扩展到全
国，各省以"摊庚款的数目"确定选送学生到清华学校中等科学学
习，一般毕业后进入高等科，高等科毕业经考试，赴美国留学。此
外，自费生和实业团体、实业资本家也资助留学生，其资助人数常
常超过公费生，他们对近代科学技术的贡献不容忽视。留学生在
推动教育发展的过程中，不仅在教育内容上逐渐形成了系统的学
科体系，可谓"科学教育化"，而且在教育方法、教育研究上推行
"教育科学化"，总之，留学教育为民国乃至新中国建立储备了大
量科学人才，如竺可桢、郑子政、丁文江、李四光、翁文灏、皮作琼等
一大批自然科学家，他们对于灾害研究有卓越的科学贡献；另一方
面，从学科建设的角度来讲，留学教育逐渐推动着学科的系统化与
科学化。民国初期，西方近代学科体系及近代知识体系初步形成，
民初期以后乃至建国前期，曾经涌现了一大批对于灾害研究的论
文及著作，包括救灾、减灾及防灾，形成了一系列系统的研究成果。
如对灾害自身的研究、对灾害成因、灾害影响、灾害应对机制的各

方面的研究。如果以现代灾害学理论体系而衡量,其研究成果直接表明灾害学理论体系在民国时期已初步建立,可以说,留学教育制度是灾害学学科理论的形成与建立的重要推动因素之一。

中华民国时期出国留学生的专业主要集中在天文、地理、仪器、制造、金属学、古生物学、昆虫学、土壤微生物学、畜牧、水产、大地测量、炼钢、纺织、河工等其中很多专业,如河工、天文、地理、畜牧等专业,与灾害、救灾、减灾备荒有直接或间接的关系,河工直接为水利救灾政策提供了理论依据。[36]留学生教育可以说是精英教育,直接推动着教育的改革与发展,也促使着相关领域研究深入开展。以救灾为例,民国时期对灾害的认知更为科学化,也促使着救荒措施建立在科学基础上,同时,也推动着民国时期救灾思想的科学化转型。然而,民国时期不仅重视精英教育,且极为重视平民教育,在平民教育中非常注重科普意识。蔡元培出任教育总长,在教育部增设社会教育司,致力于推行社会教育工作,他深知社会文化的进步是由于国家注重社会教育的发展。通俗教育、平民教育、乡村教育、工农教育等社会教育的普及提高了普通国民的素质,同时也为普及基本的减灾救灾知识与措施提供了基础。

继晚清之后,中华民国时期对于翻译的重要性已经有了更高的认识,翻译事业组织也日趋规范。南京国民政府时期,经陈立夫、朱家骅等人呼吁于 1932 年成立了国家编译馆,主要编译教科书和学术书籍。包括学术专著、科学丛书及专科词典等。[37]晚清时期出国留学的大批留学生在民国时期已经归国,他们组建了许多专业科学社团,大多能够自觉地以翻译、引进、跟踪世界科学成就,服务于当时的教学和科学研究活动。在翻译的书籍或著作中对水利、森林植被、疾疫、土壤等均有涉及,尤其是在水利和森林植被方面,曾有大量西方社会优秀科学成果作为直接参考,包括植物病虫害、中国水利问题、森林植被问题，森林与水灾、水利与农业生产、农业种植、农业经济的关系，我国气候特征、国外灾害问题以及灾害救助等各个方面，这直接推动着对国人知识界对灾害的认知，部分翻译成果直接可以应用到救灾实践中，如河工问题，森林植被问题、天文学问题等，这直接为民国时期救灾思想科学化发展奠定了基础。值得一提的是，在西方传教士科学知识传播的推动下，曾涌现了大量的调查报告，包括对我国水利状况的调查，森林植被的调查，东三省气候的考察，地理与文化的研究，皖江水灾调查并规划说明书，昆虫与土壤的调查，陕甘宁边区林产调查，四川峨眉森林调查报告，江西林业调查报告等。其中以金陵大学系列调查报告最具代表性，大量的调查报告推动着我国对森林、河防、土壤、气候、地理与文化、灾害等问题的了解建立在实事求是的科学基础上，建立在大量调查报告基础之上的救灾政策也适应了历史发展的客观需要。此外，在北洋政府时期，还曾在救灾组织中设置"编译股"，直接从事国外相关河工问题等研究，并负责接待国际救灾组织及相关部门，这直接推动着民国救灾实践建立在科学基础之上。

第二节　民国时期灾荒惨烈

　　民国时期军阀割据，时局战乱，是一个灾荒的年代。然而，晚清至民国时期可谓近代灾害的群发期，综合大量事实和研究成果，可以说近代 110 年的灾害史有两个高潮可寻，"第一个高潮期大致为 1840—1890 年，此一时期经 1879 年前后大震大旱的交织而达到极点，而第二个高潮期大约在 1920—1937 年间，而是以 1920 年的旱灾和地震灾害拉开了序幕。"[38]夏明方教授考证各种史料发现,本世纪 20 至 30 年代中期,是一个由大洪水、大旱灾、大蝗灾、大地震等重大灾害组合而成的灾害群发幕,而 1942—1949 年这一时段则可以看作是一个更小的灾害多发时段。人为战争灾害与自然灾害错综复杂的交织在一起,相互影响,相互恶化,从而致使民国时期更为惨烈的灾害概况。

一、民国时期自然灾害

目前学界对于民国灾害概况的研究当中,《近代灾荒纪年续编》所提供资料的综合性、丰富性及连续性相对于其他以地方志为资料来源的灾害统计最为完备。夏明方教授在此研究成果的基础上,并结合民国时期各报纸公布的史料对各省区历年受灾县数、历年受灾人口总数、死亡万人以上的重大灾害分别做了详细统计,其研究成果在目前学界对民国灾害概况的研究当中,无论是从史料的来源,还是统计分析来看,可谓史料充足,有据可查,统计精细,分析深入。

从 1912 年到 1948 年的 37 年间,全国各地(不包括今新疆、西藏和内蒙古自治区)总共有 16689 县次(旗、社治局)发生一种或数种灾害,年均 451 次。[39]谢觉哉认为,"民国时期的灾荒恐怕是有灾荒以来所未有,灾区的广泛,从南到北,从东到西,计有 21 个省,县份计有 1130 余县,灾民大概有 5730 万人(华洋义赈会的估计),尤以西北各省最为严重。"[40]夏明方教授依据民国时期县级行政区划的最高数(1920 年北京政府时期有 2108 个,1949 年国民政府时期为 2246 个)计算,即每年约有 1/4 的国土被自然灾害笼罩,而灾害较为严重的年份为 1928 年、1929 年,竟高达 1029 或 1051 县,几占全国县数之半,其打击面可谓甚广。

从民国时期南京赈务处的统计数据来看,其灾荒发生的范围涉及到全国的县数多大一半之上,受灾人数也占全国总人口一半之上(如表3—1所示)。两者之间的统计数据虽略有出入,但基本吻合,无疑表明了民国时期灾害的严重程度。

表3—1 民国时期各地区灾荒统计

灾区	县数	灾民(人)
山西	86	6017897
甘肃	65	24408408
陕西	85(长安七县未列入)	5355264
绥远	17	1498819
河南	120	4011666
山东	83	5000000
察哈尔	16	3068432
河北	71	6000000
广东	59县1市	1271807
广西	51县1市	3161135
安徽	41	5421882
湖北	62	9197285
湖南	51	灾民未详
浙江	33县1市	7000000
江西	69	灾民未详
热河	15	灾民未详
云南	53	3444275
四川	51	灾民未详
福建	31	被灾家数约106370余家

灾区	县数	灾民（人）
贵州	38	灾民未详
江苏	4	灾民未详

注：本资料来源于，觉哉：《谈谈现在的灾荒》，《红旗》，第 17、18 合刊，1929 年 4 月 13 日。

从具体受灾人数来看，除个别年份未曾有完整统计数据之外，几乎每年受灾人数均在十万人之上，个别年份受灾人数竟高达六七百万人之多，如 1928 年、1929 年、1931 年受灾人数均为 70 645 304 人次、65 068 208 人次、61 026 707 人次。这些惊人的数据无不表明民国灾害的严重程度。具体数据如下表。

在特殊战乱的时代背景下，严重的自然灾害必然加剧着民生问题的进一步严重，也必然促使着社会各界采取灾害应对措施，现实灾害的严重客观上推动着民国时期救灾思想的形成与发展，尤其是以水、旱、蝗灾为代表的严重自然灾害，推动着民国时期救灾思想的科学化、社会化发展趋势。

1912—1948 年历年受灾人口总数

年份	灾民总数	年份	灾民总数（人）
1912	4 400 000	1915	6 612 00
1917	5 861 782	1919	100 000
1920	30 342 798	1921	16 663 965
1922	10 500 000	1924	10 356 403
1925	20 470 000	1926	15 267 000

续表

年份	灾民总数	年份	灾民总数(人)
1927	9 538 234	1928	70 645 304
1929	65 068 208	1930	51 246 752
1931	61 026 707	1932	27 583 012
1933	19 367 408	1934	66 980 300
1935	28 448 091	1936	18 000 000
1937	40 464 748	1938	6 598 377
1939	6 544 625	1940	8 877 317
1941	168 783	1942	42 583 520
1943	57 378 471	1944	23 920 155
1945	33 000 000	1946	57 680 000
1947	24 882 541	1948	11 555 548

　　注:本数据参见夏明方教授所著的《民国自然灾害与乡村社会》,第384—394页。

二、民国时期战乱灾害及其他

　　自然灾害是导致民国时期民生保障问题严重的重要因素之一,由于民国时期特殊的时代背景,即中国虽然经历了政治、经济各方面的巨大变迁,政治上始终未能建立一个强有力的中央政权,各级地方政权吏治腐败。作为国家机器的重要组成部分,军队不是归国家统一指挥,且相当腐败,因而不能有效地维护社会治安和国家秩序。因此,战乱灾害与匪患及其他因素也已成为影响民生问题的重要成因,并与自然灾害错综复杂的交织一起,致使民生问题甚为惨烈。可以说,已到了危害政权存亡的关键时刻。

民国时期全国各地匪患严重,土匪活动猖獗,土匪数量之大,分布之广已达到空前规模。1930 年土匪人数估计已 2000 万左右。[41]土匪肆无忌惮的掠夺和焚杀,使广大农村遭受了严重的人力与物力破坏。一些地方老百姓抱怨:"国家不像国家,简直成了土匪的世界。"[42]土匪产生的原因是因为吏治腐败、军阀战争、农村经济破败,民生凋敝,而他们的肆虐暴行又进一步加深了社会贫困与社会不安定,促使更多匪患事件发生,从而形成了难以遏止的恶性循环。然而,土匪的猖獗又与军阀战乱息息相关,土匪在军阀相互纷争的夹缝中生存,某些时候军阀也将土匪收编以壮大自己的队伍。民国时期土匪问题的严重即是本地经济状况严重恶化的结果,同时又进一步加深了农村经济破败,并致使大量农村人口贫困或大规模迁徙逃离农村。[43]

就整个苏北而言,在各种原因的综合作用下,"在江北每一县中是没有一天没有盗案,没有杀人案的,洗劫一个村庄伙掳了大批的人去勒赎,都不算什么一回事。"[44]土匪问题日趋严重,苏北有两个著名的匪区。一是徐州一带,徐州周边的丰、沛、萧等县,接近鲁、豫、皖三省边境,地理位置处在山岭起伏地带,向来是盗匪出没之地。"徐海一代素称多匪之区,青纱帐起时,拦路截劫,乃是草莽英雄之生活……游民每诱不良农民参加打家劫舍"。[45]二是东南部南通、启东沿海一带匪患由来已久,由于民国以来新旧军阀混战,海盗海匪横行海上,出没无常,经常掠夺渔民,有时还登陆抢劫,限期勒赎,渔船、商船在海洋中航行作业经常遭遇匪患抢劫。

民国时期云南地区的土匪危害首先是数量众多,规模巨大。从 1912 年至 1948 年间匪患一直不断,除西双版纳等少数地区之外,云南其他各地几乎没有一个角落未被土匪肆虐,且土匪出没频

繁并猖獗。其次,是云南地区土匪活动猖獗,匪患十分严重。据有
关资料记载表明,其土匪头目大概 220 余人,平均每县都有一二股
土匪。有记载的匪事活动 500 余次,平均每年就有十多次。再次,
是匪患爆发地域分布不平衡。整个民国时期,滇南是云南地区匪
患的重灾区,以玉溪为例,玉溪市下辖 8 县,其中欧冠 7 县均发生
大规模匪患,土匪活动几乎覆盖了全市每个角落。有名可查的大
匪首 55 个,长期活动的土匪达 40 余股,境内土匪抢劫 80 余次,其
中百人以上抢劫的有 10 余次,千人抢劫的有 17 次,2000 人以上
抢劫的有 6 次,上万人抢劫的有 1 次。[46]

　　民国时期川陕交界地区土匪问题也十分严重,土匪四处抢劫
焚掠,四川"通江、平昌多次遭土匪堵住城门,抢劫一空","平昌县
52 个场镇,曾遭遇匪劫的有 85% 以上,个别场镇被匪焚毁殆
尽"。[47]1930 年,陕西勉县"连遭荒年,饥民遍野,土匪蜂起,李刚
武、王三春、钟振华等占领县城,拆毁县书院"。[48]川陕交界的宁强、
城口等县匪害最为严重。

　　战乱是致使民国灾荒严重的又一重要成因,民国是一个战乱
的年代,由于战乱所导致的民生问题、农村经济问题日益严重。以
苏北为例,苏北地处南部交通枢纽,历来为兵家必争之地。民国时
期苏北受历次战争纷扰,尤其是日本帝国主义发动侵华战争更是
给苏北人民带来了无尽的灾难,8 年抗战期间,日伪蹂躏苏北,日
本军队的烧杀抢掠使得苏北人民不得不走上背井离乡的逃亡之
路。解放战争期间,苏北是国共内战的主要战场之一,迫使更多的
苏北百姓逃亡江南地区。到 20 世纪 40 年代后期,江淮一代滞留
在上海的难民多达 10 万,1946 年接近 5.9 万名苏北人到上海赈
济苏北难民委员会办事处登记领取赈济。[49]

　　民国时期的山西农村,战乱匪患致使民不聊生,军阀混战使人

民生活困苦不堪。阎锡山为了扩张山西的势力范围,多次与军阀混战,以 1926 年 5 月阎锡山与吴佩孚进攻冯玉祥为例,致使雁门关内外各地沦为战区,又逢天旱成灾,瘟疫流行,人民流离失所。次年,张作霖率奉军攻阎,致使大同一县损失粮食、耕畜、财务等价值 24.726 万元,兵马徭役等负担 211.4 万元,供给损失 456.11 万元。[50]1937 年下半年日军先后侵占山西大片土地,在敌占区大肆风狂扫荡,压榨勒索百姓。据晋绥边区政府统计,战时晋西根据地 41 县,直接惨遭敌伪杀害者 85810 人,间接遭敌伪杀害者 50288 人,被敌掠夺人口 77815 人,漂流在外或下落不明者 14792 人,迁徙难民 42300 人,被敌致残者 12462 人,因战争而致鳏寡孤独无助者 88060 人,因战争而患慢性病者 44423 人,因敌强奸而身患各种性病妇女 25357 人,损失耕畜 253353 头,农具 9402045 件,粮食 36997109 石,房屋 804650 间,银洋 5700000 元。[51]"经此 8 年抗战,损失惨重,日寇所至之区,牲畜损失殆尽,农业生产动力感觉缺乏,而作物赖以生长之肥料亦告断绝,致地力消尽,产量大减,而农村形成十室九空之现象"。[52]由于长期战乱,大批散兵沦为土匪,盘踞山西各处,危害农村。土匪横行是农民人身安全及财产受到极大威胁,加剧了社会秩序动荡不安,匪患致使山西农民离村率达 4%之多。总之,战乱匪患使农村社会秩序遭到严重破坏,社会生态环境严重恶化,农民被迫离村求生,难民增多。

三、民国时期灾荒特征

民国时期,中国发生了多次灾荒,造成严重后果的主要有水灾、旱灾、蝗灾、风灾、地震、疫灾、雹灾、火灾等。在所有灾害中,最严重的莫过于水旱灾害。从 1912 年至 1948 年,"全国遭水灾共有 7408 县次,年均 200 县次,位居第一位。旱灾 5966 次,年均 161 县次,位居第二位;蝗灾则成为第三大灾害,受灾区域共 1719 县次"。[53]在抗战期间,尤其以晋察冀根据地、晋冀鲁豫根据地蝗灾最为严重。另据吴福桢《中国的飞蝗》统计,仅以 1920、1927、1929、1933—1936、1942—1947、1949 等有数可查的 14 个年头计算,即有 1269 个县受灾,年均 91 县次。其中 1928—1936 期间,有 6 年遍及 6 省以上,可谓无年不蝗,受灾范围极其广泛,害及江苏、浙江、江西、山东、安徽、河北、河南、陕西、山西、辽宁、湖北、四川、湖南等地。而 1942—1947 年间,蝗灾受害程度相对于 1928—1936 年期间更为严重,但波及面主要集中在以黄泛区为中心的河南、安徽、河北、山西、江苏一带。[54]

就灾害的强度而言,可以说民国是我国历史上自然灾害比较严重的时期之一。据《中国历史大洪水》统计,自 1482 年以来我国历史上 2 万个大洪水数据当中"量极大,灾情重,对国民经济有较大影响的"91 场大洪水中,其中民国就占 15 次,依据夏明方教授对民国时期 15 次大洪水的汇总结果,其中持续时间最长、影响范围最大的有两次,分别为 1915 年珠江大洪水和 1931 年江淮大洪水,按年代顺序排列如下[55]:

1915 年珠江流域大洪水——珠江、湘江、赣江、闽江等河流同时暴涨,西江梧州段及北江横石站洪峰流量均为近 200 年来最大值;

1917 年 7 月岷江洪水——岷江干流高场河段发生实测和调查期内最大的一次洪峰;

1921 年淮河辛酉大水——乃该流域本世纪以来三次(另两次为 1931、1954 年)著名的大水灾中历时最长的一次;

1924 年 8 月金沙江、澜沧江洪水——金沙江龙街至坪山段均为近百年最大洪水;

1926 年 7 月湘、资、沅江洪水——湘江湘潭及资水桃江均出现本世纪以来最大洪水；

1927 年湖北汉江洪水——举水、巴水、浠水下游出现近百年首大或次大洪水；

1930 年 8 月辽宁西部大凌河洪水——史称"奇灾浩劫，诚为近百年所未有"；

1931 年江淮大水灾——长江、淮河、珠江、黄河等全国各河流均告泛滥，长江汉口镇最高水位仅次于 1954 年，淮河上游及伊、洛河出现近百年最大洪水，北江横石站洪量 50 年一遇；

1932 年 8 月松花江洪水——为该流域自 1898 年有实测资料以来最大的一次洪水；

1933 年黄河中游洪水——1919 年有记录以来黄河流域最大的一次洪水；

1935 年长江中游洪水——澧水、沮漳河、汉江发生近百年来最大的洪水，长江干流宜都至城陵矶河段洪水位超过 1931 年；

1939 年 7、8 月海河洪水——海滦河洪水总量仅次于 1963 年，是 1918 年以来最大的一次洪水；

1943 年沙颍河洪水——北汝河、沙河及伊河上游分别出现 50 至 100 年来最大洪水；

1948 年海南岛洪水——万泉河、南渡河、昌化河、三条主要河流下游同时发生本世纪以来最大的一次洪水；

1949 年西江洪水——西江干流梧州站发生近百年罕见的特大洪水，洪峰流量超过 1915 年。

民国时期的旱灾也尤为严重，出现了不少特大型的灾年或灾害。陈玉琼、李文海、夏明方等人均对此做过详细的统计，相比较而言，李文海等人的统计更为详细准确，包括具体受灾县数的统

计。其中跨省区特大灾害(受灾范围大、持续时间较长)至少达7
次之多,分别是:1920 年西北 5 省大旱灾,受旱县数多达 317 县;
1925 年川、黔、滇、湘、赣五省大饥荒,除云南为地震及雪灾所致,
其他 4 省均为旱灾所致,受旱县数达 233 个;1928—1930 年西北
华北大饥荒;1934 年以长江流域为主体的全国性大旱灾;1936—
1937 年川甘黔豫大旱灾,受灾县数分别达到 138、215 个;1942—
1943 年华北中原大旱灾,其中发生在两广的大旱灾,是该地区近
300 年来最大的一次旱灾;1942—1943 年发生的两广大旱灾,是该
地区近 300 年来最大的一次旱灾。据徐国昌等人的研究表明,西
北地区近 520 年来共出现 5 个百年尺度的旱灾高频期,1900—
1940 年即是其中之一,而且旱灾发生的年代频率仅次于 1580—
1640 年,[56]这无不表明民国时期旱灾的严重程度。

从以上的总结可以看出,民国时期的洪灾表现出集中分布的
特征,而我国气象学家的研究表明,从本世纪 20 年代初开始,我国
南北大部分地区的气候均曾出现具有突变性质的干旱化趋势。[57]
而洪水的集中分布与气候的干旱化趋势,恰恰表明民国时期气候
变化的高度复杂性和生态环境的不稳定性。

民国时期的其他灾害较其他历史时期比较而言,也是闻所未
闻。就地震灾害而言,造成千人以上死亡的地震共 17 次。其中震
级均在里氏 8 级以上的地震有 1920 年甘肃海原(今属宁夏)大地
震(死亡人数不低于 30 万)、1927 年甘肃古浪大地震、1931 年新
疆富蕴大地震等。[58]此外,民国时期的蝗灾、疫灾、飓风、冰冻灾害
也尤为严重,危害相当惨烈。如 1919 年东部地区的疾疫甚为流
行,死亡人数达 30 万人之多,1931 年青海的疫灾死亡人数 20 万
人之多,1923—1925 年云南东部的冻害死亡人数达 30 万。

我国自然灾害向来以多样化著称,其中既有水旱风雹等各种

气象灾害,又有地震、山崩、泥石流等地质地貌灾害,既有蝗灾、病害、螟害、鼠灾、瘟疫等生物微生物灾害,也有水土流失、沙漠化、盐碱化、地方病等趋势性灾害。邓云特先生认为我国历代灾荒具有连续性的特征,各种灾害连续发生难以避免。[59]历史上几乎每次灾害的发生往往并不是以单一灾种出现,而是接连不断或交相迸发,在时空分布上表现为同步同域、同步邻域、同步异域、接续邻域、接续同域等各种不同的组合关系,具有明显的并发、续发特征。从灾害自身规律来说,各种灾害本身就相互联系,如大旱之后常有蝗灾,水灾之后常有瘟疫。而民国时期由于政府腐败、财力及无救灾之决心等各方面的限制,可以说是无力治理灾害,各种灾害更是常常连续发生。[60]

邓云特先生认为灾荒的积累性是我国灾荒所特有的,灾荒的积累性特征同样适合于民国时期。[61]夏明方教授在总结前人已有研究成果的基础上,对比分析广州、广西、云南、贵州、四川(包括成都、温江)、湖南、山东、河北、辽宁凌源等地元、明、清、民国(1280—1949)各个历史时期的水、旱灾害乃至虫灾的发生次数与频度除了局部地区外,民国时期全国绝大部分省区的水、旱、地震、蝗灾及其他灾害发生的次数均随着时间的推移呈现增加的趋势。相对元、明、清时期而言,民国时期灾害发生的时间间隔也愈来愈小,这说明生活在民国时期的普通民众必然遭受愈来愈密集的各种自然灾害的袭击。[62]

就灾害的惨烈程度而言,依据已有的研究统计成果,"其中造成万人以上死亡的灾害次数多达 75 次,其中造成 10 万人死亡的灾害次数达 18 次之多,50 万人死亡的灾害次数 7 次,100 万人以上的 4 次,1000 万人的 1 次。而造成死亡人数达万人以上的旱灾10 次、水灾 30 次、瘟疫 18 次、地震 7 次、飓风 5 次、冻害 2 次,混合型灾害如水旱蝗雹、水风虫旱、水旱疫达 3 次"。[63]相对于民国前 180 年的数据比较而言,则死亡人数万人以上的灾害截止 1839 年也不过 161 次,其中死亡 10 万人以上的 22 次,50 万以上的 4 次。[64]

　　我国历代灾荒的发展具有普遍性的特征,具体而言,我国历代灾荒不仅在空间上趋于普遍化,而且时间上也更为普遍。[65]同样,民国时期自然灾害在时间上并非均匀分布,而是呈现集中爆发的现象,即同一种灾害或多种灾害在一段时间内,从强度、频次、地区分布来考察,均呈现明显的增加趋势,且周期性、群发性特征尤为明显。就灾害区域分布而言,我国自古以来自然灾害分布呈现不平衡的格局,主要分布在黄河流域与长江流域,其他区域次之。民国时期自然灾害仍然呈现地区分布不平衡的基本格局,即黄河流域占第一位,长江流域次之,西南、华南、东北地区更次之。民国时期黄河流域、长江流域在全国受灾总县数中各自所占比例则呈现明显的下降趋势。据夏明方教授将民国时期黄河流域、长江流域、西南、华南、东北等地受灾总县数与嘉道、同光年间的对比分析可知,民国时期黄河流域、长江流域的受灾比例较之于嘉道、同光年间均有所下降,而民国时期西南、华南、东北的受灾比例相对于嘉道、同光时期上升速度非常快,高达 8 倍、19 倍。[66]民国时期受灾区域所呈现的这种自北向南、从中心向周边区域扩散的过程,在某种程度上也表明自然灾害的普遍化特征。

　　民国时期自然灾害与兵灾匪患交错发生,相互影响,严重的自然灾害是百姓流离失所,百姓生活难以为继,一方面促使部分百姓不得不走上为匪的道路。另一方面,兵灾匪患又加剧了社会动荡,致使自然灾害进一步加剧,社会秩序甚为恶化。加之政府吏治腐败,军阀割据等特殊时代背景,致使民国时期匪患频发。再加上农村经济相对落后,民生问题甚为严重。

第三节　西方近代科学思潮的传播

一、科学思潮勃兴

晚清时期由于广泛推行新式教育,实行新的教育内容和方法,培养了大批新型知识分子。清朝末年,一个具有现代思想意识的新型知识阶层已经初步形成。这为民国时期救灾思想的产生与形成奠定了基础,民国时期大批对减灾救灾富有独到见解的知识精英受晚清新知识、新思想的培育。在内忧外患的影响下,晚清时期曾派遣留学生到各国学习治国经验和先进科学文化,这为西方科学思潮的传播奠定了基础。[67]

在清末新政及资本主义短暂发展的基础上,民国时期科学及科学思潮继续传播,许多思想家、实业家、教育家、甚至革命家以及大批具有良好科学素养的知识分子不遗余力地对科学进行宣传和提倡。当此之际,社会政治虽然动荡不安,经济脆弱不堪,然而思想文化却异常活跃丰富,知识界思维活跃,视野开阔,著述文章异常兴盛,流派纷呈。加之出版业和新闻业飞速发展,使民国时期的出版发行达到空前规模,短短数十年积累了包括图书、期刊、报纸以及档案、日记、手稿及图片等大量文献资料,这些文献作为此一时期思想文化的特殊载体和社会巨变的原始记录,不仅数量巨大,且蕴涵的思想文化价值及其理论价值更是难以估量,其中包括诸多学者对民国灾害或灾荒的研究不计其数。

民国时期以科学为内容的新教育事业的发展及新知识分子群体的出现,科学团体和科研机关广泛建立,报纸杂志大量创办,这些都不同程度为民国时期救灾思想产生、发展、传播奠定了许多历史条件。尤其是民国时期各类报刊杂志对灾荒问题的相关分析已经成为当今研究救灾思想的主要历史材料，如《新中华》、《中国农村》、《红色中华》、《斗争》、《红旗》、《向导》、《解放日报》、《水利月刊》、《申报月刊》、《观察》、《科学》、《东方杂志》、《申报》、《中国实业》、《社会科学杂志》、《社会科学季刊》、《社会学界》、《地理学报》、《清华学刊》、《禹贡》、《地学杂志》、《新闻报》等。

　　民国时期的科学思潮主要以"科学救国"为旗帜，在充分肯定科学对于推动社会进步、经济发展作用的基础上，一系列科学季刊和思想舆论纷纷以科学救国为宗旨，讨论科学与实业、科学与经济的关系等，[68]其中不乏从科学的角度讨论灾荒问题，包括对灾害的认知，已经开始从灾害成因、灾害影响、灾害救助等科学的视角来认识灾荒问题，如竺可桢、翁文灏等一大批科学家已经从科学的角度分析灾害成因。相对于中国传统的救灾思想来说，已经向科学化的方向发展，这也是在晚清近代救灾思想萌芽基础上的进一步近代化转型。

　　此外，当时一些报刊杂志尤其强调实业教育的必要性，如《东方杂志》、《申报》等。从本质来讲，实业教育是一种科学教育，对实业教育的提倡在某种程度上也就是对科技知识和技能的提倡。[69]这为救灾备荒提供了人力储备，并且已经成为一种积极的救灾思想与救灾措施，正是因为晚清至民国时期对科学知识和技能的重视，中国传统救灾思想中的"重养轻教"已经向近代化的方向发展，即"教养并重"。

　　值得一提的是，大众传媒的推动为民国时期救灾思想提供了信息交流平台，社会对灾情灾因的关注与思考大都通过报刊去传播，以1931年水灾为例，无论是水灾区域的《申报》、《民国日报》，还是非水灾区域的《大公报》、《益世报》,都陆续刊载灾情,广为宣传,渐为国人所熟知。社会各界知识精英与政府官员,不仅通过媒体和官方渠道对灾情予以极大关注,并通过报刊发表对于灾祸也给予积极的思考,这无疑为民国时期救灾思想的形成和传播奠定了基础。

二、马克思主义的传播

民国时期政治风云变幻,思想文化激荡,内忧外患迭起,新与旧、中与西、激进与保守、自由与专制、侵略与反侵略、发展与停滞、各种社会潮流汇集碰撞,国家政治、经济、文化等均发生了巨大变化,乃至于形成了特殊的历史环境,是中国从传统到近代转型的重要阶段。一方面传统文化得到了进一步批判继承与发展,另一方面西方文化又强烈地影响着人们的思想意识,特别是马克思主义、列宁主义的传播与介绍,不仅深刻地影响着人民的思想意识,而且直接导致了新民主主义革命爆发以及由此带来的社会巨变。

在西方资产阶级科学民主思潮广泛传播的情况下,俄国十月社会主义革命成为近代科学思潮传播的一个重要契机。在马克思主义的引导下,1917 年 10 月俄国无产阶级夺取政权建立社会主义国家,这为正在寻找新的救国救民道路的先进知识分子,乃至普通民众以极大的震动和鼓舞。当时李大钊、陈独秀、蔡和森、毛泽东、周恩来、李达、邓中夏等一大批知识分子通过各种渠道宣传马克思主义,如组织各种研究会、成立共产主义小组、创办刊物,翻译马恩原著,这为马克思马克思在中国的广泛传播奠定了基础,五四运动之后,马克思主义逐步成为理论思想界占主导地位的科学思潮。

马克思主义在革命根据地得到了广泛传播,并在实践中得以贯彻执行,这促使着科技意识在根据地逐步形成。在抗战进入最艰苦的时期,毛泽东在召开的陕甘宁边区自然科学研究会成立大会上指出:"马克思主义包括自然科学、大家要来研究自然科学,否则世界上就有许多不懂的东西,那就不算一个很好的革命者。"[70],他强调解决衣食住行问题离不开科学。为了提高干部科技意识,保证科技的开发利用,中共中央于1942年5月26日颁布了《文化技术干部待遇条例》。

各革命根据地的科技思潮,一方面,由于主要受政治对峙、军事对峙、生存危机等多方面的影响,主要以服务于战争和生存为宗旨。而另一方面,一大批知识分子则怀有科技救国的思想,主张兴办实业、发展实用科技,这在某种程度上决定了科技实践与生产的重要地位。在天文学、地学方面,以竺可桢、胡焕庸为首的自然科学家取得了气象、地理方面的诸多成就。竺可桢考察全国各地的气候条件,广泛设立徐家汇、青岛、香港和北极阁等观象台,这为旱灾、水灾、雹灾、风灾等气象灾害的预防提供了准确信息。而以胡焕庸、翁文灏、丁文江、李四光等一大批地理学家通过对天文地理和自然地理的研究,为地震的预测、预防及救助提供了科学的理论依据。[71]马克思主义的传播以及科学思想在革命根据地的应用与实践,不仅为革命根据地的减灾救灾提供思想理论的指导,并且为减灾救灾提供实践基础。一大批科学工作者的成果,包括对灾害本身的认知、灾害的影响等已经成为应对灾害的重要理论依据,并且为减灾救灾提供了科学的方法和正确措施。

在马克思主义传播的影响下,革命根据地的教育不同于传统教育,是一种新式教育。当时主要以"坚定正确的政治方向,艰苦朴素的工作作风,灵活机动的战略战术"为基本教育方针。以抗大为首的根据地学校师生以"团结紧张、严肃活泼"为校训,不仅适应战争形势,服务于战争需要,并且学习文化知识。革命根据地创造了许多新的经验并形成了许多新的传统,如建立了教育与生产劳动相结合、理论联系实际等传统,教育与生产劳动紧密结合,重视实践能力的培养。[72]这种新型教育模式,为民国时期各革命根据地的减灾救灾不仅提供了人才储备,并且将减灾救灾与生产相结合,开创了新型的救灾模式,即"生产救灾"。

三、西方传教士的救灾理念

　　早在 19 世纪 70 年代,西方传教士就开始有组织、有计划地在中国从事灾民救助工作。1876 年—1879 年间,北方山东、直隶、山西、陕西、河南等 5 省发生了历史上罕见的特大旱灾,西方传教士借此机会进行救灾活动。天主教各教会先后派到灾区的传教士有六七十人,基督教会先后派到灾区的传教士有 30 余人。1878 年西方来华传教士、外交官和商人组织成立救济机构,即中国赈灾基金委员会。该机构是西方人士在中国的第一个救济机构,以传教士为主体,主要展开募集捐款、发放赈款及物资、搜集灾区情报等。[73]进入 20 世纪,中国只要发生特大灾荒,西方传教士必然前往灾区救灾。[74]辛亥革命后,在华传教士和其他外籍人士分别在北京、天津、济南、开封、太原、汉口、上海等地成立救济团体,并于1921 年成立全国性的国际救济团体,即中国华洋义赈救济总会,开展工作主要以各地传教士为主,参与实际的组织、分配救灾物资等工作,其中以美国圣工会传教士占主导地位。

　　西方传教士所从事的救灾活动,可以说是在向中国传教时选择了一种中国政府认同的文化交流方式,利玛窦很早就认识到中国人天资聪敏,其言语、书籍、服装以及政治组织结构已经成为东方各国效仿的对象,而唯独缺少科学,他认为若是能给中国传播科学,其中许多人不单可以变成学者,而且因为有科学,中国人也容易信奉基督教。因此他曾明确指出:"传道必需获华人之尊敬,最善之法,莫若渐以学术收揽人心,人心即附,信仰必定随之。"[75]另外,当时以利玛窦为首的西方传教士也意识到是中国人亟需科学,尤其是在晚清时期,西方传教士的科技传播迎合了当时一些"睁眼看世界"等人士的需要,当时的传教活动主要介绍西方世界历史、地理等科学知识。西方传教士在传教初期倾向于宗教与世俗社会相结合,这样有利于社会各层更容易接受基督教,而科学可以解决许多现实问题,正好成为传教士引导士人接受宗教、接纳传教士的重要通道。[76]传教士主要通过与知识分子、士人、或达官贵人打交道以从事传教活动,以编译著作、办教育、办报刊、办医院、办出版机构及留学等方式传播其思想文化或达到既定目的。然而,也正是西方传教士所从事的传教活动为当时中国带来了西方科学知识,并带来了西方科学思潮的传播,也将西方现代化的救灾理念、社会福利理念传入中国,从而推动着中国传统救灾思想的近代化转型,乃至中国传统社会保障思想的近代化。

　　正如上文所言,民国是中国近代灾害史发展的第二个高潮时期,尤其是 20 世纪 20—30 年代,各种自然灾害迸发,如水灾、旱灾、蝗灾、地震等,灾害所致民不聊生,民生问题严重,西方传教士通过灾害救助深入广大老百姓生活当中,使其更容易接受宗教。然而,这也为西方传教士以科学媒介传教进入中国提供现实基础。西方传教士还创办职业教育为救灾提供了现实基础,职业教育的创办为灾害救助培养了大批人力资源,这也推动着救灾方式的转变,继晚清之后"教养并重"的救灾模式已经趋于普遍化,民国时期传教士通过大范围办职业教育,为"教养并重"培养了大批职业教育人才。此外,西方还通过办报刊传播西方救灾思想及先进救灾方式与经验,同时也推动着灾害信息的传播,科学救灾方式及措施的推广,并引发社会广泛关注。可以说,西方传教士以传教为目的救灾客观上对中国传统救灾思想产生了很大冲击,继晚清之后救灾思想的近代化转型已经萌芽,西方传教士的救灾实践推动着救灾思想近代化转型的加快,也为救灾思想的近代化提供一个窗口和借鉴。在某种意义上说,中国救灾思想的转型也是国人在处理本国救灾问题时在注重本国国情的基础上向国外借鉴的结果,包括救灾措施、救灾方式、救灾机制及体制等诸多问题。

西方科学民主的"国际人道主义"救灾观念传入中国,对中国传统的救灾观念与实践产生强烈冲击,西方传教士对近现代减灾救荒的影响,有客观的促进作用。已有研究成果表明,西方传教士在历次重大灾害中从事救济活动,并有意识地放弃传教的目的,传教与灾害救济有融合的趋势。主要体现在 1920 年华北大旱时成立的"中国华洋义赈救灾总会",其是"一种中外联合主持、全国统一的民间联合救灾组织,该组织除了从事救灾事务外,还始终致力于防灾事业,将救灾与防灾相结合,进而提出'建设救灾'的口号,将工作重心逐渐转移到防灾之上"。[77]这也标志着近代减灾救灾事业从此进入一个制度化、常规化的阶段。

四、新兴社会力量的成长

民国时期政治经济的近代化转型必然引起社会阶层的分化,数千年来曾以地主和农民为主体的单一社会结构已经随着买办、绅商、工商业者及新知识群体的出现而走向多元化发展方向,新兴社会力量如买办、绅商、工商业者、知识群体等将科学化、社会化的西方救灾理念,乃至于社会福利理念实践于民国救灾实践过程中,推动着民国救灾实践的发展。可以说,新兴社会力量的成长为民国时期救灾思想的近代化转型提供了人才储备与社会基础。

买办是随着国外对华贸易的发展而出现的新兴社会阶层,随着通商口岸的增设以及进出口贸易的发展,外国在华企业及分支机构逐步增多,其投资规模和领域也越来越广,逐步扩大,亦买办人数也必然日益增多。买办阶层主要包括世袭或有地缘关系总买办的推荐,在通商口岸与外商交易的华商,外商企业的学徒、雇员乃至杂役的升任以及教会学校的培养。买办在拥有大量财富的同时,社会地位也必然随之提高,其身份也随之地位的提高开始向民族资产阶级转化,在经济、政治、文化等方面也发挥越来越重要的作用,尤其是在社会公益、慈善事业、社会救助、城市管理等方面承担起相当的社会公益责任。

绅士一直是中国封建社会的一个特殊社会阶层,绅士由于受传统儒学文化的影响和既得利益的束缚,具有公认的政治、经济、社会特权,并保持着特殊的生活方式。绅商由绅士转化而来,是绅士向资产阶级转化的过度形态。鸦片战争迫使数千年中国传统农业社会向资本主义过渡,客观上造成社会阶层的分解和绅士阶层的解体,从而转化为绅商阶层。绅商具有亦商亦官亦学的社会属性,可以说一定程度上已具有民族资产阶级特性,并在民国成立之后的前10年已经过渡为资产阶级。然而,由于他们深受中国传统儒家文化的影响,仍然保留着诸如崇尚名节、乐善好施、热心公益等传统价值观念和行为方式,随着近代社会的转型与社会公共领域的扩大,这必然为士绅商阶层提供了广阔的历史空间,因而绅商阶层在社会公益事业和慈善活动方面显得尤为活跃,曾一度成为救灾的坚实社会主体力量之一。

工商业者的大量涌现已成为一个新兴社会力量群体,这是社会经济近代化转型的必然结果,民国时期大量新兴工商业者直接从事救灾实践,并推动着新型救灾制度的形成,从而推动着民国时期救灾思想的实践化与制度化。民国时期大量工商业者主要集中在纺纱、火柴、面粉、造纸、制糖、榨油、印刷、采矿、进出口贸易等领域,民国时期工商业人数已初具规模,1911 年全国已设商务总会55 所,分会 785 所,共计 52630 人,其人数仅占全国总人口的0.5%。[78]然而他们的兴起却逐步改变着中国的社会结构,已日益成为中国社会现代化的中坚力量,由于他们直接从事经济社会发展活动,经常与最底层百姓民生疾苦接触,老百姓的民生疾苦直接影响着他们的经济活动,决定着他们的经济利益,因而他们相对于资产阶级更为关注社会稳定,关注社会贫富与引起社会失控的诸多社会问题。可以说,工商业者在民间社会经济、文化方面有着强有力的推动作用。同时,他们更会积极从事社会公益事业和慈善事业,如灾害救助、鳏寡救助等,从而以此试图努力化解社会危机或社会风险。

新兴知识阶层在民国时期已成为西方救灾思想的主要传播者之一,推动着民国时期救灾思想的形成与近代化转型。新兴知识阶层在晚清之时兴起,民国时期已经逐步成长壮大,其一部分由近代士绅转化而来,另一部分则来自于国内新式学堂或海外留学的培养。由于他们曾受传统文化启蒙,总体而言缺乏比较完整的现代科学文化教育,尤其是以由士绅转化而来的知识分子为主。但他们追求学而优则仕的理想,行经世致用之学,他们相对于买办或绅商来说,处于社会边缘,一方面仕途渺茫,从事自由职业并游离于体制之外。另一方面又没有一技之长,大都以教育、哲学、社会学、心理学、文学等人文学科为主。他们的特殊处境决定了他们是不受任何约束的知识分子群体,相对而言他们更容易接受新思想,也正因为如此,新兴知识阶层大力传播西方思想,提出符合权贵阶层的政治改革主张并被采纳,他们在传播新价值观念、启迪公民意识和民族情怀有着自己的贡献。

综上所述,随着新兴资本主义经济发展所致使的社会阶层正在从单一走向多元化,买办、绅商、工商业者,乃至新兴知识分子群体在社会结构内部承担着不同社会功能,推动着近代科学思潮的传播及西方救灾思想或社会福利思想的传播。同时,社会阶层的多元化将西方近代科学思潮,乃至于西方救灾思想及社会福利思想渗透到社会各个阶层,从而推动着民国时期救灾思想向科学化、社会化、多元化方向发展。

五、小 结

民国时期救灾思想是继晚清救灾思想从传统向现代转型萌芽的继续,也可以说是中国救灾思想近代化转型的形成时期,而民国时期的特殊背景与历史环境则是其产生的土壤,也是中国救灾思想近代化转型的现实基本条件。民国灾荒的严重性以及近代科学思潮的传播是民国时期救灾思想产生与近代化转型的必要条件。特殊的政治、经济、文化社会背景为民国时期救灾思想的转型提供了历史环境,尤其是民国时期经济的发展,如振兴实业经济、近代工商业的兴办、近代科技的应用,传统农业向现代农业的转型、边区经济的发展等,开始了中国经济从传统到近代的转型,资本主义经济在民国时期有了较快的发展,当时已经实行多种开放政策发展经济,这些为民国时期救灾思想的形成提供了现实基础。人口等社会结构的变动,政府政治结构的变动,如各种社会团体层出不穷,这些为救灾思想提供了组织保障。

动荡的时局背景可以说是为民国时期救灾思想提供了历史机遇,中国自古以来有乱世出英雄的说法,同样,乱世的年代也是思想理论百家争鸣的年代,北洋政府、南京国民政府、边区政府的救灾思想各有千秋,分别呈现了不同政府主体主张的救灾思想。此外,由于传统宗族救济观念的式微以及现代政府救灾处于传统向现代转型之中,因而为民间救灾实践活动在历史夹缝中留下广阔的生存空间,在特殊的历史环境下曾有过较快的发展,从而为民国时期救灾思想的形成增添了新的历史篇章。

惨烈的灾荒为民国时期救灾思想的产生与转型提供了现实基础,民国时期的灾荒具有普遍性、多样性、积累性的特点,20 世纪20 至 30 年代中期,是一个由大洪水、大旱灾、大蝗灾、大地震等重大灾害组合而成的灾害群发期,而 1942—1949 年这一时段则可以看作是一个更大的灾害多发时段。加之战乱灾荒与匪患横行,与严重的自然灾害交织在一起相互恶化致使民国时期灾荒异常残酷,传统的救灾方式与组织体系已无法应对严重的灾荒事实,需要新型的救灾模式、组织机构及救助措施,救灾的现实迫切性催促着救灾思想的转型与变迁,也为救灾思想的转型提供现实基础,救灾实践较之于传统的转型直接推动着民国时期救灾思想的形成与近代化转型。可以说,民国时期救灾思想的形成与中国救灾思想的近代化转型是同一过程。

值得提及的是,近代科学思潮的传播,如资产阶级强烈的政治参与意识,忧国忧民的国家情怀和社会意识,近代职业教育的发展,报刊的大量创办,这些都推动着灾荒信息、新型科学思想的传播,同时也为救灾提供人力资源,推动着新型救灾措施的推广及应用,现代社会意识和国家观念可以说是为民国时期救灾思想的转型提供了思想上的支持。新兴社会力量的成长则为民国时期救灾思想的转型提供了人才储备与人力支持。

注　释

1　3　4　11　27　徐中约:《中国近代史》,世界图书出版公司,2008 年版,第 496、433、481、458、458 页。

2　8　9　10　12　13　30　31　32　33　张岂之主编:《中国历史——晚清至民国卷》,高等教育出版社,2008 年版,第 198、287、384—385、386、288、353—354、243—244、245、392、393—394 页。

5　24　29　67　张宪文等著:《中华民国史》(第一卷),南京大学出版社,2006 年版,第 10、10、469、37—40 页。

6　费正清:《剑桥中华民国史》(上),中国社会科学出版社,1994 年版,第 25 页。

7　20　21　虞宝堂:《国民政府与国民经济》,华东师范大学出版社,1998 年版,第 10—11、195、16 页。

14　《边区工业的发展》,《解放日报》1944 年 5 月 1 日。

15　何挺杰:《陕西农村之破产及趋势》,载《中国经济》第 1 卷第 4、5 期,1933 年 8 月。

16　《安乐乡调查》(1943 年 12 月),载《新四军和华中抗日根据地史料选》第 7 辑,第 351—353 页。

17　黄正林:《陕甘宁边区乡村的经济与社会》,人民出版社,2006 年版,第 194—195 页。

18　中华文化复兴运动推行委员会:《中国近现代史论集》第 28 编《区域研究》(上),台湾商务印书馆,1986 年版,第 69—70 页。

19　熊希龄:《请赈湘省难民致全国各省电》,长沙《大公报》1918 年 6 月 29 日。

22　秦孝仪:《中华民国经济发展史》(第二册),近代中国出版社,1983 年版,第 622 页。

23　张霞:《民国时期"三农"思想研究》,武汉大学出版社,2010 年版,第 74 页。

25　28　费正清:《剑桥中华民国史》(下),中国社会科学出版社,1994 年版,第 25—26、33—35 页。

26　张宪文等著:《中华民国史》(第二卷),南京大学出版社,2006 年版,第 478 页。

34　35　36　37　76　谢清果:《中国近代科技传播史》,科学出版社,2011 年版,第 415—418、171—180、177、74—75、30—32 页。

38　39　53　55　62　63　66　夏明方:《民国时期的自然灾害与乡村社会》,中华书局,2000 版,第 46、35、37、39—40、32—33、395—399、36 页。

40　觉哉:《谈谈现在的灾荒》,载《红旗》第 17、18 合刊,1929 年 4 月 13 日。

41　贝斯飞:《民国时期的土匪》,上海人民出版社,1991 年版,第 1 页。

42　戴玄之:《红枪会》,台北食货出版有限公司,1973 年版,第 61 页。

43　阎建宁:《试论匪患战乱与农村离村的关系——以民国时期苏北为例》,《重庆工学院学报》2009 年第 9 期。

44　吴寿彭:《逗留于农村经济时代的徐海各属(续)》,《东方杂志》1931 年第 7 期。

45　蓝渭滨:《江苏徐海之农业及农民生活》,《农村经济》1934 年第 10 期。

46　郭亚飞,宋明彪:《民国时期云南匪患及特点研究》,《学术探索》2009 年第 12 期。

47　中共达县地委党史工作委员会编:《川陕革命根据地斗争史》,华夏出版社,1989 年版,第 15—16 页。

48　勉县志编纂委员会编:《勉县志》,地震出版社,1989 年版,第 18 页。

49　房师义:《中国农村实况》,《农业周报》1931 年第 35 期。

50　山西省史志研究院编:《山西通志:民政志》,中华书局,1999 年版。

51　郝正春,丘谦厚:《民国时期山西农村人口迁徙之分析》,《山西师范大学学报》(社会科学版)2004 年第 4 期。

52　《山西省三十六年度农业复员建设计划》,载《农情报告》4 卷第 7 期,1936 年 7 月。

54　吴福桢:《中国的飞蝗》,上海永祥印书馆,1951 年版,第 2—8 页。

56　徐国昌等编著:《中国干旱半干旱区气候变化》气象出版社,1997 年版,第 40 页。

57　叶笃正等主编:《中国的全球变化预研究》(第二部分,分报告),气象出版社,1992 年版,第 56 页。

58　张家诚主编:《地学基本数据手册》海洋出版社,1986 年版,第 196—207 页。

59　61　65 邓云特:《中国救荒史》,生活·读书·新知三联书店,1958 年版,第 43、44、36 页。

60　朱汉国等主编:《中华民国史》(第五册),四川人民出版社,2006 年版,第 502 页。

64　陈玉琼,高建国:《中国历史上死亡一万人以上的重大气候灾害的时间特征》,《大自然探索》1984 年第 4 期。

68　69　邱若宏:《传播与启蒙——中国近代科学思潮研究》,湖南人民出版社,2004 年版,第 137、149—150 页。

70　武衡:《抗日战争时期解放区科学技术发展史料》,中国学术出版社,1983 年版,第

1 辑第 6 页。

71　72 杨德才:《二十世纪中国科学技术史稿》,武汉大学出版社,1998 年版,第 136—137、166—167 页。

73　顾长声:《传教士与近代中国》,上海人民出版社,1981 年版,第 289 页。

74　薛毅等:《章元善与华洋义赈会》,中国文史出版社,2002 年版,第 92 页。

75　费赖之:《入华耶稣会士列传》,商务印书馆,1938 年版,第 42 页。

77　夏明方:《历史视野下的"中国式救灾"——明清以来中国救灾事业嬗变过程中的国家与社会》,《中华读书报》2010 年 12 月 15 日。

78　刘佛丁:《试论我国私人资本企业的资本积累问题》,《南开学报》(哲学社会科学版)1982 年第 2 期。

第四章

民国时期救灾思想的理论基础

从广义来讲,民国时期救灾思想涵盖了民国时期理论知识界对灾荒及救灾的研究成果及相关讨论,其诸多研究成果代表着民国时期对灾害或灾荒的认知水平,这必然为防灾减灾救灾提供必要的理论基础。从狭义来讲,可以说是民国时期救灾思想的客观基础。20 世纪二三十年代,灾害科学研究取得了长足进步,研究成果大量涌现,就笔者查阅史料的情况来看,研究成果多达 70 余篇,在天文、气象、地质、地震、水利等科学研究领域有突破性进展,实现了灾害研究从传统观察、经验积累到科学试验、科学救治、预防的近代化转型。本章建立在大量一手史料搜集的基础之上,主要以民国学者及理论知识界对灾害或灾荒的讨论作为研究对象,从他们对灾荒成因、灾荒规律、灾荒影响等方面探讨民国时期救灾思想形成的客观基础。

一、民国时期对灾害成因的讨论

民国可以说是一个灾荒的年代,而灾害是诱发灾荒的直接因素,对于灾害的认知与研究,直接关系着救灾成效及科学救灾体系的建立。民国时期灾害或灾荒的讨论已受到诸多学者的广泛关注,对于灾害成因重要性的分析也有足够的认识,如梁庆椿先生已认识到运用现代科学技术对水旱灾害成因分析,他指出我国自古就有对灾害成因的分析,如荀子载汤旱而礼,以六事自责:"政不节乎? 使民疾乎? ……宫室崇乎? 女谒盛乎? ……苞苴行乎? 免夫昌乎? 何以不雨至于期极也!"[1]然而,他认为荀子对于旱灾成因的分析明显具有迷信色彩,由于传统社会科技、文化、经济等诸多历史条件所限,乃至于对旱灾成因的分析更多的是受天命禳弭思想的影响。继荀子之后,东汉王充将灾害成因归结为政治之灾和无妄之变,梁庆椿评价王充所分析的灾害成因较之旱灾天命禳弭成因的分析有了进一步发展。

　　然而,有学者指出,我国数千年来灾荒之所以不断发生,其原因在于"自然环境若干具体条件之影响,自不容遂加否认,尤以社会经济发展较落后之国度,自然条件之支配必亦较强,此故一般人所共晓。唯我国学者历来对于自然条件之影响力,往往过高之估计,甚或以之为唯一之决定要素,殊欠精当"。[2]由此可见,当时已有学者开始注重社会原因对灾荒的影响:"自然条件之对于人类社会,乃属外在之力量,此力量既属于外在者,则其所及于人类社会之影响,自不能超越于人类社会本身所具备的内在结构条件之上。"[3]显而易见,当时对灾荒成因的分析具有于实事求是的科学态度,已经超越了天命禳弭思想的束缚,已具有历史唯物主义与辩证唯物主义主义的科学态度。

　　对于灾害成因的分析,可谓古已有之,然而时至民国,对于灾害成因的分析仍然各持其说,呈现出从建立在天命禳弭思想分析基础之上到民国时期对灾害成因的科学分析,从对灾害或灾荒成因的分析中体现了中国传统救灾思想的近代转型与变迁。正如前面所述,中国传统救灾思想起源于"天人合一"的哲学渊源,而随

着时代的变迁与科学的发展,民国时期对"天人合一思想"的理解
也不尽然,随着西方科学的传播以及一大批学者对于灾害的科学
探讨,民国时期对灾害成因的讨论与认知更为呈现出科学化的趋
势。可以说,民国时期救灾思想的科学化趋势是"天人合一"救灾
思想的哲学渊源在新的历史时期的客观反映。

一、灾害自然成因说

(一)灾害自然成因总论

对于灾害的研究,民国时期从自然科学的角度研究颇多,其成
果也颇为丰富,其中突出者当属竺可桢、李长傅、张其昀等的研究。
主要内容则是对灾害原因的讨论,张其昀将水灾的原因归之为气
候、地形与地质等三方面,他认为"造成水灾之原因较为复杂,盖
气候固为主因,而地形与地质之关系亦甚重要,即分为三方面以论
述之,以气候论……,以地形论……,至其地质原因……"。[4]并且
张其昀先生在具体讨论水灾时,将水灾与旱灾结合,认为"水灾与
旱灾虽是相反现象,却属于同一原因所致",即"雨水不调,旱潦之
灾,虽不尽由天时,然雨量缺乏或过剩,终为造成旱潦的根本原因,
此所谓过犹不及,其害相等"。[5]此外,已有学者对灾害的诱发因素
有过专门的讨论,主要将灾害的诱发因素归结为土壤保持、水土保
持与农业经营方法的科学依据以及农作物发育等问题,这些问题
处理不慎将极有可能诱发大的灾害,然而,在章元善先生看来,天
灾的成因无非是天然势力的失调,正如他所言:"翻开各朝各代历
史,再回想近十年来我们身临其境的经过,我国的灾害大多数是闹
水,不是太多,就是太少,太多了是水灾,太少了是旱灾。"[6]然而,
甘祠森在分析民国时期四川旱灾成因时提出了两方面因素,一方

面是由于自然原因,另一方面则由于人事的原因所致,在他看来,自然因素所造成的灾荒更为严重。在众多自然因素当中,对于四川旱灾成因则主要有雨量、土壤、地势及交通等诸多因素。[7]

总体而言,相对于社会科学工作者对灾害自然成因的讨论,自然科学者给出了更为有力的解释与分析,主要从地理环境、气候环境等方面对灾害成因予以讨论,从灾害发生的本质来讲,其地理条件与气候条件很难完全分开,更多的时候则是地理环境与自然环境交织在一起,相互作用致使灾害发生,并且这些与后文所分析的经济、社会等成因错综复杂的交织在一起致使灾荒发生。本部分主要讨论灾害自然成因,如地理、气候成因等。

对于灾荒的地理成因,甘祠森认为1933年四川旱灾在自然因素方面则是由于地理环境所致,即四川农田的土壤十分恶劣。他认为正常年份当气候相适宜并雨量充足时,微生物易生谷类能够得到繁殖,还不至于造成旱灾,但当气候不适宜并田中缺水时,土质越变越坏。他还进一步指出,四川农田地势恶劣并塘堰稀少,加之河流地位地下,大部分农田无法灌溉取水,因而发生旱灾。此外,甘祠森还指出,除农田土壤条件之外,四川境内交通因河流罗列,兼之民国时期公路发展比较便利,但由于四川的恶劣地势导致对外交通十分困难,如此地理条件在四川粮食不足的时候固然难以得到外来接济,逢丰收之年也难以将粮食等农作物外销以至于丰年谷贱伤农,农业经济并无大的起色,农民在丰年只能以求温饱足矣。[8]

另外,吴毓昌已经开始关注河北、河南、陕西、山西、山东、浙江、江苏等地灾荒次数特别多的原因,尤其是水灾多的省份,旱灾也多,并且采用地理学的观点解释,他认为"因这些省份均为首都所在省份,或为邻接首都之省,灾荒报告或记载比较完全,其他各省因距离首都较远,由于通讯技术的不发达,虽有灾荒亦脱漏较多"。[9]由此可见,受制于通讯网络技术的不发达、统计方法的不完善等各种条件所限,民国很多地理偏远地区的灾荒未能统计在册。地理学不仅可以解释灾荒的成因,并且解释了灾荒统计不全的原因。

依甘祠森、吴毓昌的灾荒地理成因观来看,其灾害地理成因与灾荒地理成因实属两方面,如前所述,土壤条件则是致使灾害发生,而四川地形则致使灾荒发生,更为确切地说,灾荒的生物地理成因与灾荒的社会地理成因虽同属灾荒地理成因,但内涵却有所侧重。而吴毓昌分析的灾荒地理成因则是在通讯不发达的背景下,由于地理条件所限致使灾荒不能及时上报或记载,这只能算是致使灾荒记载不全的地理因素,而不能成其为致使灾荒发生的地理因素。

灾害与气候有着非常重要的因果关系,灾害的发生往往是由于气候的直接所致,尤其是水旱灾害更为明显。早在民国时期,许多学者均对灾害与气候的关系有过研究论证,郑子政先生对此研究颇多,论述也最为严密,他认为"水旱霜雪之为灾,皆直接由于气候之变常,至于植物病害与虫灾之发生,实以气候变动为重要之因子。灾及谷物虫害之产生,皆受气候限制"。[10]灾荒的气候成因与地理成因相符相成,可以说是一体两面,地理环境影响着气候的形成,从而气候又影响着地形地貌的变迁。一般而言,"凡所降大雨,其降雨面积均不甚广阔。倘若降雨面积适为某河之流域面积,则所降雨水几乎可以全由地面上泄入河内,且流入河内之水,必较此河内原有水流速度加快,因此遂成水灾"。[11]

对于灾荒的气候成因,有学者指出:

　　旱灾之成因,大体由于降雨量之不适宜,降雨量之多寡,原以空中温度之高低为定。气温增高,绝无致雨之希望,而温度之降低,实为霖沛之前提。但有时空中温度虽已降低,亦未必即能致雨,此则因上升之空气,流行甚速,其力足以抵御雨点之下降,或因云点成雨之后,中途复遇干燥之气流,以至未抵地面,又蒸发净尽,遂使地面缺乏适当之雨量,同时,雨量之多寡,亦受地形及方位之影响。[12]

另外,有学者从历史的视角研究水灾成因,并且提出对于水灾成因的讨论,至少须有该次水灾前若干年与之相关的水文材料,并须明确相关流域或地区内的地质、地层缺裂、雨水吸附等种种情形,这样对于灾荒成因的分析方能得出相当的具有说服力的研究成果。认为水灾成因无不与雨量、水位、支流涨水与洪水、支流流量与干支流洪水、洪流影响线、洪泛的持续时间、回峰的特征、堤工的缺点等诸多因素有密切的关系。然而,民国以来,中国河工进步迟缓,各河流域各项水文记载都付缺如,即使有一份比较完整的记录也十分不精确。吴明愿以 1933 年黄河水灾为例,认为此次水灾的起因在于:

> 1933 年 7 月中下旬上游各省的暴雨,7 月 7 日暴雨降至绥远,7、8、9 三日在河套一带降雨量达到 205 厘米。7 月 20 夜、21 日暴雨转至陕西境内的陕南地区,一日一夜间雨量达至 30 厘米,暴雨向东流动于 24 日晚降至蓝田,平地水深数尺。此后暴雨又继续转入山西地区,26 日晚太原一带大雨,山洪冲毁公路桥梁等路段。[13]

同时,吴明愿也指出 1933 年此次水灾在受灾区域内,渭河、泾河、洛河、汾河四支流于翰河,水量暴涨,因而促成此次水灾,以渭河支流的流量最大,每秒 20000 立公尺,泾河 12000 余公尺,水流急速不可遏止。[14]

吴明愿对 1933 年水灾成因的讨论建立在运用科学方法之上，如就雨量、水位、支流涨水与洪水、支流流量与干支流洪水、洪流影响线、洪泛的持续时间等所做的具体测量，并结合诸多因素具体分析灾害成因，并且注重对历年水文资料的分析，较之以往大而化之笼统分析灾害成因有很大进步。民国时期已经有大量的水灾调查报告及规划书，包括对黄河、沭河、淮河、洪泽湖等河流的相关情况，如河道、风力、雨量、干湿寒暑、水量等详细考察。至于水灾形成的原因，黄河下游淤泥甚多致使河底渐高，与洪泽湖持平甚至过之。水流流经洪泽湖及淮河，自此时始殆后湖底增高，湖水涨满浸灌内地，南北两岸城市因消灭无存。[15]

文振家对 1935 年水灾成因讨论颇深，1935 年水灾成因虽多，而雨量分布是其主要自然环境之一。他认为：

> 我国雨量华南以 5 月份最多，长江下游则在 6 月份，华北7 月开始，最容易发生的雨区则渐渐移向北方，我国水灾的发生先后大致如此。6 月份以长江中游为最多，7 月初长江上游中游阴雨连绵，而下游及华北地区仍少雨。而 8 月、9 月以来，华北诸地自山东至东三省渐次降雨，雨量虽少，但因黄河久失修治，竟然造成泛滥。倘若在冬季，流域内积雪甚多，至春天融雪之时往往极其危险，若遇到春天气候日暖夜凉，日间所融之雪入夜之后则停止融化，则地面泄水量较少，反之日夜间断，则必然造成水灾。总而言之，我国雨水灾害有因为雨量平均分布不钧而集中于短期内演成的，也有因雨量平均分布量过多造成的。[16]

同样都是对水灾成因的讨论，也同样都是从气候层面的讨论，然而，吴明愿则是以一种科学式的分析为主，以实际数据的测量作为依据，而文振家则更是宏观性、综合性的概况式分析，以长年来所总结的气候特征作为论证依据。

就旱灾成因而言，郑子政先生以 1936 年豫、晋、陕、甘及鄂、苏、皖之北部的干旱成因展开讨论，他认为秋初以来，雨量减少与温度增高是形成干旱的直接原因：

> 1936 年秋季冬季季风盛行期来之过早所致，大陆高气压异常发达，风暴绝迹，9 月份沿长江流域北纬28°至32°间未有一次风暴经过。至于中国沿海一带所得之雨量，多受 9 月 2、3、4 日飓风之赋予。华北方面则曾受低气压之影响，10 月份推至北纬40°以南，未曾有一次风暴之经过。由于高气压势力充分发展于大陆以至于风暴不至于与飓风远去，最终导致雨量之来源告绝。虽在高气压中，常亦有降雨之可能，但在 10 月中，每次高气压南下，由寒潮而降至雨甚微，雨区多产生于长江上游，在中下游一带，仍受旱魁虐。[17]

甘祠森对 1933 年四川旱灾成因的讨论除上文所提到的地理环境之外，他还分析了四川的旱灾的气候成因，他认为：

> 总的来说，四川的雨量与气候可以算是优良的农业区域，而地势土质则可是说是最为恶劣的区域，由于四川恶劣的地理条件当雨量不足时必然成灾，当雨量失调时也会酿成大旱灾。四川发生旱灾并不完全是雨量的不足，多半则是雨量失调的缘故。[18]

气候因素与地理环境相交加致使 1933 年四川旱灾雪上加霜。

对于灾荒的自然成因，民国时期在以竺可桢、甘祠森、吴明愿、李长傅、张其昀等一大批自然科学工作者的努力之下，已经形成了以地理与地质、土壤、气候、雨量等诸多因素对灾害成因的科学研究,然而,以章元善、邓拓为代表的人文科学工作者则对灾荒自然成因的解释则稍逊色。相对于天命禳弭思想下的灾荒成因解释,民国时期对灾荒自然成因的讨论则更体现了科学化的发展趋势,正是对灾荒成因科学化的讨论为民国时期救灾思想的科学化发展从源头注入了一股活力,直接影响着灾荒规律、灾荒影响及灾荒应对机制的科学化、社会化、多元化乃至国际化,从而也推动着民国时期救灾思想的近代化转型与发展。

(二)灾害自然成因——以地震灾害为例

对于地震的相关研究,民国时期已颇为详尽,地震的成因、性质、种类、关系、状况在地质学上已有明确的解释并为业内所公认。各种说法虽略有不同,但大体趋丁一致。当时已从科学的角度界定何为地震:

> 凡地壳爆裂变动是地球发生震动者均可成为地震。地球有慢变动、暴裂变两种。[19]

且存吾先生将何为地震、地震的发生、发生区域、火山与地震的关系、地震的危险及地震的预防、地震成因(穴顶、火山喷发、地壳之变动与移动)、海洋地震、地震的影响、地震的分类、地震与地壳的关系、地震传播的速力及地震时间长短、地震度数的计算、日本地震之数目等相关地震都曾做以详尽的考察与研究。[20]

从具体研究对象和内容来说,对地震的研究已经比较规范,主要包括震象(发震时刻与震央测定)、震灾与烈度、地面现象(鸣声、余震)及震灾救济等诸多内容。从民国时期相关学者对地震的研究成果来看,地震各地观测记录已经相当完备,并且震灾调查及时且全面。[21]并且民国时期已经有学者将国外相关地震研究成果翻译并借鉴,包括对地震科学本质的探究,主要体现在对地震科学知识的了解与借鉴,在对地震科学了解的基础上采取更好的预防与救济措施。[22]我国地震研究在民国时期取得了非凡的成就,最为重要的即是在地震方面的研究已开始走向科学化的道路,这种科学研究的价值取向及其在这种价值取向下所取得的科学研究有利于地震的预防和灾后救助。[23]

　　具体而言,当时已从自然科学的角度研究地震的物理特性。以地震之源为例,有学者指出地震来源于地壳内部,并详细剖析地壳内部结构,从而发现地震原因有多种,不同原因的地震气候异常表现也有所不同,不同的震级强度也有所不同。对于地震的测量,地震仪在中国早已有之,当时已明确了地震仪的物理构造,对地震仪的基本运动方程有明确的解释,并根据地震仪的测量可以绘制精确的震波图,准确测定震源以及震源的特性及形状。[24]对于地震的精确测量,民国时期已翻译西方学者大量相关研究成果,国外已有新的地震仪,只用 1/14 吨的质量,在 5 秒之内便可测得地震的发生,很多从前不能记录的地震都可以比较准确的表示出来,其灵敏度已超乎预期。因此,当时对区域地震的测量有了很大的提高。[25]

　　关于地震成因的分析,建立在对地震科学研究的基础之上,民国时期大多数研究地震的学者赞同三种说法,一是海水浪涛撞击地壳岩石;二是海洋底部的波动,由海底传至大陆造成地震;三是由于气压变动的影响。然而,地心本质问题虽已有讨论,但地震扭波是否能通过地心传播来证明地心是液体或固体,有学者还持观望或怀疑态度。尽管如此,建立在科学基础上对地震成因的解释,可以称之为"地震之科学解释"。然而,相对于"地震之科学解释"

而言,在五行志中对地震成因的解释可分为两派,一则是根据洪范五行传附会时政演之为灾异之学,董仲舒等人、汉书后汉书晋书宋书旧唐书宋史五行志诸家都均持此解释,持此论者盖以地震为手段,可达革正军心的目的,其用心有可原之处,而其立论则一无足取,此派以汉书后汉书五行志为其始。汉书五行志对地震的解释不自立说,仅列举董仲舒等人的言论以为立论之根据,此派解释地震之言最为各史所称道者约为三类:

> 一曰以阴阳解释宇宙而因之以阴阳为说明地震之根据;二曰以五行"金木水火土"解释宇宙遂持此解释地震;三曰纯粹附会派不问地震本体为何如,而惟以附会时政为主旨。[26]

董仲舒、刘向父子谓地震为天人感应的特征之一,每次地震皆有事以应之。故每次地震皆列举人事以作地震之证明。

另则主要以五行解释自然,而反对以地震附会时政,欧阳修等之唐书五行志等持此观点,认为地震的发生主要在于地震区域、灾情概况、依时记述而以此。其主要立论有三方面:

> 天地之间金木水火土五物最多为用至大,人非此五物不足以生存,是以古人重之。而金木水火土只供人用,并不能为一切人事之主宰,与天变地异之事更无关;灾异家以五行解释自然现象,附会时政,冀以示警人主。然而有时推之而不验、反足以招时君之傲慢,而助长其恶,且亦非圣人之本意;灾异家演为曲说,任意附会,根据不立,言多揣测,究其极至,父子异说。已不能立,因之无以立人,不免为识者所厌恶。从其说者如金史明史五行志。[27]

存吾先生曾将汉书五行志、后汉书五行志、晋书五行志、宋书五行志、南齐书五行志、隋书五行志、唐书旧唐书五行志、旧五代史五行志、宋史五行志、金史五行志、元史五行志、明史五行志等著作中的地震次数、灾况等逐一进行梳理,并对每个朝代五行志当中记载的地震资料做详尽述评。[28] 然而,他认为五行志中对地震成因的解释,前者为有意之附会,后者则为肤浅的宇宙论。之所以对地震有两种不同的解释,主要在于科学不发达的缘故,究其传统地震发生的原因,地震的关系,预防的方法等,两者解释皆与"地震之科学解释"有本质差异。

由此可以看出,民国时期对于地震灾害的研究,尤其是灾害成因的解释,在理论知识界已基本建立在科学化基础上,并且科学化体系日趋成熟。同时,对于其他灾害的研究也具有了科学化的倾向,并从各方面已经开始了科学化的努力与试验,这为民国时期救灾思想的形成提供了客观基础,与传统"天命禳弭"救灾思想不同,这样的转变正是在近代科学民主思想的时代背景下产生的救灾思想,从而为 20 世纪以后的救灾防灾减灾思想奠定了基础。

二、灾害社会成因说

相对于灾荒自然成因而言,灾荒的社会成为更为复杂,主要涉及农村经济、水利、人口、技术等诸多因素。正如方华对于河南农村的灾荒所言:"一切所谓天灾无非是现社会制度的产物,正如兵灾匪灾等是现社会制度的产物一样。"[29] 自帝国主义侵入中国以来,无异于给苦难中国一种催命符,必然加速中国农村的枯竭。一方面农民的副业、家庭工业以及手工业趋于没落,同时物美价廉的洋货如潮水般地涌入农村。另一方面外国资本势力也加速对农民原材料的收购。因此,民国时期中国没落的农村从此卷入世界经济之中,并成为原材料的主要提供者和洋货的主要消费者,农民以栽培原材料、贩卖原材料为主要任务。因而以低度资本有机构成的中国农村经济与以高度资本有机构成的帝国主义国家之间的交往是不等价的交换,农村金融不免因此而枯竭。因此,民国时期我国农村经济枯竭,在严重的自然灾害面前,抵御灾害风险的能力必然有所下降。

对于灾荒经济成因而言,中国农业经济的不发达是灾荒的重要致因。正如董时进所言:

> 由于经济条件所限,大多数农民平时衣食尚感不足,再遇上雨水过多或过少,以至于收获稍有损失,便成为灾民。假使每人所拥有的土地多些,即使收成不丰,只需稍稍节省总可过活,不至于沦为灾民并流离饿死。欧美各国并非没有水旱,但很少有饿死人的现状,这便是因为他们富裕的缘故。[30]

民国时期,中国是以传统农业为基础的农业落后大国,在一批知识分子的倡导下,传统农业正面临着现代化转型。张镜予认为农业不发达的原因在于:

> 农民缺乏巨大的资本所致,中国如欲适应新时代的需求以生存,其问题虽多,而改良农业及供给农民以充分的资本,使增加其生产力,实为问题中的最重要者。[31]

他主张可以通过农村信用社合作以提供资本来改良农业。

水利失修是致使灾荒的又一重要社会成因,帝国主义入侵直接给予中国农村重大打击,一方面既助长了中国的战争,借军阀之手以破坏水利建设;另一方面,因受之侵略的后果,农民日益贫困,无力整理水利事业,乃至于我国水利事业破败不堪,从而致使历年来灾害频繁发生。沈怡通过整理各种志书与我国水利书籍,得出一事实,即水利兴废与历代治乱的关系相互为因果关系。[32]至于灾荒的政治成因,后面详细论述。就水利措施而言,张培刚认为水利

失修是致使灾荒发生的原因所在。[33]文振家更为具体地指出了酿成水灾频繁的原因,如:

> 河流淤塞,未能疏浚;堤坝陈旧,未能加以该修或扩充;富有蓄水及宣泄水量作用的湖沼,未能整理;还有河道不良之处也未能浚治并使水势得以顺流而下。[34]

仅就华北水灾而言,涂长望认为其大部分水灾是可以避免的,他曾指出华北水灾的中心问题一方面是由于水利失修,另一方面则是因为雨水分布不均所致。雨水分布不均属于自然成因,在自然条件无法改变的情况下需要主观人为努力,如采用兴修水利等措施推进预防以应对灾害或灾荒的发生。[35]长江以北水旱灾荒之多,与该地森林滥伐及河道失修不无关系。[36]据《黄河水灾调查报告》分析,黄河溃决的原因则在于黄河水流量过大并含沙过多,黄河宣泄不畅通并堤身卑薄。[37]与之相反,有一种观点认为中国多灾的缘故之一不是因为不讲水利,反而是因为“水利”讲得过度。董时进通过具体分析指出:

> 在有些地区哪怕是雨量缺乏并十分不易灌溉的土地,也是硬要耕种;地势低下,十分怕水的土地,硬要开垦。江河中的沙洲,湖泽旁边的淤泥,本是江湖的地盘,都围起堤住人,将江河愈逼愈紧。这些地方非常危险,雨水一多,便要闹水灾;雨水稍少一些,便要闹旱灾。[38]

就水利制度而言,有学者指出民国时期水利行政不尽统一,这是水利建设前途的大障碍。据文振家分析所言,南京国民政府内务部于1933年调查全国水利机关多达61处,以黄河而言,则有华北水利委员会、黄河水利委员会、而冀、鲁、豫各省又分设河务局,由此可见水利机关之多。南京国民政府鉴于此种情况,遂于1934

年全国经济委员会决议设立水利委员会以统一全国水利行政,对多余的水利机关加以裁撤合并,但这仅仅可以说是水利行政统一的第一步,水利建设中的一般弊病并未因此而消除。[39]

灌溉制度是水利制度的重要组成部分,据梁庆椿分析,灌溉制度的不完善主要在于"河流不良、渠道不完备、塘及井之不敷用、抽水动力不足、乡族与田形的灌溉障碍、灌溉之纠纷及水利行政之混乱"。[40]而张之毅认为我国古代水利事业偏重于西北,近代以来西北水利事业逐渐废弛,他指出迄今川东川南一带所有池塘大都拥塞不堪,著名的都江堰则以经费拮据岁修敷衍了事,大修无望以至于水利不能继续维持。[41]郑子政认为:"寻常气候干旱未必成灾,在中国则因水利欠修灌溉不易,因而遭逢干旱动辄酿成巨灾,每遇干旱地带即为灾患发生区域。"[42]然而旱灾与水利失修的关系可谓一语道破,指出了水里失修与旱灾的直接关系。

民国时期我国的农业经营仍停滞于数千年的状态,农业耕作技术已经成为致使旱灾的成因。梁庆椿先生认为旱耕技术不发达以及对杂耕制度的不重视已成为旱灾的成因。他指出:"旱耕技术不尽发达,如压土、松土、地面覆盖、除草、深耕、排水、抗旱品种及休耕等诸多抗旱技术不尽应用。"[43]张培刚认为民国时期灾荒的成因主要是人为因素所致,主要体现耕地技术不发达,与农事最关切的灌溉技术而言,在后汉三国时期便已应用龙骨车,民国时期除形状稍有改变外,而方法一仍如昔。只此一端,可知我国农民的保守和不求上进。[44]同时,他还指出不注重杂耕制度也是致使旱灾成因之一。[45]此外,民国时期交通虽有所发展,但总得来说还不是太便利,当灾荒发生时粮食运销很不发达,此时需要具有社会保险性质的仓储制度发挥救济作用,可以说是雪中送炭,但由于民国时期诸多地方仓储制度有所废弛,仓廪之中多有仓而无谷,形同虚设。

然而,有学者指出灾荒在某种程度上是由于人口过多所致,民国时期中国人口过密,贫民太多。以长江流域或黄河流域为例,人口主要集中在两河流域,以至于对河流堤坝的大量毁坏与失修造成水灾发生。从张之毅先生对四川人口的估计来看,明万历年间,四川全省人口不过 300 余万人,清嘉庆道光年间为 2000 余万人,1916 年则为 5000 万人,1932 年至 1934 年间,四川省人口则为 3700 余万人。由此可以看出 1916 年前,民国人口增长迅速,但 1932 年至 1934 年间则减少。对于人口减少的成因,张之毅认为"由于民国南京政府时期人口统计方法有现住人口与法律人口之区别,至于人口是否减少或减少成因一时间还无法定论。"[46]

事实上,民国时期水深火热的灾荒种种表象,已绝不是以往单纯灾荒的重演,而是以更尖锐、更为深刻的形式体现。其中农民经济崩溃是很重要的一方面,一般情况下,农业生产过剩所形成的价格狂跌是促成生产萎缩的重要因素,因此,中国的"丰收成灾"是恐慌的本质。刘叔明就农村经济崩溃的成因指出,内战频繁、交通阻塞、捐税太重、水旱灾害等是直接成因,间接原因则主要有贸易入超的损失、中国的投资以及赔款借款等因素;[47]有评论指出:

> 在半封建的农业生产关系下,农业生产不能逐渐改进,即粮食的产量很少,但有大量增加的可能,而人口却是逐年增加的,这样永久饥荒是不可避免的,中国人口与粮食生产间的不同比例增加,其间平衡状态的维持,历史上一直是饥荒中饿死的人或战乱中杀死的人来求得平衡状态,这种惨痛的历史事实,到民国时期还继续着。[48]

而这些因素的叠加导致更大的灾害发生,出现大的灾荒甚至动乱。

三、灾害政治成因说

民国时期曾有学者多次提出，时局变动与政治因素有直接关系，即兵匪扰乱是致使灾荒发生并加重的重要政治成因。张培刚先生在分析灾荒众多成因时认为，兵匪扰乱是灾荒加重的重要因素。[49]有评论指出：

> 不清明的政治造成的对农村的残酷剥削和破坏，中国的官僚、军阀、土豪、劣绅总是作为吸血之虫在吮吸着农民的脂膏；帝国主义侵入所引起的农村半失业状态……都是造成饥荒的原因。[50]

章元善先生将天灾成因的一方面归结为天然势力，另一方面认为是不良政治的结果，正如他所言：

> 成灾的责任不能完全推到老天爷身上去，在相当限度以内，人力的确是可以胜天的。水的忽多忽少使得人民受灾是果，他因是人不去造森林、修堤防、河道沟洫听他淤塞，积水湖泊由人去抢占水地。已有的尚且由他们自然荒废，应修未修的，更是谈不到了。我们在这近百年来，非但不拿人力来调剂自然，利用自然，驾驭天然势力来为人类造幸福，非但不用相当的方法去改善农人的生活，帮助他们生产，并且还用名目繁多的苛捐杂税来剥削人民，盈千累万的官兵土匪来鱼肉乡里，弄得人民筋疲力尽，盖藏空虚，顾全目前还是万难，岂有余力来培养将来的生计？[51]

以1933年四川旱灾为例，其一方面成因在于政治，正如甘祠森所言：

民国是一个战乱的年代,军匪的骚扰、田赋的繁苛都将在自然因素的影响下致使旱灾的进一步形成并恶化,从致使灾荒发生的众多原因分析,没有哪一项比军匪的骚扰对于农民的破坏来得更为迅速而剧烈,壮丁的流离,农作物的荒废都是军匪骚扰的必然结果。[52]

同时,四川在防区制时代田赋预征的繁苛是尽人皆知的,尽管在不同的防区中田赋的繁苛有轻重之分,但总的来说都已超出人民的负担能力之外。除灾荒起因于天时地理之外,人事方面的因素增加了灾荒的严重性程度。即使没有兵匪扰乱,社会权利与政治权利的不平均占有也可能会致使饥馑发生。杨端六认为食物缺乏的原因在于民众对食物的占有权,这决定了即使在饥荒的年代,只要拥有对食物的绝对占有权也未必遭受饥馑。饥馑与食物供给的多寡有必然联系,但食物供给的减少必然造成饥馑的发生,其原因在于民众所拥有食物占有权及分配权的多寡,经济权利则是民众所拥有社会权利和政治权利的一种最终体现,其最终表现在政治权利方面。如:

英德诸国对于食物之供给所以有恃而不恐,皆以岂有支配世界事物之权也。权之表现即为金银,是与个人之地位相若。有人于此,拥有富厚之金银,苟其人而非至愚者,则不问货物之如何缺乏如何难贵,彼终可以自由购得而用之。资本制度一日未灭,此不平现象一日必可存在,国家亦犹是也。工业国所以有支配农业国食物之权,非必其为工业国也,乃因其工业发达而占有债权地位也,故国非工业苟有他法以取得债权者之地位。易辞言之,苟有他法以取得富厚之金银,则不难取得支配世界食物之权,是固彰明较著之理。

另一方面,战争也是致使灾荒的重要成因。有评论指出:

> 战争的破坏以及因战事而直接间接而引起的农村劳动力的减少、土地的荒芜、水道的破坏……我们也可以说,战争虽是目前大饥荒的主要造因,但不是原因的全部。[53]

以美国红十字会的调查为例,1929 年美国红十字会因华洋义赈会及在华传教团体的请求,他们进行实地调查后指出:

> 中国所谓的饥荒和美国通常所谓的饥荒不同,饥荒在中国并非一时之现象,如不将带有永久性质的若干原因去除,一切救济事业是徒劳的。
>
> 他们认为中国的饥荒不是一时之饥荒,而是永久的饥荒。所谓一时之饥荒,是农村生产因一时急剧变动而遭受破坏,以至发生食粮不足的情形,这可用救济的方法以为补救,到特殊的原因去除后,生产力即可恢复,饥荒也就不再发生。但永久的饥荒则不同,它是农村生产力遭永久的、慢性的破坏所造成,救济不能只是一时的,因而非设法将永久的、慢性的破坏农村生产力的原因去除不可,其原因当于农村的社会经济结构中求之。[54]

正如美国红十字会在灾荒救济中对灾荒成因的甄别一样,灾荒的政治成因,即战争成因则不在救济范围之内。

四、灾害成因综合说

对于灾荒成因的分析,知识界对于灾荒成因划分为自然成因、社会成因、综合致因等。在对灾荒成因的具体分析中,大多数知识界人士都会或多或少将两种成因同时予以分析,然而,由于具体灾荒成因的不同,侧重点有所有不同。以文振家对于 1931 年水灾成因的讨论最具代表性。

文振家认为1931年的全国水灾由以下因素所致,第一,帝国主义侵略的结果。他认为帝国主义入侵之后,直接间接的给予中国农村以重大转折,单就水利而言,一方面助长中国的内战,借军阀之手破坏水利建设;另一方面,因受其侵略的结果,农民日益贫困,无力整理水利事业,以至数年来灾害频繁。第二,此次水灾是恶势力对农民极度剥削的结果。军阀势力破坏水利,诱致水灾发生。第三,水利失修也是造成此次水灾的成因之一。中国水利事业破败不堪,这是酿成水灾频发的原因之一;第四,雨量分布是造成水灾的自然原因。据1931年7月11日南京中央社电:据中央气象研究所负责人谈,本年水灾成因虽多,雨量分布亦为主要成因之一。第五,水灾成因则是民堤与沙田对江流的影响。经委会秘书长秦汾氏认为,长江水灾症结所在,原为各地增筑民堤,以保全其沙田,以是江河日厚,加以蓄水之湖围垦沙田,湖内沙田又日益减少,主张限制各地增筑民堤及围垦沙田,必要时应牺牲小利,以免大害。由此可见,造成水灾的成因是相互的、继起的关系,并不是孤立存在的。[55]此外,孙起焜从管理学的角度将1931年水灾成因归结为组织不全、财政匮乏、工程腐败及森林缺乏等因素。[56]

对于灾害具体成因的分析,执无在分析水灾影响与经济复兴政策时,将水灾的成因归结为天时与人为两类因素。[57]林景亮认为导致旱灾的原因主要在于水分丧失、森林缺少、气候变迁、水利失修、农民无蓄水习惯和设备等因素。[58]对于水灾成因而言,周郁如侧重于综合分析,如雨量集中、人与水争地、河流自身原因、整体造林计划等诸多原因。[59]值得注意的是,他对水灾成因的讨论更侧重于建立在科学分析的基础之上。在诸多因素当中,最重要的一点则反映了人与自然的和谐关系。

需要提及的是,灾荒成因综合说是对灾荒自然成因、灾荒社会成因及灾荒自然成因的综合讨论,从已有的史料来分析,大多数学者都已涉及到以上几种灾荒成因的讨论,如对单次重大灾害成因的讨论,灾荒成因的综合讨论,某种灾荒成因的具体分析等。然而,大多数则是依照一定的逻辑顺序或层次对致使多种灾害或灾荒成因的分别讨论,这恰恰说明了民国时期无论是从自然成因,还是社会成因、乃至政治成因或其他综合成因都已经对灾荒成因有深入讨论与分析。

相对于灾荒自然成因、社会成因、政治成因、综合成因来说,民间机构对灾荒成因的讨论与诸上所论述的灾荒成因多有重复,但民间机构作为民国时期救灾主体之一,救灾倾向明显与政府救灾活动不同,乃至于对灾荒成因分析的侧重点也不尽相同,因此有必要在此专门分析民间机构对灾荒成因的讨论。

民国时期美国红十字会曾调查中国的灾荒状况,并对中国灾荒的前因后果进行分析。美国红十字会的灾荒调查报告认为中国灾荒是"缓性纷扰"所形成的结果,这无不与民国时期军阀横征暴敛、盗匪任意搜劫,苛捐杂税重负、铁路交通之严重破坏不无关系,这些都在某种程度上加深了灾荒的严重程度。[60]总体上说,美国红十字会对中国灾荒成因的分析比较客观,但并未能正确把握破坏中国农村经济的因素,从而也并未能深刻讨论"横敛"、"搜劫"、"榨取"、"破坏"等这些因素与灾荒加重的深层原因。

然而,据陈翰生等人分析,美国红十字会侧重强调中国封建残余势力对灾荒的影响,从而忽略了外国势力入侵以至于加深中国灾荒的重要因素,其实帝国主义在政治经济上的侵略,一方面维持了中国封建残余的存在,另一方面切断了中国农业和手工业之间的联系,打击了农民副业,客观上促使了地主欲望膨胀以至于消费品在质和量上的增进,加剧了地主对农民的剥削。同时,连年内战并在炮火摧残下城市百业萧条,生产灌溉破坏不堪,加之群雄割据导致军费负担加重以至于对中国农村的蹂躏致使农民走向破产的深渊。如此一来,大众不仅失去了讲求水利,培植森林的能力,而且人民竞相砍伐林木,填塞沟渠,挪用治水经费。在经费无着落的情况下阻碍了筑堤工作以至于使江防河防空有其表,沟渠填塞影响了吐纳的所用,森林无计划的砍伐绝灭了调剂气候的功能,防御水旱的条件既已毁坏无余,在天气变恶劣的情况下水旱等自然灾害便容易发生。天灾是以农村的凋落、农民的破产为前提,同时天灾却又进一步加速农村破产,加剧了大众贫困的致因。在重重剥削之下大多数农民已经失去了培植森林,修理沟渠的能力,而人民对森林的砍伐及治水经费的挪用,更加毁坏了防御水旱的条件,天气稍为恶劣,吞没农村的灾荒便相继发生。[61]

　　同时,农民因过度贫困与饥荒,平时既不能讲求卫生,病时也无力就医服药,加以饥饿致死人,弃尸遍野,因此疫病相继流行,人祸造成了"天灾"的条件,"天灾"也是人祸的继续。此外,人祸不但不能防御水旱,有时甚至直接造成灾祸,1934 年 9 月《申报》所记载:"刘文辉部 17 日占崇宁,黄隐部退集灌县,决堰死守,沿河十余县,泛滥成灾,禾稼淹没,农事堪虞。19 日二次下令总攻邓军,灌县金马城青红树,战事军烈,刘强渡未逞,令将都江堰掘毁,减少坤河水势,但外河水涨,沿河各县均受水灾。"因此在天灾与人祸的相互关系方面,美国红十字会认为是人祸加深了天灾的程度,而忽视了人祸是天灾的前提条件。

　　以 1927 年山东直隶大灾荒调查研究为例,国际饥荒救济会通过调查认为,灾荒中的无数农民变为士兵,连续不断的军阀战争,大批的农民变为土匪,该区农业经济在自然灾害及缺乏劳动力与

畜力耕作的环境下急剧破坏,遂致使发生此次大灾荒。[62]与1891
年俄国遭受饥荒相比较而言,普列汉诺夫等人士认为饥荒的原因
在于经济与政治,直接原因则在于社会组织。社会民主党认为要
彻底免除饥荒与天然灾荒需推翻现有制度,建立苏维埃政权才是
免遭大灾荒的根本之策。可以说灾荒与政治的关系通过社会组织
的中介从而相互制约,良性运行的政治制度可以避免灾荒或建立
自然灾害应对机制,反之则不然。

　　民间机构对灾荒成因的讨论,可以说民间机构更为注重灾荒
的自然成因,如中国华洋义赈会;而美国红十字会则更为注重战争
所导致的灾荒。民间机构对灾荒成因的认知直接决定着他们对灾
荒的救治倾向,如中国华洋义赈会更趋向于救助自然灾害,而美国
红十字会更趋向于救助战争灾荒,对于具体的灾荒救助,将在第六
章逐一分析。

　　以上主要分析民国时期理论知识界对灾荒成因的讨论,从灾
荒成因的内容来说,主要有自然成因、社会成因、政治成因、综合成
因等。然而,民间机构对灾荒成因的讨论成为灾荒成因分析中不
可或缺的部分,代表着民国时期对灾荒成因的认知。可以说,民国
时期对灾荒成因的讨论是民国时期救灾思想的重要组成部分,直
接为民国时期的救灾活动提供了理论基础,对于灾荒成因的客观
分析直接决定着减灾救灾防灾措施。较之传统社会而言,民国时
期对灾荒成因的认知则更为系统化、科学化、社会化,对灾害或灾
荒的认知已经建立在科学分析的基础上,从而摆脱襀眚思想下的
灾荒成因论,如民国时期大批科学工作者对灾荒气候、地理、土壤
成因的深刻讨论,社会科学工作者对致使灾荒社会制度、苛捐杂
税、军阀等诸多成因的分析。对灾荒成因的深刻认知直接决定着
对灾荒或灾害规律、灾荒影响的分析,乃至于直接影响灾害应对机

制的实践。也就是说,民国时期理论知识界对灾害规律、灾荒影响乃至于灾荒应对机制均建立在灾荒成因的科学分析上。同时,灾害成因也属于灾害学理论体系的重要组成部分,民国时期对灾害成因的讨论为中国灾害学理论体系初步形成奠定了客观基础。

第二节　民国时期对灾害性质及规律的讨论

灾害是一种现象和过程,也是一种运动,严格来讲,灾害运动服从一定的规律,申曙光教授将其称之为灾害规律,他依据系统论、协同论、进化论和生态经济的相关原理和方法,将灾害规律概括为灾害的系统运动规律、成灾规律、群发规律、区域分布规律及灾害与人类社会生态系统的协同运动规律。[63]与此灾害规律界定不同的是,本书对灾害规律的讨论则更注重探究灾害与气候、森林、水利、病虫害、土壤等之间的规律特征。本章的论证主要建立在民国时期科学工作者的大量实际科学试验、科学调查、与研究成果上,说明民国时期对灾害性质及规律的认识。民国时期对灾害性质及规律的认识必然为其减灾救灾防灾实践提供必要的科学理论基础与客观依据。

一、对气候灾害规律的讨论

对气候灾害规律的认识建立在对气象科学深入研究的基础之上,在竺可桢等一批科学家的大力推动下,气象学、天文学等与灾害相关的一些基础科学有了很大进步。在气象学方面,如具体气象测量方面,高空温度的探测、太阳辐射量的测定以及利用无线站测风暴的行动等均推动了民国时期我国的气象测量。在气象测量的基础上,也对当时一些理论或学说做了新的补充或修正,如风暴组织学说的新阐释、地球表面风之分布的新解释等。在对气候变迁特征及影响因素的基础上，有学者进一步探索天气预告的方法，可根据气压、气温、地面风向、高空风向或其他气象要素做短期或长期的天气或气象预测与预警，如云雨等。[64]这些都大力推动了我国气象学的发展，并为灾害学奠定了科学理论依据与物质基础。[65]总而言之，民国时期竺可桢等学者已经对我国气流的运行有科学详尽的研究，为气象灾害规律的掌握，乃至于为灾害的预测预防及救助提供可靠的科学依据。[66]

在气象学、天文学、地理学等基础学科的发展基础上，以竺可桢为代表的自然科学家从自然科学的角度对气候、地理的相关研究有实质性的重大发展与推进。如竺可桢对中国气流运行的研究、民国气象学进步概况，[67]胡焕庸对气候变迁的论述、雨青松对天文学进步的探讨[68]以及翁文灏对中国地质的相关讨论。[69]早在民国初年，竺可桢先生已经对钱塘江怒潮等大江大河的自然现象有过论述，也正是长期对自然现象观察积累的基础上，才得以发现大江大河现象与气候有必然的联系。[70]竺可桢认为气候区域的划分必须简单明确，且与一国天然区域相符合，因此将我国气候区域分为中国南部气候、中国中部及扬子江流域类气候、中国北部气候、满洲类气候、云南高原类气候、草原类气候、西藏类气候及蒙古类气候等，这更有利于了解全国范围各地区的气候条件，这为灾害规律的认识提供了气候方面的基础。[71]就具体某一地域气候而言，张其昀先生对东北气候的考察，包括东北的温度、土地冻结、河流的冰封、东北之风、东北之雨（雨量的分布、降霜、降雪、流量等）、东北天时与风景、天时与农业等各个方面，这对于东北气候灾害规律的研究无疑提供了可靠的资料基础。[72]

气候变迁具有周期性的特征，古树年轮的疏密、湖面升降、温度与雨量的周期、太阳黑子周期、地磁与北极光周期、地震周期、温度与太阳黑点、气压与太阳黑点、经济现象与太阳黑点在某种程度上与气候变迁有关联，或者受气候变迁的影响，或是气候变迁影响因素之一，或相互作用的结果。这也更进一步说明，气候变迁是综合性的、诸多因素交织在一起相互影响。胡焕庸先生曾将气候变迁的原因解释为天文、地理、物理等多种原因，周期性的气候变迁、温度与太阳黑点、气压与太阳黑点、经济现象与太阳黑点等诸多因素都与气候有关，并致使气候变迁以至于形成灾害。[73]就本质而言，其实气候变迁更起因于天文地理的原因，这些天文、地理、气候因素之间形成了一定的自然生态链，其自然生态链在特定的时间地点相互作用促使灾害发生，而灾害的发生，客观地讲，正是这种自然生态链的反应结果。

国内学者在研究灾害规律之际，也大力推广国外灾害自然科学研究成果，这必然推动着灾害规律研究的前瞻性，如竺可桢先生对日本气象学的研究。竺可桢对日本气象学介绍的同时，并对日本气象学的研究历程深入讨论。日本的地震学、地磁学及气象学皆在同一时期有所发展，且这三方面的研究与发展均可以与欧美各国相媲美，如海洋气象、森林气象、地磁气象等相关研究。在此基础上，日本的气象测候也随之发展，并设立了相应的气象观测台，如东京中央观象台、神户海洋气象台、官野高层气象台、森林气象观测所、柿冈地磁观象台等。[74]当时日本已经注重对气象观测员的培养以及地球物理学的大学教育。

在对国外气象学介绍的基础之上，国内已开始逐步探索气候变更的深层原因，如天文、地理、物理等综合性因素。气候变迁错综复杂，非某种因素单纯所致，每种气候变化均是多种因素相互影响变化的结果，不同因素之间相互作用发生物理变化也是致使气候变化的因素之一。探索气候变迁的因素,不仅仅需要研究各因素对气候变更的影响,还需要进一步研究各因素之间的相互作用。气候变迁不仅受自然因素的影响,并且受人力影响,如人工经营开垦种植砍伐森林等均影响雨量,且进一步影响气候变迁,进而促使灾害发生。[75]

　　在厘清气候规律的基础上,才有可能进一步阐述气候与灾害规律。气候与灾害规律主要有两方面:一是气候本身所带来的灾害,如雨量。雨量是气候的表现之一,雨量与水旱灾害有直接关系。以1931年7月江淮水患为例,根据民国政府救济水灾委员会工赈处所言,此次水灾直接原因是长江流域雨量过多所致。以郑子政为代表的多位学者对此有深入讨论,包括雨量分布的考察、雨灾的记录、雨灾的成因(骤雨之频率、低气压之行径、飓风之行径、雨量之变率)等。他们分别绘制了长江流域各地雨量表、长江流域各地最大雨量表、长江流域历年雨灾记录、长江流域骤雨频率季节分布图、长江流域骤雨频率的地理分布及中国各地雨量变率等分析雨量与水旱灾害的关系。

　　二是气候的影响也会造成灾害,如气象对农业也有一定的限制作用,气候变迁的结果与自然相互作用,影响农业发展。地面动植物分布多受气候影响,某一地区气候变更,动植物盛衰兴亡。反之,动植物盛衰兴亡,有时候可以证明气候变更。[76]由于我国历来是农业大国,气象对农作物产量也有影响,正如竺可桢所言:"农作物产量之多寡,视气象变更而定,如雨量适宜,则农产丰,而吾人方能饱食暖居,否则饥寒流离,老弱转于沟壑矣。"[77]

　　三是气象也影响着农作物种类,"农作物之种类视气候而定,而以雨量温度为最要"。气象在一定程度上致使农业灾害发生,以至于发生大的灾荒。如"民国九年北方各省之旱灾,可谓烈矣,灾区包罗五省,死人数达数万。然各灾区是年之雨量几何,较往年减少几何,即无详确之调查"。[78]然而,气候与植物的关系、雨量与农业的关系并非简单地如雨量与气候的平均数有直接对应关系,而是与温度、雨量转换情形均有关。有学者指出气候与植物的关系,即"甚为密切众皆知之,但关于植物发育生长及健康者并非平均气候,而由于小气候之各种影响,因植物本身所经历之气候状况,并非平均温度或平均雨量,乃温度及雨量转换之情形,或此项气象要素受局部环境之影响"。[79]

综上所述,气候与灾害有着方方面面复杂、系统的联系。因而,对于气象测定则显得尤为必要,气象测定对于灾害的预防与治理有着甚为密切的关系,气象测定可以提早预知未来气候变化以至于更好做好灾害预防措施。有学者指出,测量雨量为救济水旱灾荒之唯一入手方法,[80]且不论测量雨量是否为唯一救济水旱灾荒的方法,足以说明当时已对雨量测量、乃至于气候测量有足够的重视。早在明代初年,统治者则令全国每月奏报雨量之多寡,统治者"盖欲前知水旱,以施恤民之政,此种良法美意,实为近世气象测候之先进,当日量雨仪器,尤有存者"。[81]气象台在欧美各国早已有之,并应用于航海、战争、观测等用途,民国气象台的设立,对于水旱灾荒,有防患未然之功效,正如竺可桢所言:

> 我国历年来饥馑频繁,当局仍不能防患于未然,至饿殍载道而后,乃始创为赈济,然杯水车薪,何济于事。苟不着手于治本之法,然后患正未有艾也。黄河大江时有泛滥之虞,漂没田际,沉溺牲畜,盖以屡见不鲜矣。防河之法守在工程之固也,但洪水之来非一朝一夕之故。必先有连旬阴雨,溪流之水暴涨而归纳诸江河,由支流以入本流,由上游已达下游,自山洪暴发以迄下流河水陡涨,其为期常逾旬日,事故欧美各国气

象台于大河之上下游……,气象台能于两周以上预告河涨之
日期及高度,使督河工者得乘间补苴缺漏,固其堤防,而附近
居民亦可满载所有,想率他徙不致遭淹没之患。[82]

我国历年的灾荒饥馑未能防患于未然,当灾荒发生时多为赈济应
急之策,而缺少长远防灾减灾治本之策。究其原因,较之于欧美各
国水旱灾害的预防来说,一个重要的原因在于欧美各国大河上下
游设立气象台以预报天气气候变化,气象预报可以使之对河流洪
涝灾害、农作物播种收成有一定的预防作用,人民可以根据气象预
报来做相应的应急准备以免造成大的财产生命损失。民国时期就
曾有学者建议在长江、黄河等大江大河流域应多设气象台,并认为
这是一项治本之策,如竺可桢曾建议民国政府"苟能在黄河流域
为相当之设备,其造福人民,必非浅显也,气象台能于事先通过农
家使为相当之防备"。[83]民国气象台的设立并非是明代测量雨量的
简单仿照,而是在传统气象观测的基础上结合欧美气象台成功经
验的进一步发展与完善。民国时期现代气象观测的科学认识与实
践已经具有近代化的科学特性,为减灾防灾救灾提供必要的理论
基础,推动着减灾防灾救灾的科学发展。

　　总而言之,气候与灾害规律的讨论已趋于科学化的发展方向,
是天人合一思想、天命禳弭救灾思想的科学化发展。天人合一思
想、天命禳弭救灾思想在某种程度上是一种哲学思考,是古人在自
己所处的时代背景下对人与自然、人与人关系的思考。可以说,
"天人合一"是认识事物本质的方法,尽管其思考具有知识、科学、
认知等方面的诸多局限乃至于谬误,但"天人合一"的哲学本质指
导着后人对灾害规律乃至于灾害或灾荒的思考方式,使之对灾害
规律的认识走向科学化的发展方向,并逐步随着时代背景的发展
而成熟完善。值得一提的是,有学者曾就中国气候与人生关系深

人探讨,并将其切要部分归结为救灾问题,至于具体的救灾与救荒问题,将在后面做重点论述,这里对救灾问题只限于简单的提及,主要论述灾害与气候的规律。气候与人生关系的讨论正是在"天人合一"思想指导下认识人与自然关系的直接体现。

二、对水利灾害、森林灾害规律的讨论

森林、水利与灾害关系甚密,遵循着一定规律并影响灾害的发生,森林与水利之间也相互影响。民国时期对林业与灾害的关系或规律已经有深入的科学研究,并已展开全国性的林业调查与相对发达的林业教育。此外,民国时期已引用了当时诸多国外最新研究成果,如森林与降雨的关系、森林对于气候影响的关系、森林与水流及冲刷的问题、森林与水源的问题都有相关研究成果。但很多具体问题还没有得到进一步确切证明,诸如森林对气候的具体影响是多少,森林对水流的具体影响及雨水冲刷的具体关系还需要进一步试验证明。[84]然而,就其讨论的内容而言,民国时期已摒弃了以往大而化之的研究范式,更多的将注意力转移到运用近代科学研究方法对灾荒具体问题的深入讨论,并带有试验论证的意义,无论结果如何,从研究方法和研究框架上来说,都可以称得上是一次有意义的科学尝试。此外,对于灾害或灾荒的研究方法,在民国时期已通过小说、诗歌或者其他写作体裁的形式予以反映,[85]对于灾害或灾荒的记述或认识相对于客观的新闻报道更为直接逼真,从而真实反映了民国时期灾荒的严重程度以及灾民生活的困苦与流离失所。

对民国林业状况的了解得益于当时的林业调查,有学者曾指出:"假如不在中国林木方面下一番切切实实大规模的调查与研究,我恐怕是天天说造林,也不会看见很好的天然林。即就是勉强

成林,对于他的用途也没有通盘打算,那也不能树立最合经济原则的中国林业政策……我们的的确确需要一番切切实实的大规模的调查与研究,更需要制定一个有永久性的、符合经济发展规律的中国林业政策。"[86]据 1934 年实业部中国经济年鉴内所载,由于兵匪横祸,在荒地逐步增多的情况下,当时已经认识到利用荒地植树造林,政府予以资助并加以保护,林业可以成为人民的生路之一,也是国家的财富来源之一。在有关人士的大力倡导下,实业部已开始林业调查,林垦考察团拟定 1934 年 4 月至 7 月调查浙闽赣三省林木,经行各县,每县平均不足三日工作,将各省中的著名山脉选择重要性的进行探检,以了解森林具体分布状况。以福建为例,该省树木种类繁多,分布范围甚为广泛,中国现有森林面积及宜林面积估计,林地总面积有 88525340 市亩,林地面积为 32683500 市亩,已造林地仅占林地总面积为 38.7%,宜林地而未造林之面积有 56288250 市亩,竟占林地总面积之 61.3%。[87]具体因树种与植物分布有直接关系,而分布视山脉又有所不同。就福建荒地而言,全省多山,仅东南小部分有极小部分平原,据民商部统计,"荒地面积多达 172047 亩。另据最近实业部统计,福建 13 县分之报告荒地面积计山地 73438 亩,泽地 2330 亩,未详者 11786 亩,尚有 41 县未经呈报,若加以精密统计,其数量当不止此数额"。[88]

就江西林业状况而言,据实业部估计,江西省森林土地面积占 98418060 市亩,而现有森林面积为 30282480 市亩,仅占林地面积的 30.4%,尚有 66135580 市亩之林地未种植任何林木,其林地荒废面积高达 69.6%,则林业颓废,已达到极致。因森林荒废从而导致江西省气候失调,一遇到暴雨,奔泻千里,山谷被削,山脚被冲,堤岸溃决,下游河道淤塞,故酿成水灾。反之,一遇天旱,雨水无所涵蓄,全部归于流失,灌溉告绝,禾苗枯槁,故有形成旱灾。自

1912 年以来,江西水旱灾害几乎每年都有,如 1915 年大水灾,1925 年大旱灾,损失皆不可胜计。据江西民政厅调查,1931 年水灾灾情最为严重,南昌、新建、九江、永修等多地受损。1933 年夏天各河流均告水患,灾区达 49 县。据江西省赈务处报告,受灾田亩为 4281580.8 亩,每一亩损失稻谷二石计,共损失 856316.1 石,每石价值以 3 元计算,共损失 25689484.8 元。[89]

从以上统计数据来看,福建、江西、乃至全国造林效果不佳,有学者曾指出造林效果不佳有社会历史方面的原因,如陈嵘认为:

> 第一,国内各处森林荒废已相当严重,以至于缺乏林业复兴的基础,这与当时政府之急功近利之心理不相吻合。第二,一般社会阶层对于林业观念极其薄弱,以至于对森林肆意摧残,并使森林保护极为困难;其三,荒山地权不易确定,常引起一些无谓之纠纷,容易使领荒造林者对此心存畏惧,影响造林积极性。[90]

然而,吕醒农在讨论民国林业不振原因时认为,不讲求造林与不讲求保护是主要原因。他认为造林与保护同样是应值得注意的问题,只讲求造林而不顾及保护森林,由于见小利者不等小树成才就砍下来烧,对经济毫无益处,并虚掷金钱,空劳人力。[91] 同时,他还指出对森林的保护还需注意防除森林火灾,火灾为森林之最大仇敌。相对于两者的分析,吕醒农从理念上强调对森林的保护,而陈嵘则更注重林业荒废事实的讨论,两者侧重点有所不同。

需要提及的是,当时不仅注重本国林业的相关调查研究,并且有学者已开始关注国外林业的发展,如介绍美国林业发展状况,包括美国林业的行政机构,林业工作成绩等。美国林业之可谓发达极致,政府除本身经营国有林之外,对于私有森林,亦颇受重视,必要时常加扶持。美国政府当局促成森林计划的政策,之所以能施行并短期内成绩斐然,有学者认为根本原因在于"全国上下以诚恳的态度踏实做事,不尚空言,而尽其全力以促其成果。美国的林业政策从表面来看,仅为完成国有林的计划,但实际上则寓有长久之大计,更富有解决失业青年之生活,恢复农村经济,采取土地保护政策等诸多伟大事业,人民深受其惠"。[92]

在对国外林业状况了解基础上,林业教育已十分必要,正如李寅恭所言:

> 第一,林产品有待研究而供军用者何限;其二,山野无林木荫蔽,无林业家向导,则军事作战市民演习,皆将无从下手;其三,林学教育不注重,营林保林之知识,永难普及于民众。[93]

当时林业教育问题已提上日程,林业教育虽未在全民普及,也曾在当时引起一起部分学者和行政人员的关注,因林业教育具有实用意义,且很有必要,因此当时被视为职业教育。严重的民国林业状况与林业教育的必要性必然决定着林业教育迫在眉睫,而李寅恭正是针对如此情形提出:

> 一是关于大学林系,应当注意施业上的演习,最好移设有名森林区域内,且注重利用上的研究,森林化学部必须充实,且多做国防上有益于工作。二是关于中级林业教育,除各大学林科内应附设技术训练班之外,中级林校每省当设一所。关于普及一般人林业常识,应于高小加受生物学常识课程,对初中及乡村示范课程,俱应增林学大意一课。[94]

民国之所以有全国范围的林业调查以及对林业教育的重视,主要原因在于当时已经充分认识到林业与灾害的关系与规律,因而提出造林与灌溉应当并重。皮作琼先生代表国民政府在国际森林会议（于1935年7月25日在国际博览会大礼堂举办）的开幕致辞中明确指出：

> 一切之林产物，自经济上观之，固为人类不可或缺者，即就社会上各种问题如卫生、风景、保安而言，森林之存在，亦为必要，故森林事业，实已占有近代科学中最重要之地位。[95]

不仅从经济的角度认为森林之产物为人类生活不可或缺，并将森林与卫生等事业视为同等重要的地位。故而进一步从科学的视角，指明森林已经在近代科学中占有极为重要的地位。

对于森林之功用的认知在民国时期也有进一步的提高，如有学者指出森林亦能调剂水量，因此有水库雅号之称。[96]除本国研究之外，当时还引进了西方多位科学家关于林业方面的科学研究成果，英国白禄克博士（C. E. PBrooks）根据统计与试验得出森林影响水利的研究，他认为造林之后能使当地水量增加10%—20%，因为森林掩盖地面则水分蒸发成气之量可以减少，又因为在森林茂盛的地区，其所降之雨水较之全为空地的地区，亦降雨量可略为增加。[97]换句话说，造林间接的效能可消弭直接的灾害，然而，无论在国内还是国外，造林在防灾方面的作用还存有疑义，需进行科学试验来进一步证实。但总的来说，森林对于防灾的功效是无法抹杀的，至于具体的功效还有待科学研究的进一步发展来求证。[97]如以现在的知识体系对民国时期无论是国内学者还是国外学者的研究进行评判，都或许可以得出这样一个结论，当时的研究成果较之现在虽有不完善的地方，但却十分可信，并已建立了基本的研究框架体系。因此，孙中山实业计划主张对我国北部中部建造森林，原因在于我国北方森林极为缺乏。

任何事物都有其两面性，森林有功效的一面，也有危害，至于功效占主导地位还是危害更为剧烈,则在于人类与自然和谐的尺度。当时学者在认识林业功效的同时也注意到了危害,并将森林的危害分为两大类,一类是生物及气象的危害,另一类则是人的危害,人的危害大则摧毁树木,小则损伤枝叶干,阻碍树木的发育。所谓非生物的危害,是指气象的危害,如风电雨雪等折毁或损伤树木枝叶干与营养的贫乏。森林容易患生物疾病,由于动植物的寄生或蚀侵,而使树木枝干被虫类穿孔,或鳍穴过多,很容易为微风细雪所折毁。同时非生物的疾病,又能引起生物的疾病,如烟害或养料不足,往往诱致寄生病菌的发育。森林的生物性疾病与非生物性疾病相互影响,并致使森林的生物性及气象危害加重。[99]

　　民国时期对于森林危害的科学知识已有丰富的研究成果,但缺乏有力的宣传与普及,只是停留在成果的发表阶段。因此,皮作琼先生认为很有必要扩大对森林利益的宣传与普及,尽可能扩大广大民众对森林利益的认知,并尽可能广泛地产生社会反响,唤起更多的人研究或从事木材利用的研究与推广。正如他所言:

> 兹就个人感想所及,吾人对于森林利益之宣传,必须力求扩大与普通,同时对于木材之利用,亦必加以切实之研究与推广。[100]

在他的大力呼吁与努力下,1912 年民国政府成立林业部,1914 年政府公布森林法,1915 年定清明节为植树节。在民国政府的倡导与具体政策引导下,各公私团体“领荒造林”,各省教育林、“铁路林”一时风起云涌。民国政府建都南京后,规定“造林运动”着全民之努力,并于实业部特设林垦署以司行政,然而实践的造林效果除一部分林场外,其余则多有不然。

　　在国内对林业重视的同时,还使之成为一项国际性事业,皮作琼先生代表国民政府在国际森林会议（于 1935 年 7 月 25 日在国际博览会大礼堂举办）的开幕致辞中曾呼吁：

> 吾人此次会议，系就国际之立场，沟通各民族间之合作，共促森林事业之进展与成功，盖森林事业之本身，实殊无所谓国界也！[101]

同时，民国时期已经提倡爱林思想，减少人为因素对森林的迫害，并提倡在最短的时间使森林收益最大化。正如皮作琼先生在森林国际会议上的开幕致辞中所言：

> 吾人应如何促使一般社会增加爱林思想，以其减少一切人为之害，同时又应如何使森林能于最短时间内而有最大之收益，自亦为本会议最重要之工作。[102]

仅就福建林业而言，林产木材为福建出口之大宗，每年出口木材之数量，在国内列居第二位，仅次于汉口，如东三省、天津、牛庄、宁波、长江一带以及台湾各地，所用木材多取于福建，且因福建木材产量丰富，质地又坚，故而畅销各地。然而，福建多为山地，因山上森林历经多年砍伐及摧残而疏于栽培，无树根及枯枝落叶吸收水分拦截水流，流弊所致，遂使气候恶化，以至于促成经常的水灾乃至灾荒，水灾的结果，不仅损害良田，并淹没庐舍等。由于福建东南沿海各地，海岸线之长，且每年 7、8、9 三月中常有强烈之飓风，由南洋群岛及印度等地吹来，每年飓风一到飞沙走石，农田、房屋等备受损害，在海洋中航行的船只航行受害更多。森林不仅有防水旱之功效，且对于强风的防御也十分有效，若能在沿海各地大范围地积极造林虽不能嘉惠于海洋中之船舶，但风患可以消除。福建自 1935 年以来，当局所标榜的施政纲领重在生产建设，以增进民间富源，而福建主要特产为木材，此与地方经济有密切关系，林业生产期待政府大力支持,加以福建有天赋造林环境,正适合于促进造林的条件,不仅可以发展农村,且可以大力推动国家及地方建设。

造林对于铁路本身来说是一种副业,且是一件必须而又非常重要的副业。民国时期铁路是舶来木材的大主顾,除了枕木的直接应用外,间接的任何一件工程也不能缺乏木材。据民国时期铁道部出版的统计报告,国有铁道的建筑费用中轨道占 20% ,而枕木所费又占轨道所费四分之一,由此可见枕木的经济问题,关系整个铁路经济甚巨。造林对铁路的利益尤为可观,直接的利益如巩固路基,保障安全;储备木材,补救漏缺,并改良环境增美风景。间接的还可以掩蔽风沙,调节气候,培养水源,减少旱荒等。可以这样说,森林实是天然养路的工具。

森林与灾害的关系或规律在民国时期学者不仅从正反两方面有讨论,即森林的功效与森林危害,且当时已从国际视野的角度将森林事业上升为一项国际性事业,大力引进国外林业科学并做宣传,这对于本国林业的发展与促进有着十分重要的意义。政府对于森林事业的发展与推动有着不可估量的作用,南京国民政府曾采取一系列政策或办法鼓励森林事业发展,以福建、江西等地为例,林业发展曾得到了繁荣。然而,在全国范围的,森林事业的发展还有很长的路要走。

林业与水利联系紧密,相互影响乃至于形成灾害,有规律可寻,民国时期有学者已认识到森林植被覆盖与水利及灾害间的必然联系,并在自然科学方面进行科学讨论,如吴福桢曾对植被覆盖与水利及冲刷的关系做过深入探讨。同时,在考察各国水利的基础上,有学者指出水利是经济活动的根源,用之不尽,取之不竭。这种观点将水利与经济相联系,更多的从经济的角度来看待水利事业,在某种程度上可以说这种观点的最终目标是为经济发展服务。但对于如何利用水利,葛绥成先生认为需要详细的研究计划。[103]孙中山先生主张天然资源等应归国家经营,如水利、石油、煤炭、矿产资源等,国家经营所获取的利益和人民共享,避免被少数资本家所控制。如《建国大纲》第 11 条曾有明确的规定:

> 矿产水利之力,皆为地方政府所有,而用以经营地方人民之事业。

与此不同的是,陈靖从垦荒的角度说明森林植被与洪灾之间的规律。由于当时人口的增加以及居住、生活等条件的限制,开垦森林种植农作物已经成为人们的选择之一,普通民众将农作物收种量与森林利益对比发现,农作物收种是更为直接的利益所得。因此,对普通民众而言,为了解决生计等问题更多的选择开垦森林来种植农作物,同时普通民众也会将种植农作物所需的劳力与森林做对比,在各方利益的权衡与对比下,普通民众会做出理性选择。但普通民众的理性选择未必等于整体社会的理性选择,整体的社会利益需要放在一个更大的范围与更长的时间内考虑,当条件与影响因素有所变化时,理想的选择结果也随之改变。然而,将森林植被对灾害发生的影响因素考虑在内,理想的选择应该保留一定的森林植被,这也是防灾的重要举措之一。

值得一提的是,民国时期已经有学者对近代污水清理有详细考察,从狭义的范围或传统的灾害观念来讲,污水还算不上是灾害的种类之一,但从广义或辩证发展的思维来看,当污水对环境的污染达到一定程度时便成为环境污染或灾害,或者说污水是导致灾害的缘由之一,容易造成严重的生态污染。传统的"污水处理"仅就清理粪水而言,由于近代科学技术与工业的发展,"污水处理"

的范围有所扩展,在原有污水处理的范围内,又包括阴沟水与工业污水。[104]

三、对病虫害灾害规律的讨论

由病虫害所导致的灾害,如瘟疫、蝗灾等,民国时期已经有科学的认识与预防,相对于传统救灾思想下的禳弭思想而言,病虫灾害则是建立在科学基础上的讨论,禳弭思想下的病虫灾害将其看作为"神虫",缺乏对病虫灾害的科学认识。

对于疾病灾害而言,疾病一旦扩散并成为瘟疫,当影响面扩大到一定范围时便造成灾害。疾病的影响因素在民国时期已有讨论,疾病对社会的影响不仅仅是个人身心健康的影响,而且对家庭及社会均有不同程度的影响,葛绥成认为:

> 传染于众人之病,不但减少一个人的经济活动,而且减少一个家庭活动,甚至减少一村的社会活动。甚至有些疾病,更可能影响到民族国家的生存问题,所以为保全个人的生命及经济生活计,为发展社会的经济活动计,为国家民族前途计,不能不普及卫生知识,而以如何应付疾病为其基础的研究。[105]

就疾病的影响因素而言,一方面是来自于气候地形影响,"疾病在自然环境中,以气候的影响为最大,气候不良,固然足以发生疾病,但气候优良,却有疗病之效"[106]。另一方面,疾病受交通等其他影响,"疾病之发生,多和交通有关。即霍乱、瘟疫等是沿世界的交通路而传播,如伦敦从前盛行的流行性感冒是由南非开普敦船舶驶到而发生等"[107]。

民国时期对于疾病的研究已经相当深入,当时许多学者已对疾病与地理关系进行了诸多考察,如葛绥成先生已经明确疾病地

理的研究任务,正如他所言:

> 疾病地理在于明瞭自然环境如气候地形等,影响与人类
> 健康怎样? 为什么某地方时常发生地方流行病,病菌与传播
> 疾病的媒介是什么? 又怎样可以治愈地方病等等,所以疾病
> 地理归入与自然地理学下之一部门,似较得当。[108]

然而,与葛绥成先生不同的是,有学者对疾病的根源有溯本清源的
探讨。其一,将疾病归于人事关系,正如孙宕越所言:

> 疾病之根源肃清,吾人更瞭然疾病与人事一切相互关系,
> 诚非简单。人与自然间之原有关系,稍或更改,皆足以造成病
> 祸传播之良机。人绩之废弛,与中辍,其害弥彰。……人之利
> 用自然,在其初也,每足以引起严重之病患,然苟行之不懈,人
> 与自然,如去调治,而病祸胥消于无形,故其症结处,在谋人与
> 自然之关系,早臻稳定。[109]

其二,疾病产生的原因则在于军事政治经济稳定与否,孙宕越对此
也有论述,如:

> 军事政治经济之不安,亦足以助长病祸。是则文明之改
> 进,必能消弭斯祸之蔓延,百年来此祸之在中西两欧,几成陈
> 迹,诚非偶然。浅知者以为由于晚近发现治疗新方,及民众之
> 遍抗疾运动。实则农业之科学化,及农民幸福之增进,有以
> 致之。[110]

在对疾病研究的同时,已有大量关于对人类病虫害的调查报
告,这些人类病虫害足可以引起大的瘟疫或霍乱等,如对中国境内
钩虫病害的调查,钩虫病害的传播与气候有密切关系,温度高、湿

气重的地方更容易引起钩虫病的传播。以区域地理而分,钩虫病主要分布在东部、中部、南部,主要包括河北、山东、河南、安徽、浙江、贵州、福建等省份。另外,钩虫病与职业有很大关系,尤其是从事桑树种植、稻米耕种、棉花生产、园艺栽培等生产的农民,每日赤足工作,更容易受钩虫病害的传染。[111]此外,血吸虫病在某些地区特别流行,并对国民的身体和生活造成了严重的影响,因此,当时有不少学者就血吸虫病对人体的影响做过专门的研究,并做专门的试验,如脾的镜检像、血液像、脾以外脏腑的病变等多种情况。至于血吸病的病理构造,民国时期已经就此相关问题大致掌握,如血吸虫病的种类,寿命、繁殖、成虫的形态、卵、毛蚴、宫入贝、尾蚴、血吸虫病病理及各脏腑病变的概况等诸多问题。[112]血吸虫病是主要影响健康的病种之一,当时已经对血吸虫病的病理结构做了详细的研究,包括血吸虫病的解剖及其胎后发育等[113]。

对于农业病虫害研究,民国时期取得了很大科学进展,其中以1932年成立的实业部中央农业试验所最具代表性,其聚集了当时国内动植物研究的精英,试验条件与设备也均属国内一流,1933年设立植物病虫害系,主要负责全国植物病虫害的调查、研究与防治。此外,一些高等院校也有专业人员从事病虫害方面的研究,主要关注稻虫、棉虫、桑虫、茶虫、果虫、菜虫及各类虫害的生活史及其防治方法,针对病虫害的病原菌形态进行研究,为日后科学防治病虫害奠定了科学基础,其中对农作物病虫害的生物防治和药剂防治也做了不少科学探索,并应用于实践。

具体而言,民国时期最大的虫害莫属蝗虫,对于蝗虫的研究,在民国时期可谓成果颇丰。学者张嘉桦、李永振就蝗虫的驱除法及利用做过科学的讨论。[114]罗罗翻译的文章《蝗之利用》对如何利用蝗虫有科学的讨论,现在看来也颇具借鉴意义。当时已对1929

年蝗虫的地理分布有详细的统计整理,河南、安徽、浙江、湖北、山西、陕西、河北、山东等诸省份均不同程度发生蝗灾,其中河北、河南、山东、四川各省的蝗灾甚为严重,受灾县数为最多,分别多至129 县、105 县、113 县、146 县。[115],这足以见蝗灾严重,且危害甚重。从飞蝗分布与气候情况来看,就整体情况而言,最近 7 年内(1928—1933)中国蝗虫发生最为严重的有二次,分别即 1928 年、1933 年。其他年份相对来说情况不严重。从 1929 年、1933 年两次飞蝗的分布来看,分布广度均在全年平均温度 10°—18° 之间,以温度单独而论,则飞蝗在等温线 18° 以上,并可南迁无限,唯有向北迁移则在 10°—12° 之间,当年夏秋两季蝗虫比较活跃,但一经冬寒,次年极少再能继续发生。1929 年与 1933 年夏,秦皇岛附近均有南来蝗虫停落,但均没有在当地继续发生多年之事实。[116]

　　从 1934 年中央农业试验所调查的结果来看,蝗虫在我国区域分布的地势大部分在海拔 50 米以下,主要分布在四大水道(扬子江、黄河、淮河及海河)及连续山脉之间,从民国时期飞蝗的地理分布情况来看,大部分彷徨于此四大水道所冲积的平原之间,即南起杭州,北止渤海,东至苏鲁海滨,西至陕西扶风。从 1933 年蝗虫的分布来看,南止于北纬 30°,北极于北纬 41°,西至东经 107°,东临于海。蝗虫多发生河北、河南、江苏三省,自此向南或向北逐步稀少。另一方面,根据竺可桢先生之中国气候区域的研究成果来看,中国蝗虫的分布大部分在华北区与华中区。[117]纵观历次飞蝗分布,均大致相同。

　　对于蝗虫的习性及捕捉方法曾有学者进行深入的科学讨论,并指出"今日蝗虫虽死,但来年'蝗子蝗孙'为数更多,为害也愈剧烈,因此应当未雨绸缪并除去祸根以减少来日之隐患"。[118]有学者主张借鉴各国捕蝗之法。然而,由于蝗虫种类之多,已知的蝗虫种类有 15000 种之多,其生性体质相去甚远,对一类或某类蝗虫使用的捕蝗方法未必适合其他蝗虫之捕捉,只是简单地仿照国外捕蝗方法很难收效。有学者就红腿蝗的生性体质深入研究,如蝗虫身体之构造、知觉、行动、口部器官、呼吸、血液循环、消化器官、神经体统、蝗虫与人之关系以及此类蝗虫的捕捉方法等诸多方面的内容,结果发现,对于红腿蝗虫的捕捉方法主要有深耕法与煤油法,但这种灭蝗方法是否适应于中国还未实地考验不敢臆断。对于蝗虫生理特征的科学深入研究,有利于推动科学治蝗。因此,有学者建议应在中央农事试验场聘请相应的昆虫专家实地研究并确定我国蝗虫的种类,当蝗虫种类确认之后,不难根据蝗虫的习性来制定具体的捕蝗方法,这样的捕蝗之策或许可以称之为一劳永逸之策。由此可见当时学者不仅对蝗虫研究已具备科学的认知,并且在捕蝗灭蝗方法方面持有实事求是的态度。

大麦黑穗病也是致使灾害的重要虫害之一,尤以江苏省最为严重。江苏省作为我国重要冬季作物大麦的主要生产区域约占 11000000 亩,年产量竟达 12000000 石以上,江苏大麦病害,以坚黑穗病最为剧烈与条纹病或其他虫害,有时候虽能导致重大损失,然而仅限于一地,或限于一时,唯有坚黑穗病分布之广泛及为害之频繁且严重。[119]除本国的农业病虫之外,由于粮食进口等原因将一些国外的病虫害引致我国,这些主要包括洋蟹、番薯象鼻虫、棉桃象鼻虫、红铃虫、天牛、蜂巢瘟等多种新的农作物病虫害。[120]此外,民国时期对水稻螟害的研究早已有之,如邹锺琳对江苏水稻螟害状况作了考察,他认为螟之种类在江苏有两种,即三化螟虫及二化螟虫,对三化螟虫与二化螟虫的特征、习性、对水稻的危害程度及如何危害水稻等均有研究。在此基础上并对江苏省水稻害虫进行系统分析,如螟蛉、弄蝶、稻蝶以及半翅目者害虫、直翅目者害虫、总翅目者害虫及变翅目者害虫等。[121]其他学者如管品呈对稻螟虫也曾有类似讨论。[122]这些研究成果有助于了解害虫的习性和特征,在此基础上有助于预防因虫类对农作物的侵蚀而导致的灾荒。[123]

此外,有学者对农村建设与虫害的关系问题有过细致的科学讨论。对虫害与农村建设的关系研究,其目的是根据虫害的习性找到治虫办法,并增强农村建设。民国农业还是以传统农业为主,虫害对农村建设与农村发展有着重要的制约因素。由此可见,由于病虫害而引起的灾害已经对国民或经济造成了不可低估的社会影响,已经引起政府、学者等足够的重视,当时已经出现了相关昆虫的调查报告,分别就某一地区昆虫的种类、形态、繁殖、生活习性等各个方面展开详细的调查,如琼崖的蜜蜂、化螟虫、蔬菜害虫等。[124]

四、对土壤灾害规律的讨论

土壤与灾害有着天然的联系,尤其是农业灾害,大多与土壤有或多或少的关系。因此,土壤与灾害的规律也需要探索。植物生长环境、土壤及地质地貌有间接关系,植物的生长需要合适的温度与环境,植物体内的温度与环境彼此相互影响,并且全体动植物的许多物理和化学变化速率视温度而定。[125]民国时期已有学者对我国的土壤深入研究,唐启宇先生根据地理及气候的差异,将土壤分为灰色土壤、灰色森林土壤、黑色土壤、褐色土壤、混杂土壤、灰色沙漠土壤、黄色土壤、淮河平原土壤、洪水平原土壤、黄土及红土之混合土壤、红色土壤、铁质红色土壤、新成之红色土壤、铁杏红土壤等十多种。[126]在此基础上,翁文灏先生将我国的地质地貌系统研究,对众多山脉的地质地貌特质清晰梳理,如鄂尔多斯西部之山脉、哈喇那林山、狼山、色尔腾山及乌拉山等,这为我国地质地貌特质的研究奠定了基础。[127]

　　由于土壤与地质地貌的本质区别,农事与土壤则依区域而定。因此,早在民国时期已有学者明确指出,农事实验必须彻底进行土壤调查,土壤调查有助于土地利用与集中生产。进行土壤调查之前,需对调查属地的气候、地质与农业有相当的了解,掌握每年温度变迁,日夕温度最大差异,每年雨量概况等。在地质方面,需了解关于底层构成与变迁,岩石种类等相关知识。有学者提出土壤调查以农业机关主持进行,辅之地质调查机关协助,并将全国农事实验与土地调查应有整个计划分工合作。

　　在对土壤研究的基础上,土壤调查在民国不断兴起,诸多科研机构及科学家依据土壤科学知识探究当地土壤性质等,并对土壤系统分类以区别土壤性质以供农事改良参考。如南京金陵大学于1929年以太平洋会议之约,研究中国土地利用问题,其中关于土壤的诸多复杂问题,由于专业知识的薄弱,还聘请美国土壤专家调查长江流域土壤。中国教育文化基金董事会援助数万元授予北平地质调查所继续对中国土壤继续调查。1930年秋天,广东林业当局,即建设厅农林局、国立中山大学农学院、农矿部广州农品检查所等诸多科研人员均意识到农事实验研究需进一步大力推进,并发起举办农事实验,主要对全省重要土壤系统调查,并对各县土壤做简略调查。此外,对重点县区土壤做精密调查,以为农林、行政研究及经营提供参考资料。

　　此外,有学者指出土壤与文化有很深的渊源,中国特有的地质地貌与土壤对中华文化的形成有深刻影响。土壤的肥沃程度与文化发展先后相互照应,自渭汾以下,首及华北平原,次及河南平原,至于长江下游与四川盆地则更晚,我国文化之演变即以渭汾流域为中心,人工水利发展也以此为先河。[128]

气候、森林、水利、病虫害、土壤等是致使或诱发灾害的直接或间接原因，其成灾必有一定规律可循，且相互之间也有必然的影响与联系。生物界与自然社会有自身运行规律，且与人类社会是一个有机运行的系统，地质、气候、水利、森林、土壤、病虫害本身就构成了一个生态系统，而任何一方破坏都有可能影响生态系统平衡，而生态系统平衡一旦打破，必然带来灾害，其结果又影响人类社会。反之，人类社会作用于生态系统，其产生的不良影响也必然带来灾害，从而人类也必然受到大自然及其生态的惩罚，因此，本章对灾害规律的讨论则更注重探究灾害与气候、森林、水利、病虫害、土壤等之间的规律，本章主要建立在民国时期科学工作者大量实践及科学试验、科学调查及科学研究之上，更具科学性。

申曙光教授曾在《灾害学》一书中论证了灾害学理论体系，灾害规律是灾害学理论体系不可或缺的部分，如果依照申曙光教授对灾害规律的界定，如灾害的系统运动规律、成灾规律、群发规律、区域分布规律及灾害与人类社会生态系统的协同运动规律。[129]然而，民国时期对灾害规律的讨论，还没有明确提出诸多灾害规律，灾害规律的确定必须建立在大量科学研究之上，在严密科学论证与试验的基础上方可提出灾害规律。民国时期对灾害规律的探究已经开始科学化的趋势，如上文所提到的对气候与灾害、病虫害与灾害、森林水利与灾害的讨论，许多研究已经建立在科学试验的基础上，如竺可桢、翁文灏、邹锺琳、葛绥成等一大批科学家已开始对灾害规律展开科学研究，并取得了丰硕的研究成果，这为后来的相关研究奠定了坚实的、框架性的理论基础，即使以今天的科学标准衡量，许多研究成果也具有借鉴价值。

第三节　民国时期对灾害影响的讨论

灾荒对社会的影响比较复杂,涉及到社会生活诸多方面,如灾荒对人口、政治、经济、社会等都会产生影响,且各影响因素之间相互影响。如民国时期金陵大学农学院 1931 年水灾实地调查报告所言:

> 其被灾农民在二千五百万人以上,其数几乎与美国全体农民数额相等。就财产而论,农民房屋毁灭者为百分之四十五,其浸没最久者历时五十一日,田亩淹没最深者为九英尺,统计各地损失数量当在二十万万元左右。以我国农民人均岁入计算,没人一年所纳收入约三百元,如今水灾发生农民既无收入,反蒙受巨灾的损失。至于灾民死亡人数,据调查所得,不若传闻之甚。沿江一带水道便利,平时农民常备有舢板及小艇,临时可以保全生命,惟高邮镇逼近运河,堤岸崩决之时又是深夜,顷刻之间湖水冲没,同时淹死者大约二千人之多,是为最甚者。

金陵大学农学院对于水灾影响的实地调查可谓已具有现代社会调查研究方法的特征,对 1931 年水灾影响有全面了解。

灾害对自然环境、人口、经济、社会秩序、政治及社会心理的影响具有一步步推演的性质,且通过各种复杂关系相互影响,这种影响扩散具有多米诺骨牌效应,对社会各方面的危害传播甚远,影响范围有可能从农业牵动到工商业,从社会牵动到政治,从政治牵动到国家,最后有可能急趋致使民族存亡。有学者按照灾荒影响程度的深浅及扩散范围划分为诸多层次,正如章元善先生所言:

> 成灾之后,显而易见的结果便是(1)人口的减少;(2)生

活程度的降低;(3)农业荒废,你我要买洋米吃;(4)农业减少,原料缺乏,工业要停产;(5)人民购买力紧缩;(6)商业将要衰微;(7)国产不够用,就需买洋货来供给消费,国际贸易年年入超;(8)农工商都不景气,生产事业减少活动,税收减少,政治费用不得不另辟途径;(9)国库不充实,大家闹穷抢饭碗以至于引起纠纷,由小到大,由中央而地方,由轻微而严重,政治出轨,内乱跟着起来;(10)政费不欲,教育只得偏废,社会道德破产;(11)国内盗贼充斥,剿匪需兵,养兵无钱,只得就地筹饷,结果是兵匪达成一片;(12)灾后不讲卫生,更无闲钱来讲人民健康,疾病因之最生;(13)人民健康破坏,自弱其种,就是自招灭亡之祸。[130]

就本质而言,从灾荒对社会的影响来看,"天灾"与"人祸"没有本质上的区别,在某些条件影响下,"天灾"往往是"人祸"的继续和发展。[131]

一、灾荒对人口影响的讨论

在严重灾荒挣扎下的农民为了生存成群结队的向县政府或省政府请求救济,但除了"温语劝令各自返乡"外,弄得不巧甚至还要遭到拘押。"自救乏术,求救又无效",这是民国灾荒救济的真实写照,少数慈善机关点缀式的赈济,又属杯水车薪,无补於事。由于严重的灾荒与微弱的政府救助,灾荒直接造成急性的饥饿或死亡,在灾荒打击下自耕农以高利贷或出卖田地苟延残喘,佃农与雇农则只有卖儿卖女,有的因对饥荒的恐惧,自杀者不可胜数。灾荒对人口的影响主要体现在灾后人口死亡、迁徙、人口贩卖、人口质量下降等方面,对于大多数灾民来说,只有二条路可走,一是自杀;二是流亡,一部分为求生而挣扎的灾民,流亡到外县或外省。

灾荒对人口的影响,首先是灾害的发生直接造成大量人口淹死从而影响人口总数量。据民国水灾调查报告分析,1933 年黄河水灾的受灾面多达 6 万余平方公里,被淹没村庄约 4000 处,被冲毁房屋约 50 万所,灾民约 320 万人,灾情为数十年来所罕见,[132] 因生计断绝而自杀的悲剧可以说在灾荒中的农村到处可听到,溧阳有"一家八口闭门服毒"的新闻,自杀的原因据报纸记载是"家中粮食已尽,告贷无门;沿门托钵,又日不一饱"。[133] 以陕西人口为例,陕西人口总数为 7212764 人,在 1930 年灾荒之后,其人口减少为 6268045 人,即在此次灾荒中共减少 44719 人。[134] 灾荒对人口数量的影响,一方面是因为灾荒直接致使人口饿死,并且常常引起疫病与疾病而使人口相继死亡,以 1935 年水灾为例,据国民政府赈灾委员会许世英于 8 月间在灾区视察后报告,

> 在长江流域灾区淹死者竟达数十万人之多,无家可归者竟达 1400 万人,灾区涉及十万平方公里,其损失约在 3 万万元左右。在黄河流域则更为严重,在山东、河南、河北三省共计有 550 万人无家可归,灾区遍及四万平方公里其总损失几乎达三万万元。[135]

灾荒对人口第二方面的影响是大批人口离村迁移。民国时期相关研究表明,离村人口的动向主要有三种,"一是移向无灾的农村,尤其是垦殖区的农村;二是移集都市,这可由近代中国都市人口剧增的状况见之;三是流为游民乞丐或沦为盗匪"。[136] 近代灾荒频临的结果,使整个中国农村人口增加得很慢或甚至全无增加或有时还在减少。据日本学者田中忠夫对《革命中国农村之实证研究》所统计的结果,中国农村的离村率相当高,如湖北、浙江、江苏等省份离村率则高达 20.00%、18.50%、8.00%,其实陕西等省份

内有全县离村的现状发生,这足以说明灾荒对人口迁移的深远影响。[137]中国历年灾荒中,总有大批难民流亡出外,在九一八以前,东北是最能容忍难民的地方,现在日帝国主义者天天在想办法驱逐土著农民,以完成其300万移民计划。同时,在整个国民经济崩溃的过程中,即使受灾较轻的地方,也经不起大批灾民就食,然而流亡的灾民,也只得"风餐露宿",挣扎在饥饿线上。以1930年长江大水灾为例,人民流动异常剧烈。据金陵大学农业经济系调查,每千人中平均有125人流离,流离人口约占40%,其中有31%系举家迁移而行,而9%则系单身出走。举家迁移人中,约有70%仍未迁出本县境界,唯有不到20%左右的人口迁出县外,其余则不详。[138]具体人口迁移情况如下表所示:

1930年长江水灾各流域人口迁徙情况表

省别	每千人中流离人数	举家流离所占比率	流离人口所占总人口比率(个人举家合计)	现在停留地点所占之百分率		
				本县	外县	未详
湖南	129	14	25	57	36	7
湖北	69	44	48	68	23	9
江西	94	20	28	55	25	20
皖南	285	46	61	76	9	15
苏南	50	31	34	94	3	3
皖北	47	15	19	33	40	27
苏北	165	41	47	68	29	3
各县平均	125	31	40	71	19	10

注:吴文晖:《灾荒与中国人口问题》,《中国实业》第1卷第10期,1935—10—15,第1870页。

在众多流离人口中,流离人口的性别以男性居多,平均占总流离人口的60%,流离在外的人口,约有三分之一以上从事工作,五分之一乞讨,其余则皆为无业者或职业不详者。因灾而迁移的人口,虽有带家眷者,但大多数则为少壮者、反应迅速、智力较强、能吃苦耐劳、富有冒险精神及独立精神的灾民。其灾后迁移能生存的必是社会的优秀分子。因此,他们自己及后裔可以得到新的职业,组织新社会并将自身的文化与迁入地文化相融合而创造新文化。据研究表明,其中最具代表性的是广东客家人,他们具有勤俭耐劳的品质,男子一般都富有冒险精神,女子一般经济独立,有时候甚至富有刚愎自用的性格特征。[139]

灾荒不仅对人口数量有很大影响,并且直接影响着人口质量,如人口贩卖对人口品质产生不良影响。一般来说,被贩卖人口多为容貌出众、体格健全、智力较高的女子,而此类女子大多作为奴婢、小妾、童养媳,有的甚至沦落为妓,这自然造成社会上失去了一批贤妻良母。我国历朝历代灾荒时期人口贩卖不足以为新鲜事,民国时期人口贩卖也比较常见。以1920年为例,人口贩卖甚为流行,其价格由3元起至150元之间价格不等。1927年山东省邹县大旱,贩卖之女孩不可指数,一般贩卖女孩的价格和年龄有关,十七八岁者十七八元,六七岁者六七元。再之,1928年至1930年西北大旱,人口贩卖最为普遍,可以说冠绝古今中外一点也不为过,仅以陕西为例,据陕西省赈务会调查,灾荒中被贩卖妇女之人数竟达308279人之多。政府不仅没有采取相应的措施予以解决,反而以此渔利并设立人市,当时兴平、礼泉、武功、扶风、岐山、凤翔等各县均设立人市,政府从中抽取十分之一税收,于右任先生称当时陕西省政府所收的出卖儿女捐有200万元之多。[140]

首先,从人口学的观点来看,人口贩卖为人口流动方式之一,即将一部分人口由甲地零星地移到乙地,卖出地常为灾荒频繁与贫困地区,买入地则为比较繁荣或需要人口之地区。如果单纯按照人口学的观点来看,人口贩卖确实属于人口的流动方式之一,但这种流动方式是被动的,甚至是不人道的。从人权的角度来看,被贩卖的人口没有自己的独立人格与基本生产权利,而是按照一般商品来贩卖,甚至没有一般商品价格昂贵。在权利与利益交错中,被贩卖人口没有公平的交易市场,甚至没有讨价还价的可能性。再之,人口贩卖固然是被动的人口流动方式之一,而其与人口数量、人口品质问题有密切的关系。

其次,灾荒对于农村人口品质有无形的选择作用,灾荒必然引起人口大量死亡,而死亡之灾民大部分为身体较弱者,如儿童、老人及病夫。据金陵大学对 1931 年江淮水灾的调查,灾民死亡者以 5 岁以下儿童为最多,约占 30%,此即因儿童身体较弱,没有什么抵抗力。从灾民的死亡结果来看,灾民死亡原因,以因病而死者高达 70%;其次,淹死者占 24%,此类病死淹死的灾民多为体质瘦弱的病夫或体制衰老的老人或身体尚未发育完全的灾民。[141]灾荒对人口生死之所以有选择作用,则其与人口品质有关。在历史上,我国北部的灾荒较多于南部,特别是黄河以北灾荒更为频繁。因此,中国北部的人口品质大致较差于南部,我国优秀分子愈向西北愈少,愈向东南愈多。

再次,灾荒导致灾区一般农村人口品质趋于劣化。从营养来说,如灾荒引起急性饥馑或慢性饥馑,灾民营养不良,无健全之营养则无健全之身体,无健全之身体则无健全之精神,母亲身体不健全则无健全之儿女。[142]从心理学角度来说,在一定程度上灾荒对社会心理也有不同程度的影响。有学者对施赈者态度和心理进行研究,如:

> 捐款赈灾,世成为慈善之事也,然此在受赈者言之,即可耳,在施者则不可。施赈者——尤其中流生活以上及富裕之人——当此空前大灾,亟应改革心理,此不仅为目前救灾事业计,从兹以往,凡此番不受灾而有相当生计之人,对于己身及社会关系,应另有深刻之反省。故曰,其根本一也。[143]

最后,灾荒与民族自信心有很大关系。一般来说,灾荒愈是频繁或严重,人民为求自己生产起见,不惜损人利己,养成自私自利的心理,亨廷顿(C. Huntington)认为中国人浓厚自私自利的心理与灾荒有很大关系,正如他所言:

> 凡自私自利心愈重,生存之机会愈大。多经历一次荒年,自私自利之心理又深刻一层,灾荒容易使民众产生激进的自私自利心理,且可养成对自然恐怖的心理。[144]

中国人多抱有"听天由命"的心理,而少"人定胜天"的信念,这种民族自私观念与灾荒有着深刻联系。

二、灾荒对经济影响的讨论

总的来说,灾荒对农村经济的影响主要体现在农村土地、农业生产与农村金融等[145]诸多方面。从具体方面来看,天灾对中国农村的影响大致可以分为三个方面,第一,加强商业资本的剥削。在灾荒影响下,农产品价格逐日跌落,米商买入价很便宜,卖出的价格却非常高,这对于农民来说,因米价高,负担也亦加重,进而加深了农民破产的程度。第二,加深高利贷的榨取,在天灾打击下大多数农民不得不驮着重利借钱换米,生活更加痛苦,农民深深陷入了高利贷的深渊。据民国政府实业部农业试验所调查,1933 年 737个县中,负债的农家占全农户的 62%,其无一不在债主的敲诈下生活。[146]第三,加速土地集中,天灾是促进自耕农没落土地集中的一个原因,在捐税繁重、资本主义商品侵蚀致使农民破产的背景下,天灾无疑是雪上加霜,促使农民不得不忍受高利贷的剥削或以低价出卖土地。陕西 1928 年至 1930 年大旱,许多农民出卖土地,田地兼并的结果以致使拥有 3000 亩以上的地主占全部农户 1%,100 亩至 300 亩之富农地主,已成为很平常的户头。[147]

　　灾荒之下,农民流亡离村,耕地被淹或荒芜,粮食生产自然减少,由此造成农民生活水平降低,饥荒的发生则是必然结果。由于长期的生活习惯所致,南人以稻米为主,北人以小麦为主,但当灾荒发生之时,饥民所食大都不是价格昂贵的稻米或小麦,而是各种价格低廉的杂粮如高粱、小米、甘薯、玉米、大麦、燕麦、荞麦等。灾荒发生之时灾民所选择的食物重视充饥而轻口感,如高粱与小麦平价,则灾民更愿意选择高粱而非小麦,甚至有以小麦来换高粱的,因为高粱较之小麦抵抗消化能力更强。

　　我国自古以来以农业立国,米麦是我国民族赖以维持生命的食粮,产米以安徽、湖南、江苏、江西为最多,其次是浙江、湖北;产小麦最多的是河南,产大麦最多的是江苏。但由于近代以来受天灾人祸及其他封建势力的摧毁以及外来帝国主义及世界经济恐慌的影响,这些主要产粮地区或多或少都有诸多自然灾害或灾荒发生,农村经济极度崩溃,粮食自给自足的局面早已不能维持,重要的农产品尚需从国外输入。据实业部中央农业试验所于 1934 年8 月 12 日南京《中央日报》发表的中国主要粮食指数,1934 年全国大米产量只有 12820167 千斤,小麦产量则为 42332461 千斤,小米产粮为 55257728 千斤。[148]很遗憾的是未能找到 1934 年粮食进口数量的相关数据,但仅从 1930 年以来粮食进口的数量而论,1930 年、1931 年、1932 年、1933 年粮食进口总量分别为 19892784

担、20740810 担、21386444 担、16709848 担。[149]从绝对数量来看,粮食进口量相当之大。

以 1920 年至 1921 年华北大旱为例,灾情特别严重的地方粮食早已告尽,就临近所生长的各种植物灾民已掘食殆尽,据华洋义赈会爱德华(D. W. Edwards)报告,当时灾民所食之食物为糠、麦叶、木屑、叶粉、棉子、高粱皮、榆树皮、草根、花生壳、豆饼以及红薯等,许多植物有碍于卫生,而百万灾民已来不及冲洗,一经下咽,大都浮肿而致死。[150]当灾荒严重到极点时,灾区之内不仅普通粮食消费净尽,甚至一切可食之物都已无存,此时"人相食"之惨剧遂自然发生。1928 年华北大旱之后,据陈达调查报告记载,1928 年陕西发生"人相食"事件 2 次,1929 年陕甘晋豫"人相食"6 次,1930年陕甘"人相食"6 次,1931 年甘省与皖北"人相食"3 次,其中除皖北为水灾引起之外,其余则为旱灾所致。

民国时期种种灾害接踵而来,这对于垂死挣扎的农村经济而言,无异于雪上加霜,水灾对社会的影响是最为严重,由于我国经济一直是以农业为主,因此,水灾对我国经济的影响首当其冲的表现在对农业的影响方面。由于灾荒发生田地荒芜,人烟稀少,粮食生产骤然减少以至于影响粮食产量。就水灾对全国粮食生产的影响而言,1929 年是灾荒颇重的一年,当年各种粮食收获,均较之平均年度减少很多。据民国立法院统计处的调查结果,全国当年稻米收获仅占平均年度 66.3%,小麦仅占平常年份的 58.5%,玉米则为平常收成之 66.1%,小米为 61.8%,高粱为 62.7%。1931 年水灾更加重了农民生活的困苦,苏皖等 8 省粮食损失甚重,据国民政府统计处调查,稻米损失额占平常年产额 38%,高粱小米损失额占平常年产量 29%。换言之,该年 8 省稻米收获仅占常年收获的 62%,高粱小米收获仅占常年收获的 71%。就水灾对各地粮食产量的影响而言,曾有学者就民国时期 1931 年水灾对各地粮食产量、损失额度及损失的粮食种类做过专门的统计分析,对于稻米类作物而言,损失最重的是江苏,仅占平常年份产量的 28%,高粱小米产量损失最重的是山东省,占平常年份产量的 21%。[151]

1935 年水灾所造成的损失虽没有全面的统计资料可供参考,但从许世英视察鄂、皖、赣、湘等 4 省水灾总报告书来看,公私各种损失已达 5 万万元。而鲁、豫、冀三省水灾损失则是 3 万万元,如将华南及其他省区的损失加总起来则更是触目惊心。就具体的省份而言,1935 年水灾在湖北省被灾面积总计为 6730485000 亩,被灾人口为 7149712 人,山东省被灾面积为 8154031 亩,急需待赈者为 2292500 人。对于苏北而言,占地有 306000 亩,灾民达 850000 人。[152]水灾的发生不仅加重农村的贫困程度,且因荒地增多,无人耕种,生产力被摧毁,必更加速农村经济的破坏。

灾荒通过影响农民生活与农村生产,从而进一步影响农村金融。文振家在论及 1931 年水灾的影响时谈到:

> 此次水灾加速了农村经济的崩溃,灾荒加速我国的财政,逼着向外借贷以维持现局。[153]

水灾对农民金融的影响主要体现在贸易、金融及财政等诸多方面,如造成财产的直接损失、对外贸易债权债务的平衡问题、金融深处于夹攻之形式及财政税收的减少等。[154]灾荒对农村金融的影响,以粮食贸易的影响最为直接,我国的粮食输入,从一开始就与灾荒有关,灾荒之时国内粮食必然感到奇缺,此时有赖于粮食接济,外粮输入则是必然趋势。就粮食进口而言,1929 年旱灾之后,1930 年大米进口激增至近达 2000 万担,价值一万万二千一百余万,1930 年稻米丰收,因此 1931 年大米进口减至 1000 万担,但 1930 年大水之后,1931 年大米之进口有增加,并外米倾销,1931 年与 1932 年外米输入的数量可谓达到极致,两年输入各超出 2000 万担,在政府征收洋米进口税之后才得以恢复正常。[155]就小麦的进口而言,远没有米粮重要,民国初年小麦进口仅数千担,1916 年、1917 年则增至数万担,1918 年、1919 年则突然降至数十担,1922 年之后小麦进口逐步重要,由数十万担增至数百万担。1928 年至 1930 年间,华北大旱,小麦输入亦激增,1929 年增至 560 万担,1930 年亦有 270 余万担,1931 年则更激增至 2270 万担,其余各年均在千万担之上。[156]1911 年至 1928 年进口大米、小麦数量如下表所示:

1911 年—1928 年进口大米统计　　　　单位:(担)

年份	粮食进口数量	年份	粮食进口数量
1911 年	2 700 391	1912 年	5 414 896
1913 年	6 814 003	1914 年	8 476 058
1915 年	11284023	1916 年	9 387 182. 00
1917 年	6 984 025	1918 年	1 809 749
1920 年	1 151 752	1921 年	10 629 245
1922 年	19 154 182	1923 年	22 434 962
1924 年	13 198 054	1925 年	12 634 624
1026 年	18 700 797	1927 年	21 091 586
1928 年	12 656 154	1929 年	10 822 805
1930 年	19 892 784	1931 年	20 740 810
1932 年	21 386 444	1933 年	16 709 848

注:宋述文:《民食问题》,《清华周刊》第 42 卷第 6 期,1934 年,第 46—第 47 页。

1920 年—1930 年米麦及面粉进口[157]　　　单位:(担)

年份	米入超	麦入超	面粉入超
1920 年	1 110 000		
1921 年	10 594 000		
1922 年	191 110 000		
1923 年	223 720 000	19 550 000	5 698 000
1924 年	13 156 000	5 005 000	6502000
1925 年	12 600 000	6 793 000	2 123 000
1926 年	18 700 000		
1927 年	5 006 000		
1928 年	12 600 000		6 800 000
1929 年	10 824 000	4 861 683	
1930 年	19 892 784		

注:张自立:《灌溉事业与中国》,《水利月刊》第 1 卷第 4 期,1931 年 10 月,第 225—230 页。

就学者对米麦的进口统计数据而言,同一年的大米进口统计数据很不一致,如宋述文先生对 1927 年大米进口的统计数据为 21091586 担,而张自立先生的统计则为 5006000 担,两人的统计数据相差 16085000 担,究其原因很有可能是书写的笔误或其他原因所致。至于其他年份大米进口数量的统计,虽有差距但相对来说相差甚微,一般来说这样的误差均属统计方法所致的统计误差,在允许误差范围之内。

就的粮食出口而言,凡灾荒之年粮食出口数量都在减少,以国麦出口为例,民国初年平均在 100 余万担以上,1919 年至 1921 年增至四五百万担以上,1921 年突然降至 100 余万担,1923 年降至

60 余万担,以后便江河日下,1928 年虽曾一度增至一百余万担,其后则又剧减,且竟减至数千担左右。十几年来,小麦输入日增而输出日减,其症结所在产麦区域灾荒频繁,以至耕地荒芜,小麦产量减少不能不靠外粮接济。[158]

再次,影响粮食价格变动的要素诸多,如人口增减、金融状态、粮食贸易、交通状态等,在这些众多因素当中,粮食供给的变动最为重要,粮食供给的多寡直接决定着粮食价格的起伏波动,而粮食供给则直接与灾荒或丰收有关。因此,可以得出以下推论,即灾荒间接地决定着粮食的价格,并对粮食价格有决定性影响。凡遇灾荒之年,粮食生产必然减少,粮食供给必然减少而需求不变,则粮价自然高涨。1929 年灾荒发生之后,上海米价遂几经剧烈变动,1929 年 4 月间,粳米每石市价为 11. 34 元,籼米 10. 89 元,当年稻谷歉收,则 10 月是晚稻收获季节,粳米反涨为 16. 28 元,籼米为 14. 90 元,这是数十年来曾未出现的状况。1930 年间,米价继续高涨,入夏阴雨连绵,稻田被淹,粳米价格增至 20 元,籼米也涨到 19 元左右。1931 年秋随洋米进入,米价稍落,10 月后收成丰满,12 月份粳米骤然跌落至 11. 84 元,籼米也降至 11. 32 元,1931 年春间粳米盘旋于 12 至 13 元之间,籼米则在 10 元左右。[159]上海交通四通八达,乃属四方粮食聚集之地,灾荒对粮价的影响竟然如此剧烈。以此推论,灾荒对粮价的影响在交通不便的中国则更为显著。西北地区在 1929 年、1930 年灾荒最为严重时,粮价昂贵闻所未闻。据华洋义赈会董事克拉克赴西北灾区实地调查后所言,"灾区内粮价皆于平时十倍左右,小麦每 230 斤为一石,价格为 65 元,若在平时则不过五六元而已。"[160]陕西灾区的粮价,据华洋义赈会分会报告,"大麦 230 斤售价为 60 元整,玉、粟等杂粮稍稍廉价,然也在 25 元左右。"[161]

除灾荒对粮食生产、粮食消耗、粮食贸易及粮食价格影响之外,各因素之间均影响。以 1933 年四川旱灾为例,在自然因素的影响下,军匪骚扰、田赋繁苛等因素致使灾荒进一步恶化,从而最终导致农村金融枯竭。在某种程度上可以说,致使灾荒的经济成因由政治因素所致,四川农民大部分都是佃农,地主负担的捐税转嫁到农民身上,他们一年所得偿还了地主的租子之外还需负担政府赋税,这些对于农民来说,且难以求得温饱何谈从事农业的发展? 繁杂的田赋等这些均致使农村金融的进一步枯竭。[162]

此外,自然灾害对基础设施及交通具有不可低估的影响,1931年水灾对交通方面的损失特别大,如钱江大桥被冲毁,湘赣公路、浙皖公路及平汉铁路等冲毁路基等。[163] 1935 年水灾对交通的影响也特别重大,如浙赣铁路杭州段,损坏轮轨桥梁物流处;南坪段损失约十余万元;钱江搭桥工程被冲毁,据传损失百余万元;湘赣公路、浙皖公路及平汉铁路、陇海铁路冲毁路基;钱江大桥、广韶铁路被淹停车,平粤航空因水灾而停航。[164]然而,交通的损害对工商业影响最为严重,水灾区域的工商业已全部或部分停顿,即使在水灾之外的工商业亦因水灾影响也被迫停止发货。灾后一般人民购买力薄弱,这更给工商业者以严重打击。

三、灾荒对政治影响的讨论

灾荒对政治的影响具有多层次性,曾有学者提出,救荒与政治制度之间的关系可以从三个层次予以说明:

> 第一层次是中国与国外政治势力之间的矛盾对救荒的影响;第二是中国政治制度本身对救荒的影响;第三,救荒制度内部本身之矛盾。[165]

有学者在分析 1931 年水灾时,认为此次水灾由于财政方面的原因进一步促使中国更趋于殖民化,加速了殖民化进程。水灾发生时民国政府在财政上更有赖于外力扶持,依赖程度加深,中国殖民化的程度亦正比例增加,这是必然趋势。[166]然而,章元善先生将灾害归结为民穷财尽的主要原因,并认为灾害是驱使一个民族到绝境的原动力,灾害的波及范围不仅可以影响农村,而且可以影响到城市。[166]灾害是否成为驱使一个民族到绝境的原动力还需进一步讨论,但在民国特殊的社会背景之下,灾害所致使的灾荒对国家及民族存亡的影响更为严重。

灾荒对政治影响的另一方面体现在社会秩序层面。灾荒对社会秩序的影响,一方面促进农民离村与骚动,在饥饿的威胁下,很多农民走上流亡与骚动之路,湖北难民达到 4000 余万,大都出外逃亡,皖北寿险农民经定远而南下,溧阳难民万余人逃亡无锡,各地就食南京的饥民在 1931 年 8 月 24、25 两日,亦达到千余人。[168]另一方面,灾荒对社会秩序的影响则是饥荒促使灾民铤而走险甚至暴动,这是一个有关社会安定的严重问题,民国以来灾荒频繁,饥民暴动之事时有发生。管子曰:"仓廪实而后知礼节,衣食足而后知荣辱。"我国历史上的大暴动大骚乱均与饥荒直接有关,如唐末黄巢起义,其实质则以灾荒为主要原因。正如唐太宗所言:"使民衣食有余,则自不为盗,安用重法耶?"抢米事件层出不穷,这种抢米的情况大都发生在乡间,被抢的对象多数是富户,当严重的抢米事件发生后,民国各地政府采取最普通且唯一的办法便是"派军警弹压,将肇始乡民驱散",逮捕和流血惨剧接连发生,在严重灾荒打击下社会治安受到严重威胁。以 1930 年灾荒为例,江西省饥民因进食不得,遂将全城米店百余家抢掠一空,景德镇方面饥民眼见米源断绝,也将米店暴动抢食,开始只是抢劫米店,尔后则抢劫吃食店,全镇各店内凡可食之物,不问生熟均被抢劫一空,灾民抢米多采取暴动方式。灾荒发生到极点之时,不但发生抢米风潮,并且发生其他暴动,如苏州农民焚烧摧毁房屋之暴动。[169]

然而,就救灾制度内部而言,在民国时期社会现状与国家经济的特殊时代背景下,水利事业应当是训政建设中的主要工作,当时西北旱灾,赤地千里,东南水患,损失巨万,赤祸之日益蔓延,匪患日益猖獗。面对如此状况,有学者指出,事态的发展不是一简单的吃饭问题所能解决,为治本清源,防止灾患,增加生产,统一水政则为当时重点事宜。[170]就救灾体制而言,民国时期办赈人员对救灾有两种不同的认识,一种将救灾作为慈善事业,反之则将救灾认为是社会服务事业,认为灾是一种社会病态,应当用理智来解决问题并诊断治疗。持这种看法与态度一般在救灾措施选择方面会以科学精神来处理一切,管理组织,力求完善并向积极的方面去努力。因此,曾有学者指出:

> 对于农事的改良、天灾的防御,再也不是一种遥远的计划,从其影响的程度来看,而应当将之置于政府的整个计划之下从事其建设,中央直隶下的金融机构更应该担负起应尽的责任,采取相关措施以支持农业改良并预防天灾。[171]

灾害对社会的影响及其复杂,涉及到自然环境、人口、经济、社会秩序、政治等诸多方面。然而,自然环境、人口、经济、政治等在灾荒的打击下相互影响,灾荒对社会的影响是生态系统的影响,任何一方不平衡都可以导致其他诸多因素的连锁反应,也必然导致寻找新的平衡。本节主要论述灾荒对人口、经济、政治三方面的影响,灾荒的发生直接造成人口数量的减少。然而,由于经济窘迫,如粮食减产,粮价上涨等,人口贩卖亦屡见不鲜,政府甚至直接建立人口市场鼓励人口买卖。从长远来看,必然影响人口素质的长远发展。由于灾害救助无效,灾荒必然带来灾民大范围流动,在流动过程中必然影响着社会秩序,灾民暴动,抢米抢粮事件,乃至于"人相食"事件层出不穷。在特殊的时代背景下,由于政府财政拮据,外债不断且增多,加之帝国主义侵略,在政治上必然加速中国的殖民化趋势。灾荒对社会影响的多方性、复杂性、长期性交织在一起,已经形成了相互恶化的态势。

　　然而,在特殊的时代背景下,既有的救灾措施对于真正需要救助的老百姓来说却是杯水车薪,并且经过层层盘剥及政治制度的腐败也无从真正实施,正如文振家所言:

　　　　通过灾荒影响之论述,认为灾荒已经成了中国社会经常现象,这种现象一天天普遍且严重,这也正是中国农村经济结构崩溃的表现。进一步深入分析中国农村经济结构崩溃的原因,其外在因素在于外来帝国主义的侵略,内在因素则在于恶势力对农村的高度压榨所致。在这种环境下,即使有形形色色的水利机关出现,农民大众没有多少利益也是必然的,所以得到实惠的反而是另一个阶层的人。就是有水利建设的机会,银行资本为着大利所在群起投资,这是大家所熟知的,最不可忽视的是,帝国主义对中国水利建设的注意,以期从中牟利。对于水利建设刻不容缓,这已引起国民政府当局深切关注,因为水利建设不仅消极的防止水旱,还在积极的灌溉农田和便利航运。[172]

四、小　结

　　民国时期救灾思想的发展既得益于国内科学实践的发展,也得益于竺可桢、翁文灏、李仪祉等一批著名科学家的艰苦努力,他们的科学研究大大推动了灾害研究在中国的发展。随着西方先进知识的传入，从事灾害研究的自然科学工作者及社会科学工作者倍增。从洋务运动开始，第一批庚子赔款留学生远渡重洋至美国、欧洲、日本等国学习西方先进思想文化及科学技术，如土木工程、天文、地理、气象、水利等应用性工程学科。民国时期大批留学生怀着科学救国的热情回国将自己所学应用于社会科学实践，当时涌现了一系列专业研究所、学会，如农商部地质研究所、地址调查所、中国地理学会、中国气象学会、中国水利学会、中央研究所所属的地质、气象研究所等，这些科学研究机构聚集了留学归国的科学研究精英从事相关研究，并定期召开学术会议进行交流学术，出版学术专刊，一大批气象、地质、水利等科学著作相继出版，为灾害研究、救灾、防灾、减灾提供了科学依据，其中一部分专家直接任职于政府部门，直接参与救灾、防灾、减灾决策与规划。以茅以升为例，时任南京国民政府主管水利经济委员会水利处处长，参加了当时诸多重大水利规划与救灾防灾政策制定。

与此同时，高等院校陆续设立地质、水利、气象等专业，培养科技人才，1917 年北京大学恢复地质专业招生，此后一大批著名大学相继设立地质大学。在大量科研院所设立、留学归国人才增加及高校培养人才倍增的情况下，国内救灾、减灾的研究条件也逐步改善。一大批救灾防灾基础设立逐步建立，如气象台站、地震台、水文站、雨量站等，如 1912 年中央观象台建立，1928 年南京钦天山北极阁气象台观测水平不断提高。地震监测也开始起步，中国第一个地震观测台，即鹫峰地震观测台于 1930 年成立，这些基础设施的建立为从事灾害研究提供了必不可少的科学研究条件与理论依据。

灾害学是自然科学与社会科学的交叉学科，因此，不仅需要从自然科学的角度予以研究,也需要从人文社会科学角度从事研究。民国时期对灾害的研究涉及到诸多领域,从灾害学理论体系的角度来看,主要涉及到灾害成因、灾害性质及规律、灾害的影响及应对机制等,从具体内容看,总体上可以分为两类,一类是灾害史的研究,而另一类则是灾害现象的研究。对于灾害史的研究成果可谓丰硕,如徐中舒的《中国古代灌渠工程原起考》[173]、罗尔刚的《道光末年的灾荒》[174]、陈高傭的《中国历代天灾人祸表》[175]等,这些著作也从人文社会科学的角度对灾害予以关注,尤其是邓拓所著的《中国救荒史》,建立在大量统计的基础上分析历史上的灾害及其成因,值得提及的是马罗立的《饥荒的中国》,此书统计了中国自纪元前108年至公元1911年间的灾荒,分别从自然、经济、政治、社会等各方面讨论灾荒发生的原因及救灾对策。20世纪二三十年代灾害研究成果之所以取得如此成就,一方面,这与自然灾害的频发有很大关系。20世纪二三十年代是中国自然灾害群发期,水、旱、蝗、地震等各种自然灾害交替并发,严重的灾荒问题引起社会各界普遍重视,客观上迫使人们去探索自然灾害成因、救治及预防,乃至于灾后重建。因此灾害类研究成果日益丰硕,这一时期不仅有自然科学工作者的努力,他们通过科学研究探寻灾害成因,并寻求恰当的救灾、防灾、减灾政策。另一方面,人文社会科学工作者也试图从历史中汲取经验教训,编辑古今灾害辑要,研究的范围日趋广泛且深入,已经成为这一时期灾害研究的特点。

民国时期自然科学家的一个重要特点便是学贯中西,他们不仅掌握自然科学知识且精通中国历史,同时又有很好的国学基础。因此,这一批自然科学家熟练运用西学与中学,融会贯通。用自然科学理论对灾害予以研究,是民国时期灾害研究与以往研究的重要区别之一,西方自然科学知识和实验技术、设备的传入为灾害研究提供了理论上、实践上的支持,解决了以前未曾解决的问题。从本章的分析可知,他们通过对中国主要灾害的研究,如气象灾害、水旱灾害、地震灾害、蝗灾等,以一系列科研成果的形式说明了中国主要自然灾害的成因、性质及规律、并提出了有针对性的防灾减灾救灾方法,且部分研究成果直接应用于救灾减灾实践,对于具体的防灾减灾救灾将在后文中详细论述。其中以竺可桢对中国历史上的自然灾害的研究最具代表性,如他用太阳黑子理论,结合中国历史上丰富的太阳黑子记录,研究历史上的气候变化,并证明"东晋与明代中叶,旱灾特别增多。南宋时代,黄河流域虽亢旱,而长江流域则时有风暴,雨雪丰盛。以温度而论,南宋及元似较低,而明代中叶则较高,与太阳中黑子之数成一反比。"[176]

　　对中国灾害问题的研究无法脱离中国国情,正如郑功成教授所言:"中国的灾情已成为我国的重要国情之一。"我国的灾害问题尤其是自身的特质,如灾害发生有一定规律可循,古人留下的丰富历史记录为寻找灾害历史规律提供了有利条件,结合相关理论与研究方法长时段分析这些材料,既可以寻找灾害发生的规律,也可以发现中国灾害的特殊性。民国时期灾害学虽然有短暂的发展,但由于特殊的时代背景及研究者的学术修养,研究成就在当今看来,也无从忽视,是一个承前启后的阶段,奠定了中国灾害学理论体系。

　　国内对于灾害学理论体系的研究,20世纪90年代申曙光教授在《灾害学》一书中有完整而详尽的论述,他建立的灾害学理论体系主要依据"灾害概况——灾害性质——灾害规律——灾害成因与过程——灾害后果——灾害防治"的框架体系,此灾害学框架体系已被学界认同。然而,20世纪30年代中国灾害学理论体系已基本形成,当时诸多学者已从灾害成因、灾害性质以及规律、灾害影响、灾害应对机制等方面展开详尽而系统化的论证,至于对民国灾荒概况的论述,多数学者在展开论述之前均已有详尽的统计或阐述,由于篇幅与结构所限,本章不再赘述,以免与第三章内容"民国时期自然灾害"有重复。

从诸多民国学者对当时灾害的分析来看,一方面,当时对灾害或灾荒的研究已朝向科学化的方向发展,在晚清救灾思想近代化萌芽的基础上,民国特殊的时代背景以及近代科学思潮的传播,西方近代科学知识与研究方法逐步普及,民国的灾害学研究正走向科学化发展方向。另一方面,中国灾害学理论体系在民国时期已初步形成,正如上文对灾害成因、灾害性质与灾害规律、灾害影响以及对救灾对策的分析,诸多学者对此有论述,学者对这些问题论述也比较详尽而系统,如文振家、甘祠森、梁庆椿、郑子政、刘秉仁等一批学者,他们均在文章当中对灾害学理论体系的内容有系统分析论述,如通过讨论民国灾荒概况,进而分析成因,说明灾荒的社会影响,从而提出应对机制,分析层层紧扣,逻辑清晰,论证深入。

从现有的文献资料来看,他们对灾害的讨论在当时已形成了一种思考范式,并形成了一定的研究方法。就具体研究方法而言,与传统学者对灾荒的研究相比较,民国时期一大批学者对灾害的研究已趋于科学化论证,与传统学者对灾荒的论述更趋于大而化之的总结相比较,可以说传统学者对灾荒的论述是一种经验式总结,而民国学者则是推演的逻辑论证。他们曾发表大量灾害学的相关文章,且在理论知识界有不同寻常的影响,文章均发表在有影响学术的期刊,如《新中华》、《中国农村》、《红色中华》、《斗争》、《红旗》、《向导》、《解放日报》、《水利月刊》、《申报月刊》、《观察》、《科学》、《东方杂志》、《申报》、《中国实业》、《社会科学杂志》、《社会科学季刊》、《社会学界》、《地理学报》、《清华学刊》、《禹贡》、《地学杂志》、《新闻报》等,已涉及到灾害学的方方面面。

　　总而言之,无论是灾害学的理论体系,还是学者对灾害学理论体系的论证,抑或是民国时期学者发表的期刊,均已从各个方面说明民国时期灾害学理论体系的初步形成。对于民国时期学者对灾害应对机制的讨论,将在下文中重点讨论,这里不再赘述,本章主要从民国时期学者对灾害成因、灾害规律及灾荒之影响等各方面论述民国时期救灾思想的客观基础。一方面,从民国时期救灾思想的狭义概念来讲,民国时期学者对灾害成因、灾害规律及灾害影响的讨论不直接属于救灾思想的内容,可以说,这些都是救灾思想产生的客观基础,民国时期学者对灾害成因、灾害规律及灾荒影响的讨论与研究为民国时期的救灾提供丰富坚实的科学理论基础。另一方面,从民国时期救灾思想的广义概念来讲,民国时期救灾思想不仅直接包括学者对灾害对策的讨论,还包括对灾害成因、灾害规律与灾荒影响的研究与讨论。可以说,对灾害成因、灾害规律与灾荒影响的研究是民国学者在讨论救灾减灾防灾对策的必然科学前提,属于民国时期救灾思想的范畴。

注　　释

1　40　43　45　梁庆椿:《中国旱与旱灾之分析》,《社会科学杂志》(国立中央研究院社会科学研究所)1935年第6卷第1期。

2　3　12　邓拓:《中国救荒史》,商务印书馆,1937年版,第62、63、63页。

4　张其昀:《近二十年来中国地理学之进步》(上),《地理学报》1936年第2卷第3期。

5　张其昀:《"龙"之地理解释》,《科学的中国》1936年第1卷第2期。

6　51　130　167　章元善:《困难中救灾问题》,《独立评论》1932年8月7日第12号。

7　8　18　52　162　甘祠森:《四川旱灾的成因与现状》,《新中华杂志》1937年第5

卷第 10 期。

9　36　吴毓昌:《中国灾荒之史的分析》,《中国实业杂志》,1935 年第 1 卷第 10 期。

10　郑子政:《中国之农村与气候》,《申报月刊》1931 年第 3 卷第 3 号。

11　《河防之原理与势力》,《水利月刊》1931 年第 1 卷第 3 期。

13　14　吴明愿:《二二年黄河水灾之成因》,《水利月刊》1934 年第 7 卷第 3 期。

15　詹纯:《湘皖水灾调查并规划说明书——论灾区洪水最重要之原因》,《地学杂志》1913 年第 10 期(总第 40 期)。

16　34　39　55　153　163　164　165　166　172　文振家:《今年的水灾一瞥》,《中国实业》1935 年第 1 卷第 10 期。

17　郑子政:《从本年秋旱论今后救灾方案》,《国闻周报》1936 年第 13 卷第 48 期。

19　20　存吾:《地震之研究——地震之科学的解释及念四史五行志中之地震观》,《地学杂志》1921 年第 12 卷第 4 期。

21　金咏深:《民国念一年十二月二十五日甘肃西北部地震述略》,《科学》1933 年第 17 卷第 8 期。

22　金咏深:《地震问题谈》,《科学》1933 年第 17 卷第 10 期。

23　李善帮:《三十年来我国地震研究》,《科学》1948 年第 30 卷第 6 期。

24　李善邦:《地震物理述略》,《科学》1932 年第 16 卷。

25　武衡译:《近年来地震学的进步》,《清华周刊》1937 年第 45 卷第 12 期。

26　27　存吾:《地震之研究——地震之科学的解释及念四史五行志中之地震观》,《地学杂志》1921 年第 12 卷第 6—7 期合刊。

28　存吾:《地震之研究——地震之科学的解释及念四史五行志中之地震观》,《地学杂志》1921 年第 12 卷第 5 期。

29　方华:《灾荒中的河南农村》,《新中华》1931 年第 2 卷第 1—2 期合刊。

30　38　董时进:《论灾》,《独立评论》1935 年第 167 号。

31　张镜予:《农村信用合作社的起源及其发展》,《社会学界》1929 年第 3 卷。

32　沈怡:《水灾与今后中国之水利问题》,《东方杂志》1931 年第 28 卷第 22 号。

33　44　49　张培刚:《近年来的灾荒》,《独立评论》1935 年第 150 号。

35　涂长望:《关于我国水旱灾预防方法之商榷》,《申报月刊》1935 年第 4 卷第 9 号。

37　132　朱埔:《黄河水灾视察报告书》,《水利月刊》1934 年第 7 卷第 3 期。

41　46　张之毅:《当前的旱灾问题》,《国闻周报》1937 年第 14 卷第 22 期。

42　郑子政：《从本年秋旱论今后救灾方案》，《国闻周报》1936 年第 13 卷第 48 期。

47　刘叔明：《中国农村经济之崩溃与灾荒》，《新陕西月刊》1931 年第 1 卷第 4 期。

48　50　53　54　《社声》，《新中华》1933 年复刊第 4 卷第 10 期。

56　孙起烜：《最近水灾之状况及其救治》，《中国实业杂志》1935 年第 1 卷第 10 期。

57　执无：《水灾影响与经济复兴政策树立之途径》（上），《银行通报》1935 年。

58　林景亮：《防旱重于救灾》，《中国农民月刊》1945 年第 3 卷第 4 期。

59　周郁如：《水灾的成因和减少水灾的方法》，《水利月刊》1936 年第 11 卷第 6 期。

60　61　《灾荒打击下的中国农村》，选自陈翰生等编：《解放前的中国农村》（一），中国展望出版社，1985 年版，第 464、475 页。

62　立夫：《山东直隶之大灾荒》，选自《布尔什维克》第 1 卷，1927 年第 10 期。

63　129　申曙光：《灾害学》，中国农业出版社，1994 年版，第 212 页。

64　胡焕庸：《天气预告法述要》，《地理杂志》1930 年第 3 卷第 1 期。

65　竺可桢：《近年来气象学进步概况》，《科学》1929 年第 14 卷第 6 期。

66　竺可桢著，郑子政译：《中国气流之运行》，《科学》1933 年第 17 卷第 8 期。

67　竺可桢著，郑子政译：《中国气流之运行》，《科学》1933 年第 17 卷。

　　竺可桢：《今年气象学进步概况》，《科学》1929 年第 14 卷。

68　余青松：《最近天文学的进步》，《科学》1929 年第 14 卷。

69　翁文灏：《中国地质纲要》，《科学》1929 年第 13 卷第 11 期。

70　竺可桢：《钱塘江怒潮》，《科学》1916 年第 2 卷第 10 期。

71　竺可桢：《中国气候区域论》，《地理杂志》1930 年第 3 卷第 2 期。

72　张其昀：《东北之气候》，《地理杂志》1931 年第 4 卷第 6 期。

73　75　76　胡焕庸：《气候变更说述要》，《科学》1929 年第 13 卷第 11 期。

74　竺可桢：《日本气象学发达之概况》，《科学》1927 年第 12 卷第 4 期。

77　78　竺可桢：《气象与农业之关系》，《科学》1922 年第 7 期。

79　刘恩兰：《小气候与几种作物之关系》，《地理》1942 年第 2 卷第 1—2 期。

80　81　96　97　张其昀：《北方大旱及其善后之策》，《地理杂志》1929 年第二卷第 3 期。

82　83　竺可桢：《论我国应多设气象台》，《东方杂志》1929 年第 18 卷第 15 号。

84　万晋：《植物被覆与水利及冲刷之关系》，《水利月刊》1936 年第 11 卷第 6 期。

85　杜零雁：《水灾》，《新中华杂志》1934 年第 2 卷第 7 期。

田上坚：《水灾以后》，《清华周刊》935 年第 43 卷 17—8 期合刊。

86　徐盈：《黄河流域铁路造林之研究》，《中国实业》1935 年第 2 卷第 3 期。

87　钟補勤：《浙闽赣三省林木调查报告》，《中国实业》1935 年第 2 卷第 3 期。

88　朱博能：《促进福建林业刍议》，《中国实业杂志》1935 年第 2 卷第 3 期。

89　张荫青：《江西之林业》，《中国实业杂志》1935 年第 2 卷第 3 期。

90　陈嵘：《中国造林事业之商榷》，《中国实业杂志》1935 年第 2 卷第 3 期。

91　吕醒农：《森林的保护问题》，《中国实业》1935 年第 2 卷第 3 期。

92　凌道扬：《对于美国今年林业孟晋之感想》，《中国实业杂志》1935 年第 2 卷第 3 期。

93　94　李寅恭：《林业教育问题》，《中国实业》1935 年第 2 卷第 3 期。

95　101　102　皮作琼：《出席比京国际森林会议报告》，《中国实业》1934 年第 2 卷第 3 期。

98　蔡斌咸：《灾荒袭击后的造林问题及其动向》，《新中华杂志》1935 年第 3 卷第 6 期。

99　吕醒农：《森林的保护问题》，《中国实业》1935 年第 2 卷第 3 期。

100　皮作琼：《出席比京国际森林会议报告》，《中国实业》1935 年第 2 卷第 3 期。

103　葛绥成：《世界各国利用水利的现状》，《申报月刊》1933 年第 2 卷第 1 号。

104　荣达坊：《近代污水清理之演进》，《科学》1937 年第 21 卷第 2 期。

105　106　107　108　葛绥成：《疾病地理学之管窥》，《新中华复刊》1938 年第 4 卷第 12 期。

109　110　孙宕越：《疾病与地理》，《地理学报》1936 年第 3 卷第 3 期。

111　时俊光、马心仪：《中国境内钩虫病害之调查》，《科学》1934 年第 18 卷第 9 期。

112　陈方之：《血蛭病之研究》，《科学》1929 年第 13 卷第 10 期。

113　李赋京：《中国日本住血吸虫中间宿主之胎后发育》，《科学》1932 年第 16 卷第 4 期。

114　张嘉桦、李永振：《蝗虫之驱除及利用法》，《东方杂志》1930 年第 13 卷第 3 号。

115　陈家祥：《民国十八年中国蝗虫之地理分布》，《地理杂志》1930 年第 3 卷第 6 期。

116　117　邹锺琳：《中国飞蝗分布地之环境及生活状况》，《中国实业》1935 年第 1 卷第 6 期。

118　戴芳澜：《说蝗》，《科学》1916 年第 2 卷第 9 期。

119　俞大纹、陈鸿达：《江苏省大麦之坚黑穗病》，《科学》1930 年第 14 卷第 2 期。

120　刘淦芝:《我国外来农业病虫六种》,《科学》1934 年第 18 卷第 2 期。

121　邹锺琳:《江苏省水稻害虫录》,《科学》1925 年第 10 卷第 10 期。

122　管品呈:《稻螟虫之概说》,《东方杂志》1925 年第 15 卷第 4 号。

123　邹锺琳:《最近江苏省水稻螟害状况》,《科学》1925 年第 10 卷第 6 期。

124　张进修:《琼崖昆虫调查报告》,《科学》1933 年第 17 卷第 2 期。

125　钱崇澍:《温度与植物的关系》,《科学》1926 年第 11 卷第 3 期。

126　唐启宇:《中国之土壤》,《科学》1926 年第 11 卷第 6 期。

127　翁文灏:《中国地质纲要》,《科学》1929 年第 13 卷第 7 期。

128　翁文灏:《中国之土壤与文化》,《地理学刊》1934 年第 1 卷第 1 期。

131　哲民:《目前水深火热的灾荒》,《新中华杂志》1934 年第 2 卷第 15 期。

133　《灾荒下挣扎的农民》,选自陈翰生等编:《解放前的中国农村》(二),中国展望出
　　　版社,1985 年版,第 521 页。

134　朱世珩:《从中国人口说到陕西灾后人口》,《新陕西月刊》1931 年第 1 卷第 2 期。

135　《水灾估计》,《新中华杂志》1935 年第 3 卷第 20 期。

136　137　148　149　宋述文:《民食问题》,《清华周刊》1934 年第 42 卷第 6 期。

138　139　140　141　144　150　151　155　156　158　159　160　161　169　吴文
　　　晖:《灾荒与中国粮食问题》,《中国实业杂志》1935 年第 1 卷第 10 期。

142　145　吴文晖:《灾荒下中国农村人口与经济之动态》,《中山文化教育馆季刊》
　　　1935 年第 4 卷第 1 期。

143　《救灾与赏罚》,《国闻周报》(论评选辑)1935 年第 8 卷第 35 期。

146　147　168　《灾荒打击下的中国农村》,陈翰生等编:选自《解放前的中国农村》
　　　(一),中国展望出版社,1985 年版,第 468 页。

152　盛福世:《我国雨灾及其预测方法之研讨》,《地学杂志》1936 年第 3 期(总第 179
　　　期)。

154　执无:《水灾影响与经济复兴政策树立之途径》(上),《银行通报》1932 年。

157　张自立:《灌溉事业与中国》,《水利月刊》1931 年第 1 卷第 4 期。

170　张自立:《统一水政之商榷》,《水利月刊》1937 年第 1 卷第 1 期。

171　甘祠森:《四川旱灾的成因与现状》,《新中华杂志》1935 年第 5 卷第 10 期。

173　徐中舒:《古代灌渠工程原起考》,选自"国立中央研究院历史语言研究所集刊"
　　　1935 年。第 5 卷第 2 期。

174　罗尔刚:《道光末年的灾荒》,《益世报》,1936 年 5 月 24 日。

175　陈高備:《中国历代天灾人祸表》,上海国立暨南大学,1939 年版。

176　竺可桢:《中国历史上气候之变迁》,选自《竺可桢文集》,科学出版社,1979 年,第
　　　58 页。

第五章

民国时期救灾思想的主要内容

在民国时期特殊的时代背景与政治条件下,灾害应对尤为必要,曾有不少爱国人士、社会名流、贤达人士都曾从各个方面发表见解讨论灾害的对策与救济,有的主张与见解直接应用于救灾政策的制定,乃至于实施于救灾实践,本章主要以代表性人物、代表性著作及一般学者对救灾对策的讨论为重点,论述民国时期救灾思想的主要内容。

第一节 民国时期一般学者对救灾对策的讨论

灾荒对人口、经济、政治等方面的影响如此之大,乃至于威胁到国家民族存亡,因此,民国时期灾害或灾荒已被诸多学者及政治家热议,得到社会各界普遍关注,对灾害成因、灾害规律、已开始科学化的讨论,并取得了丰硕的研究成果。诸多学者在对灾荒影响足够认识的情况下十分关注灾害救助,开始讨论并提出有针对性的灾害应对措施。自古以来,我国积累了丰富的救灾经验,在传统救荒思想影响下,相应地也就建立了传统的救灾机制与体制。然而,正如前面所述,由于民国时期特殊的时代政治背景与社会等各方面的近代化转型,一方面延续着传统救灾思想下的救灾机制与体制,另一方面在西方科学思潮的影响下,科学化、社会化、国际化的灾害保障体系正在初步形成,诸如对灾害的科学认识、救灾程序的确立、救灾机构的设立、救灾措施的转型等。

一、对于救灾体制与救灾程序的讨论

就具体救灾体制而言,主要指灾害的预防与救治过程中所采取的一系列法令、制度、措施与方法,主要包括救灾法令、救灾制度、救灾程序、救灾措施等具体内容。有学者将救灾政策分为治标之策与治本之策,这种划分最为常见。治标之策通常都是在灾害发生后采取的一些紧急应急之策,如急赈等措施。一般而言,所谓的治本之策是对灾害的预防以及对灾荒的长久治理,诸如建设灌溉水利设施、发展农业与森林培植、开采矿产、发展交通与建设公路、彻底裁兵、建设航运等。[1] 就本质而言,有什么样的救灾目的必然有什么样的救灾措施。救灾目的的确立来自于救灾理念的形成,救灾理念直接决定着救灾措施的综合运用。

就救灾的层次而论,章元善先生曾提出救荒三层次说,即"上策、中策、下策"。他所说的上策主要是主张各种建设,其目的是驾驭天然,利用天然势力来帮助人类生产,天然势力在人类的驾驭之下很少成灾,既省去了救灾办赈的一大笔费用,并以此来改善日常生活。正如他所言:

> 应多种善因,即办建设,结出的是美果,灾害减少并财力充足,财力愈充足建设事业愈发达。[2]

中策则是利用赈款来办建设事业,即以工代赈。灾民一方面可以得到工资来养家糊口,同时又可以兴办建设事业,改善生产设备,拓宽灾民的灾后生计,灾民的生产力可以得以恢复。这样一钱两用,受赈的人以劳动力来换工资,防止灾民不劳而获以至灾民坠入道德堕落的危险境地。下策即设立收容所、安粥锅等。

就赈灾程序与方法而言,主要包括救灾原则、赈款赈品的供应及赈济工作的种类等诸多环节。有学者曾就救灾人才提出主张:

> 办赈不能以寻常政务论,宜注重得人,而不拘所文法,是当延请社会有声誉信用经验之赈务人员,授以实行赈救之重任,使在遵行政府政策之范围内放手进行,政府除监督其措施,勿令违背政策外,应予以较大之自由与权利,一切工作勿从速,而手续勿从简,若再迁延不得为急赈矣。[3]

对于救灾原则,南京国民政府曾特此做了规定:

> 查放赈款赈品力求迅速;务使灾民抛离故土;急赈工赈以粮食为主,金钱为辅;灾荒较重的县区侧重于急赈、工赈及工贷;灾荒比较轻的地区则侧重于平粜,农赈及农贷;各县赈款赈品的分配,以各县灾情、人口、面积及整个农村等情形为准。[4]

值得一提的是,有学者针对灾荒成因的本质分析从而主张:

> 救荒首先应当着重变革现存的农业生产关系,尤其是高额地租,高额地租促使着灾荒的进一步加剧。[5]

在具体救荒过程中其他各种关系影响着救荒措施的实施与救荒成效,救荒过程实质上是各种关系与防灾救荒相互制约、利益权衡的一个动态发展过程。

二、对救灾组织机构的讨论

正如古人所言:"有健美之组织,如克收完善之效。"防灾救灾实施效果的关键在某种程度上在于赈灾机构的完善与否。民国时期的救灾机构主要有政府救灾机构与民间救灾组织机构，其此消彼长，共同决定着救灾成效。

有学者对北洋政府时期的救灾组织机构有过讨论总结，认为民国成立之初，中央主管水利机关，最初分署内务部及农商两部，在内务部则属土木司，在农商部则属农林司。北洋政府于1914年成立全国水利局，其职权分配在1915年的大总统令中做了明确的规定：

> 关于水利事项，本系内务农商两部之责，现既特设专局，除河海工程特派员遇事分咨接洽外，其余均在该局职权之内，应由各该部咨会全国水利局，遇事协商，以资匡助，而免隔阂。[6]

此后的水利事项，即由以上三机关会商办理。南京国民政府成立之后，水灾防卫属内政部，水利建设属建设委员会，农田水利属实业部，航路疏浚属交通部，1931年建设委员会经办水利事业，归内政部主管，当年江淮流域发生水灾，民国政府特设救济水灾委员会，办理恢复各省堤防工程。1932年结束之后救济水灾委员会归并全国经济委员会，并于1933年设水利处。中央特设水利机关共有8处，分列于华北区、黄河区、运河区、淮河区、太湖区、扬子江区、湘鄂湖区及珠江区域。此后，各省也纷设水利机关。

值得一提的是，1931年南京国民政府成立了救济水灾委员会，曾有学者对此做过专门论述，认为全国水灾救济委员会的成立对水灾救助有不可低估的影响。委员会内部组织设立总务、视察、财务、审核、运储及灾区工作6处，其中灾区工作可视需要，分为工赈、农赈、急赈、耀平等组。各处的办事人员以向机关借用为原则，其法可向赈务委员会借用人员担任总务及视察,财务部担任财务工作,审计部担任审核工作,实业部农本局则担任粮食运输与储备工作。至于灾区工作,急赈糶平可责成各省赈务委员会办理,农贷、农赈、工贷、工赈可委托华洋义赈会办理,在整个计划之下,各处组分工合作,尽可能地增进救灾效率。在救济水灾委员会之后,南京国民政府时期已经拟定中央水利最高主管机关,定名为"全国水利委员会",直属行政院,内政交通实业海军铁道等部部长均为委员。其下设秘书处、技术厅及河防灌溉水运三司。技术厅下分调查、测量、设计、工务等 4 组相互协调工作。就民国时期全国的水利区域而言,张自立先生曾主张,依河川流域天然情势划分,以我国地势而论,全国应分为 8 区,即东北滦海黄河淮海扬子东港珠江西北等 8 区,管辖范围主要包括东北区、滦海区、黄河区、淮河区、扬子区、东港区、珠江区等。[7] 此种规划系统分明,广狭适当,且与现行组织相互吻合。

有学者指出,南京国民政府时期水政系统的设立力求科学化,但在相当范围内,仍根据事实上的便利以求简便,未能达到科学化的要求。对于行政经费,则是力求不增加国库负担为原则。民国时期在水利行政统一的趋势之下,水利事业的办理也有进一步发展,分别就华北区域、黄河、淮河、扬子江、珠域等各地的水利进行测量,并根据各地区需要完成的工程拟定具体计划书,在南京国民政府的大力推动下各河流区域已完成相当水利工程,诸如整理天津海河、绥远修渠、引泾工程、江北运河工程、湖北堤工程等具体工程,对于河道修防与决口堵筑各区域也都做了相当工作。[8]

尽管南京国民政府水灾救济委员会对灾害救助有很大促进,有学者指出还存在不少问题,诸如国民政府赈灾委员会偏重于赈灾而轻于防灾。然而,防灾与救灾不可偏废,防灾更重于救灾,因

而赈灾委员会的组织应缜密计划,多方考虑。正如有学者所言:

> 赈灾委员会大致应分为四部分,第一,灾务管理方面主持
> 基金保管、灾区视察及行政事宜;第二,防灾设计方面分设气
> 候预告、灌溉设施、虫害预防等各组;第三,救灾公务方面,注
> 意于工赈事宜;第四,救灾合作方面,从事于推行防灾教育,办
> 理农民借贷与仓库管理等项目。[9]

郑子政先生主张应当依据此方案切实实施,使救灾基金有着落,开始研究防灾,更努力于工赈,辅助农业经济的发展,旱灾将逐步减少。然而,农民经济的发展是救灾的辅助地位还是根本之策尚需进一步讨论,赈灾防灾与农村经济发展辩证统一发展,防灾赈灾需要依托农村经济的发展,农村经济的发展能更好的防灾赈灾。反之,防灾赈灾也有利于农村经济的发展,为农村经济发展提供基本条件。

民间赈灾机构是民国时期又一重要灾害救助主体,如合作社与农民银行、华洋义赈会、中国红十字会等民间机构在灾害救助中发挥了重要作用。有学者指出,合作社与农民银行积极参与救灾并推动合作事业发展。合作社起初以都市信用合作社为核心,然而,1933年后在华洋义赈会领导下,合作社开始了农村信用合作运动。信用合作社与农民银行性质颇似,都是以低利供给农民,帮助农民从事生产事业以达到救灾的目的。华洋义赈会是民国时期救灾的新型组织,正如巫宝三所言:

> 华洋义赈救灾总会为一慈善团体,其任务原为赈济中国
> 之荒灾。该会于历年办理灾荒赈济之余,深觉防灾重于救灾,
> 于是乃谋帮助关于农民增加生产力之一切设施。防灾工作之
> 一,即为农村经济建设,以提倡农村合作社为具体办法,并以

农民经济之改进,有待于农业金融供给之便利,乃于民国十二年拟定农村信用合作社章程,并设立一合同委办会,专司合作事业之兴办,是为该会办理农村信用合作之肇始。[10]

华洋义赈会(China International Famine Commission)总工程师塔德(O. J. Todd)认为在西方国家毅力、决心和持之以恒的精神支持下,对于洪水及饥荒的治理已经取得显著成效,这样的成果在中国完全可以实现,他指出民国时期治理洪水和饥荒的时机已经相当成熟。他进一步强调需借助于国际合作才得以永久解决,国际合作将有助于公民政府为和平事业打开一个新纪元,为了国家经济的长期建设,政府与民众及国际合作需共同努力来完成这项任务,中国在达到它在世界经济生活中所应占的地位之前,必须将河道、水利等治理好才是良策。民国时期陆路系统固然重要,包括运输、灌溉及洪水的治理,同样水道系统对于中国更为重要,塔德(O. J. Todd)认为,帮助中国解决河道问题是今日或明日西方所能送给中国最有价值而切实的礼物。[11]

三、对救灾机制与救灾、防灾措施的讨论

相对于上面所说的救灾体制来说,救灾机制则是在促使各种救灾措施相互协调发挥救灾效果最大化的一系列办法,而救灾体制更强调政府所制定的一系列政策法规,救灾机制则主要强调通过何种方法或措施使政府所制定的救灾政策或法规在救灾实践中达到救灾效果最大化。民国时期对于救灾机制与措施的讨论,主要涉及到救灾经费与基金、救灾人才储备、救灾政策与制度等方面。

(一)对救灾政策与人才储备的讨论

民国时期的救灾政策主要有移民垦殖与人口政策、农赈及仓

储制度,而人才储备则是救灾制度得以实施的有力保障。就移民垦殖与人口政策而言,刘秉仁认为,这是民国时期常用的种救灾办法,我国屡次大旱,原因多数是由于天灾所致而人口密集耕地面积太少,生产不足,这是致使灾情加重的原因之一。因而在生产力及生产方式一定的条件下,移民殖边是一种比较有效的方法。[12]

然而,有学者曾指出民国时期救灾方式忽略了人口过多与水利过度两个基本条件,因此导致灾荒变为慢性的、永久的,从而不能从根本上断绝。董时进曾针对此种情况,建议将危险地带的人民迁移,将容易受水旱的地方的人民设法迁移一部分或全部至其他地方耕种。倘若农业无处可以悉数容纳,宁可使之从事工程建设,或多开工厂矿场以安置。对于原来的地皮则建议或扩大每家面积采取粗放农法,或改造畜牧造林之用,或完全放弃。[13]另外,民国时期还未曾实施人口政策,有学者提出实施有力的人口政策,董时进等人建议由内政部卫生署等机关制定适宜有效的人口政策并极力推行,以减少人口数量,增进体质,消灭灾难的残酷。

相对于传统救荒政策而言,农赈可以说是主要的传统救荒政策。然而,在民国时期将农赈救荒与生产相结合,即发展灾后生产,同时也在生产的基础上进行救灾,可以说是一举多得。民国时期中国共产党边区政府将农赈进一步在实践中发展,即生产救灾,这将在后面着重论述。章元善在对皖赣地区农赈的具体考察和研究基础上,根据当时具体情况,认定农赈是"协助被灾农民在最短期内恢复农事工作,所有种种设施,都是以这目标为根据的"。[14]农赈的实施以互助社为组织依托,即"凡是要得到农赈的农民,均需组织互助社,农赈是专对互助社放借的"。[15]实际放出的农赈一种是共借共用,如堤工会借去修民堤;另一种是共借分用,如互助社借去分给各社员,由个人自由去应用,如购买籽种等。

有学者指出,农赈的实施不仅起到了救灾的目的,并且对发展农业经济有很大的促进作用,正如章元善所言:"农赈的实施不但使得人们可以恢复已有的损失,并且为改造整个农业经济系统建立了起点。"[16]另一方面,民国时期通过办农赈认识到:

> 中国农人富有合作的情绪,他们都是诚实无欺的良民,这次借款到期归还,是一个表征,略加训练,他们亦有组织的能力。当领袖的都能负责,不轻视他们的责任。至于钱的用途,他们宜能斟酌适宜,应将有限的力量用于有效的途径。对于他们有益的运动,他们是竭诚接受,而能感觉到深刻的兴趣。[17]

在以农业立国的中国,农赈是积极救灾并发展救灾事业的重要举措之一,也是发展农业生产的重要途径。农赈措施可谓多种多样,上面所提到的农民合作社是重要形式之一。对于具体措施,有学者指出灾后及时补救种植农作物不至于延误生产与收成。以民国时期沈宗瀚在南京的试验结果为例,在12月及次年3月间播种早熟小麦及春麦,仍可以得到相当的收种,且夏季可以继续种植玉米或黄豆,冬季改种荞麦等作物。沈宗瀚通过实验得出冬小麦不宜于迟种,各地气候土壤及他环境不同,适宜的"迟种小麦品种"亦随之而异,各地宜进行品种播种期试验,决定最适宜于当地播种的品种,以备灾后种麦误期的补救。如我国西北春旱时期必须等下雨之后才能下种,农民常以高粱播种太迟而改种植粟,种粟太迟而种豆类,农作物经济收入以高粱、粟等较佳。[18]

此外,仓储制度是民国时期又一救荒制度。仓储制度在我国施行甚早,但在有的朝代有所废除,自经仓储制度废除的朝代,每遇灾荒之年则民不得食,丰收则谷贱伤农,有学者认为原因在于

"奸商从中操纵并坐收渔利,缺乏一种国家之仓储制度之设置,米价失去调整之关键"。[19]因此应当有一种合作仓库制度,使生产者和消费者之间得以沟通,所生产能自享其利以此发展农民农村经济,仓储制度不仅有救灾救荒的作用,更有平抑物价的功效。农民仓库在民国时期历年被政府极力提倡,并三令五申各省推行,有学者指出农民仓库这种做法"考其所以采行此法之意,不外乎抄袭古代旧制"。[20]刘秉仁总结了古代常用旱荒预防政策,如常平仓依官府的财力买卖米谷以平均市场上的价格为目的,而义仓、社仓则全以预备凶荒为其本来目的,义仓则依据富者的义捐或特别税收进米谷,由官府代为管理,在交通方便的地方设置仓库贮存,待有必要之时便散出以赈济贫民。社仓是多数人民任意的结合,按其身份凑出适当的米谷,即贮藏于所居住的村庄,由设立者公举管理人以自治的方法处理事务。然而,青苗法则是政府在麦粟下种时借钱给农民,将来不还本钱,只要在麦粟收成时,把麦粟交纳给政府,而稍加利息。以上四种救荒策略均是古代救荒常用之策,在灾荒发生后解燃眉之急。[21]民国时期的仓储制度是中国传统仓库制度的继承和发展,是对中国传统救灾思想的继承。

在大力推行仓储制度、农赈、移民垦殖的同时,在西方科学思潮传播的影响下,民国时期对救灾人才储备尤为重视。由于中国农民多墨守成规,在农事上不仅缺乏改良创新之道,并且听天收成,当风调雨顺则五谷丰登。反之,时雨不来,饥馑立至。因此,有学者指出防灾教育在民国时期有重要的现实意义,有必要将防灾教育输入到农村并使农民知天气常识以适应天时,且防灾教育需宣传防灾方法,农民还需掌握防灾的要害,需利用科学方法防止旱灾,我国常用的方法是灌溉,要防止旱灾水利首须注意。

就人才储备的具体情况而言,当时已按照各水利区经济的总体情况与总务的繁简状况,经费的多寡和培养人才的数量在首都设立水利学院,以分科讲授的方式培养人才,水利人才的培养可以促使水利的技术化发展。从某方面来说,治水是纯粹的技术,倘若不凭借科学的原理来设计,其结果必然发生谬误,酿成大错,挽回不及。自古以来,我国治水先哲对于水性、流势、防洪、筑堤诸多方面曾有深入研究并著书立说,其精辟之处与欧美专家相比较而言虽不相上下。但从测量技术来讲,正如朱墉所言:

> 往往大地之高碑、远近、广狭差数等均不能切实明瞭,相互比较,但凭想象难以推测事实,因此相关研究有失空虚之嫌疑。且数理方面未能够精确,无从谈起伟大建筑并以资控制,无巨量之输机以备疏浚,故一遇到洪水便束手无策,如若建筑之前有详细缜密的计量测算,则以上问题便只是一技术问题。[22]

(二)对防灾减灾措施的讨论

考究中国治水之法,由于古代地广人稀,故而对于治河主要采取疏导政策,但由于人口与经济的发展,乃至于民国时期对于治河的疏导政策已不能满足治水需求,故采取提防兼施之策,辅之以保安林等措施。有学者提出治河工程应以国家为前提,而勿以省界贻害公益,治河机关与治河工程均应由中央直接济以事项,有必要建设永久的治河工程机关,治河的方法与将来的建筑工程均应以国家为整体全局考虑,依照山川河流地形等自然条件而治理并发展建设,从而突破省界的行政区域划分。在财政方面,有学者支持一切规划书等事皆应当作国事办理,不能当做省事办理,至于国内若干年中雨水及国内山川形势,在治河之前皆当详细调查研究,并测验所之建设与利益。中国自古治河全拘于省界之见,省界区域非因山川形势而分,均约略为规定,考究河流筹划使水平线降低及疏通河道的方法,不能以省界分区域而治理河流,各省疆界毗连纵横交错,大的河流牵涉到诸多省份。因此,需要各省界之间总体规划治河方案。[23]

南京国民政府已关注到支河区域的治理,小支河区域不存在河道淤塞的祸患,水道相通。从自然条件来看,可以说无水灾之患。而民国当时的情形却是水草茂盛蔓延,多处淤塞缺坏。如果遇到较大水流,不能流向应行之道,故造成泛滥以至于形成小湖,因此田和庄稼淹没,沼泽增多,生长芦苇水草。故对于干支流域的治理,有学者曾指出当时或将来的主要工作在于河道修理疏浚勿使其淤塞。所有小河道均应修理勿使淤塞,并挖直水道,使之可以流通,河堤也需修理坚固,出海之道需及时建筑。[24]我国治水首推大禹,《史记》中对禹受命治水的经过有详细记载:

> 当帝尧之时,洪水滔天,……。尧求能治水者,群臣皆曰'禹可'。于是用尧治水,九年而水不息,功用不成,……。舜登用行事禹之治水无状,乃死于羽山,举尧子禹而使继续之业。禹乃遂兴益后稷奉帝命,命诸侯百姓兴人徒以傅土,行山表木,定高山大川。禹伤先人尧功之不成受诛,乃劳身焦思,居外十三年,过家门不敢入,左准绳右规矩。载四时已开九州,通九道坡九则度九山。[25]

我国历史上不乏行之有效的治河方法,尧舜禹时期洪水曾得到有效治理,而我们需反思在科学如此发达的今日为何洪水依然如此泛滥?正如孟子所言:"禹疏九河"[26],"禹之行水也,行其所无事也"[27],"禹之治水,之水道也,是故禹以四海为壑"[28]。由此可见,早在大禹时代就已经开始用疏的方法来治河。有学者曾对此做过专门总结,我国历史上治河大致有十种之多,主要包括填塞法、顺自然疏导法、分水法、堤防法、人工湖泊法、堤防束水法、裁湾塞枝法、治河口法及植林法等。郑德坤认为前6种方法用处不大可以不提,他很看好后4种方法,并认为后3种方法各有各的效用,适当的组合运用很有希望把数千年常决堤的河流治好。[29]

综上分析,笔者认为,前面6种治河与防河的方法曾在历史上治河防河中发挥了重要作用。然而,由于自然科学、经济等方面发展的历史局限,这几种方法在防河与治河过程中发挥的作用必定有限。因此,需对我国历史上治河方略加以辩证地看待与思考,而不能简单的、绝对化的持否定或肯定态度。对于河防与水利的根本办法,除充足经费之外,还需要有整体的治水与河防规划。此外,如人才的培养及事权的集中也不能有所忽视。考究民国时期一系列水灾报告后发现,其都遵循事物发展的逻辑顺序与自然规律,从调查水灾的发生开始,分析水灾的成因,并对当时水灾救济的实际情况进行考察并评述,进而提出救济对策。

需要提及的是,南京国民政府时期灌溉面积最广的民生渠工程成效甚微,民生渠的建设过程中起初只是以工代赈,虽知地势西高东低,但详细地形并未加以测量。有学者指出民生渠成效甚微的原因在于没有长远规划,未能测量地形并缺乏水文记载,缺乏详细的实践考察和测量。各项民生渠工程未能以科学测量与实地考察作为工程设计的根据,因而工程完成后均不能充分利用以达到灌溉目的。[30]从1930年、1933年、1935年水灾救济中得知,如防汛、抢险等工作缺乏全局性思考。因而,可以说南京国民政府时期水利机关对于河防与水利所采取的措施只是局部的、治标措施,虽然也有治本之策,如改进引水工程、增固干渠、减少淤积、改进排水工程等措施,但这些工程均未建立在科学的测量与规划上,缺乏对土壤、地形地貌的研究。正因为如此,在诸多水利建设问题出现后,对中国水道的详细科学考察引起了政府及学界的广泛关注,开始有河道及相关治河方略的考察,一方面是对历史上治河方法的研究与总结,如沈怡对历代治河方法的研究与总结、武同举的河史述要、陈泽荣对中国古代灌溉成绩的总结、对 1931 年水利行政的概述与评价、姚士熬对近 50 年来中国水利的总结等一列相关的研究与评价。另一方面则是对中国水道的实地考察,包括对白河之导源、白河之干流、黑河之名称及流经、汤河之有无及源流、白马河名称之源委、汝水之变迁、南汝水之导源及名称、南汝水之流经及支流、洪河之源流等相关内容的详细考察记录,主要内容涉及全国各大河流的导源、干流、支流、流经方向及名称等诸多内容。

民国时期政府及国内各界人士在关注治河的同时,已逐步认识到灌溉事业的重要,改良灌溉不仅可以防灾减灾,同时还可以促使生产费用减少,防病虫害,增加农作物产量并提高作物产品质量,更进一步还可以改良土质,维持土质肥沃并促进农民合作事业的发展。[31]因此,建立在对灌溉事业新的认识上,新式灌溉工程次第兴办,如绥远的蓬托民生渠工程、陕西泾惠渠工程、福建莲柄港抽水机灌溉工程,山东黄河沿岸虹吸管灌溉工程等,这些灌溉工程成绩显著,防灾减灾取得了很大成效。

在具体的救灾措施方面,河防、水利与林业三者之间息息相关,谈及河防与水利时,林业措施不可回避。在一定程度上,林业措施对河防与水利措施的实施有直接的促进或阻碍作用。据民国学者相关研究可知,在南京国民政府数十年的努力下,林政设施较北洋政府时期有显著提高,造林工作可谓有很大进展,主要体现在林业政策的制定,林业行政系统的整理、森林法规的颁布等诸多方面。[32]南京国民政府为了复兴中国林业,除前农矿部所定政策之

外,还规定:

（一）江河水源、海岸沙滩及其他有关社会安定的区域,应规定为保安林;（二）政府应切实整理原有国有林场,并于相当地点建造国有林;（三）政府当以全力谋公私森林之发展,尤需注意于村有林、民有林及林业合作社之保护、奖励、指导及监督等,切实推行,从速实现外,对于民有林之发展,尤非以全力赴之不可。[33]

蔡斌咸指出,为了使上述政策得以落实,南京国民政府还采取具体复兴林业的措施,不仅利用农业固有的组织去提倡民有林,还利用私荒举行公私合作造林或实行代办林。[34]在具体种植技术方面则采取多角形林业的办法来扩展林业的种植品种与各种用途,不仅可以直接推动造林的发展以至于达到对灾害预防的目的,还可以间接地增加农民收入。多角形林业,通俗的讲,就是提倡将造林向多用途、多元化的路径发展,如提倡将山林一部分培植栗、柿、胡桃、柑橘、枇杷、梨、桃、梅、杏、葡萄及其他果树林;还提倡可以将山林栽桑及林间养蚕;提倡栽植油桐、乌桕、油茶、漆树、女贞等具有特殊用途的树木;提倡种植竹林、茶园等;提倡种植山林间混牧马牛羊鸡鸭豚等家畜家禽;提倡山林栽植药用植物;提倡利用林产物制造各项日用品、美术品及儿童玩具等;提倡利用山川形式以吸引游客,发展旅游业;提倡利用山林溪涧筑堤养鱼,即发展养殖业;提倡利用山林养蜂取蜜等。[35]

此外,畜牧业在某种程度上对防旱救灾有推动作用,有学者对畜牧的利益、牧场的设置及喂养方法做过专门讨论,将中国的畜牧与西方进行对比发现,畜牧利益之所在,应当以人事为重。牧场的建立,需先选择草种。[36]由于当时我国产生的草种不足以为饲养之用,因此需借助他国草种的优势进行试种,数年之后推广甚远,畜牧不仅可以增加牧民的收入或利益,还可以起到防灾的效果,美化环境。

在笔者看来,南京国民政府时期之所以林业取得如此成就,很关键的一点则在于国民党政府对造林的认识提高到了新的层次,思想认识与觉悟有明显提高。国民政府将造林运动列为党员七项工作之一,蒋介石更主张人民服公役时应从事造林事业,这也足以说明蒋介石的爱林思想及将造林运动普及于全体民众的愿望。南京国民政府力行各种政策的执行,从多角林的提倡来看,不仅对造林的认知已经达到了很高的程度,并且从具体的发展内容来说,提倡的多角林已经涉及农民生活的方方面面,如饲养家畜、鼓励养殖业、开发旅游业、种桑养蚕、种植果树林等,即使这些政策以当代的标准衡量,已经相当全面且科学,造林优势得以充分发挥,这足以见得南京国民政府对造林的重视并说明取得的成就。

需要提及的是,南京国民政府时期已经用人工降雨的方式来缓解干旱。正如上文所述,民国时期对于植树造林事业的推行不遗余力,社会人士众口一词认为如能实行植树造林政策则旱灾必可无忧。然而,有学者曾就植树造林和人造雨这两种防旱救旱政策论述,得出的结论截然相反,即从科学与经济的角度出发,人造雨均无救旱的可能,并且通过进一步论证说明森林对雨量的影响虽已经过数百年的讨论,但至今还没有确实的研究证据表明森林对于雨量的影响关系。另一方面,有学者通过对旱灾成因的研究进一步分析指出,不能免于干旱而只能救灾,要想使干旱不酿成灾荒均需要发达灌溉事业,提高旱耕技术与推行杂耕制度。[37]因而,防灾技术的提高、科技的广泛应用也是防灾救灾的主要措施之一。由于西方近代科学思潮的传播,以及科学技术逐步推广,防灾救灾技术较之于传统救灾措施进一步提高。以耕作技术与防旱技术为例,旱地耕作法对于防旱救灾有很大的促进作用,当时已对旱地耕作方法有系统讨论,如旱地在世界所占位置、旱地耕作法的条件、水量与收成之间的关系、旱地耕种的土壤等。[38]防旱耕作法的普及与推广在很大程度上增加了粮食产量并大力促进了防旱救灾工作的展开。就具体旱耕技术而言,旱耕技术所应用的农业技术可以分为 8 种,主要有压土法、松土或中耕法、地面覆盖法、除草、深耕、排水法、种植抗旱品种及休耕制度。然而,压土、松土、地面覆盖及除草等旱耕技术在我国早已有之,其他旱耕技术还未曾有之或很少出现,但在美国等其他国家则相当常见。

另一方面,旱耕技术的改进体现在耕种农作物物种方面,一般选择具有抗旱能力的农作物耕种,这样农作物所需水量减少,并且生长周期短。以此看来:

> 防旱教育应尽量普及农村,干旱未至便已有防旱之准备,遭逢干旱亦得不伤害谷物,农民之经济免于崩溃,灾黎无有,民咸乐业,臻于斯境,实有赖于防灾教育之实施。[39]

可以说,这在某种程度上称之为杂耕制度,杂耕制度之所以能防旱在于各农作物与雨量的关系或程度各有不同,且各农作物所需雨量的时期各有不同,各种作物虽同在个别之严重时期缺乏雨量,然作物之歉收程度有不同,因此对于各种作物的特性及雨量的多寡选择不同的作物进行耕种,有利于防旱并防灾。[40]

此外,已有学者在救荒政策与措施中建议心理治疗。众所周之,民国时期很多地区的人民苦于鸦片,凡吸鸦片者无不身体虚弱,心智消磨,精神颓废,有学者义正言辞地指出:

> 一个民族、一个国家的人民竟是如此的身体虚弱精神颓

废何谈民族复兴与国家强大?[41]

因此,有学者指出应加强民众心理方面的建设,在特定的环境下,当下的任务是禁止鸦片。蒋介石先生曾一度禁烟,亲自入四川考察民情,禁烟雷厉风行,但当蒋介石先生走之后,则禁烟政策均没有得到有力的贯彻执行,禁烟政策分期分区禁绝,但所定最后禁烟地区大多为产烟最多的县市。

(三)对救灾费用与救灾基金来源的讨论

民国时期水利经费来源不一,有中央政府拨发的经费,同时也有省县政府的经费来源,有按照田亩的数量来抽捐,也有商人团体临时筹设水利经费,其事权虽明确,但费用款项却难以如其拨付或筹集,妨碍了救灾与水利工作如其进行,更何谈积极主动的开展防灾减灾。在水政统一之后,规定水利经费中央地方按成分担,随时拨付经费,不得挪作他用,以专款专用。

李仪祉先生指出欲从根本上治理黄河,则需要黄河流域居民小康生活若干年,然后才得以从容实施。[42]同时,他提议只要政府每年肯拿出 500 万元办理河防,若当年不发生险情,就把余款存起来,作为日后治河经费;不出几年,治黄肯定会有足够的经费和办法。李先生的提议在今天看来并不算苛刻,很合乎实际,乃在合情理之中。但民国政府当局,只是听听而已,并未实施。张仲伊认为可以将当时发行的航空公路奖券建设费,挪用一部分来作为治理黄河费用。[43]林景亮在论述防旱重于救灾时提到,有些县长不管灾象到什么程度,总是打电话请求放赈或拨用积谷,以拯救生活的恐慌,这些固然是救灾的办法,但不是根本办法。针对此种情况,他曾发表许多意见积极主张募款救灾、以工代赈、办理平籴、移民就食等。[44]

救灾工作只能救一时之急，而不能防患于永久，因此防灾重于救灾。对于防灾方案，赈务委员会会同财政部、内务部、实业部等有关部门商讨，拟定水利、造林、凿井、垦荒、积谷等项办法以备政府采纳。与此同时，有学者提出此种办法数年前已有讨论，且一部分工作已有实施，但成效甚微。因此，针对如此现实，当时已提出增加救济准备金并改善其制度，并筹设农业气象灾害保险制度来从根本上预防灾害。从现实情况与经济情形出发，有学者提出设立救灾基金，如设立救灾准备金，当灾患发生时毋庸急举公债或行捐募，或当募债完成，灾患已有恶化发展趋势，救灾贵在救急，救灾基金成立有系统防灾的作用，救灾基金可以在：

> 旱荒之前得先事灌溉与防旱工事，则旱灾减少，旱灾即形，赈务即施。民无饥馑，是以救灾基金之设置。[45]

救灾基金的设立不仅可以作为防灾计划，也可奠定民生之道。

关于设立救灾准备金的想法，有学者表示肯定。其救灾准备金制度始于 1930 年 10 月，国民政府救灾准备金法中已公布具体办法，即规定民国政府每年应在经常预算收入总额内，支出 1% 为中央救灾准备金，当积满 5000 万元后需停止。同时也规定省政府每年应由经常费用预算收入总额内支出 2% 为省救灾准备金，以人口为比例，每百万人口积存达 20 万元时需停止此项支出。事实上，除中央救灾准备金已于 1936 年国家预算分类列表 200 万元外，地方政府因限于财力救灾准备金多未列入预算。有学者就我国救灾准备金的多少与印度对比并指出，我国救灾准备金与印度每年 100 万镑相差甚远，印度人口是中国的 3/4，但印度救灾准备金则相当于我国的 8 倍之多。因此，提议民国政府应认识到救灾准备金的重要性,设法增加数额至每年 1000 万元。[46]

南京国民政府时期中央准备金完全充作救灾费用,如没有灾害发生则款项积存。然而,有学者指出此种办法欠妥当,应借鉴印度准备金的运用方法使准备金变为每年经常支出,用以兴修水利及发达交通及防灾工作,当灾害发生之时,则用以救灾。就省际救灾准备金的运用来说,依照现行救灾准备金每省需筹设救灾准备金,由于省级财政乏力而无法实施,因此有学者指出可以应用保险原理将各省准备金如数交付中央运用,一省有灾,可动用他省准备金以备急用。[47]

筹设救灾基金的另一办法可谓灾害保险制度。农业灾害可通过保险的方式予以解决,农业保险为农业政策的主要环节,其目的是保障从事农业生产者的安全。由于:

> 农业乃薄利企业,且易受自然力之支配,遭遇风险,亦较其他企业为甚,一旦遭遇自然力之侵袭,往往非人力所可抗。[48]

民国时期已有多种农业保险事业,其范围之广,种类之多,如农业火灾保险(如农林火灾保险、农仓火灾保险、农业建筑物及器材保险等项)、农业气象保险(如水灾保险、旱灾保险、风灾保险、雹灾保险、霜灾保险、雪灾保险等)、病虫害保险、农业家畜保险、农业运输保险、兵灾保险等。

以农业气象灾害保险制度为例,农业气象灾害保险以农业者为保险对象,偶然因农业气象的变动所发生的损害可由被同种气象损害之可能的同一农业者分担损失,以此减轻或免除该当事者的损失,农家气象灾害一经证实,即给予赔偿,使受灾农民得以继续安心从事农业生产。农业灾害保险制度相对于放赈更有利于国民经济的发展。其实中国社仓制度颇类似于农业灾害保险制度，有学者建议应当设法利用此种制度取其精华，扩其适用范围并规定体制，将其制定为救灾法规以确立我国农业气象灾害保险制度。[49]这里需要强调的是，救灾准备金及农业灾害保险制度都曾对农业灾害起到一定的救助与预防作用，在此基础上还需采取移民垦荒、管理粮食、实行积谷、改良耕作技术与制度、兴修农田水利、改善农村经济、扩大造林与保林及加强农业气象调查之研究等诸多政策。

　　较之于传统救荒制度而言，民国时期的灾害应对机制很大程度上吸收他国救灾经验与先进科学研究成果以弥补国内之不足，当时诸多国内学者积极翻译或借鉴有关国外科学研究成果。以葛绥成先生为例，他考察研究世界各国水利现状，如美国、加拿大、日本、英国、德国、澳大利亚、法国、意大利、西班牙、挪威、奥地利、瑞士等国家，对欧美发达国家水利以全面介绍在当时堪称典范，他曾在《河防原理与实例》一文中引证美国密西西比河、澳大利亚的无潮河、德国的潮河、法国的潮河等相关治河实例，以此来说明河防原理。由此可以推断，民国时期的治河、防河措施不仅有科学化的趋势，并且具体措施及相关实践的科学化治河已经得到实施，至于在科学化河防过程中存在的诸多问题是任何一个国家或区域在治河过程中都不可避免的，只是或多或少的问题，而最为关键的是民国时期已经迈出了这可贵的第一步，至于具体存在的问题还需要以发展的眼光对待。

　　民国时期不仅关注发达国家的先进科学经验，如治河、河防、防旱、救灾等措施，并且关注发展中国家的救灾政策，如印度等国家。印度之前的救荒政策很不发达，其原因首先在于种族、语言、宗教极为复杂，等级制度尤其严酷，所以种族和社会都很难共同合作于公益事业,并且印度的政治结构十分纷乱,自古以来印度除莫卧尔帝国时期,稍有统一的国家形式外其余时候都各自为政;其次,英国政府在对印度统治时期所采取的救灾政策是一种救人主义,不是防旱主义。民国时期曾有学者对印度的救灾体系进行了系统概括与评价,认为印度已在 1876 年之后逐步创立饥馑保险基金,并采取了一系列救灾保险法办,如农业现金贷款。从组织机构来看,成立了印度人民赈灾基金委员会,并颁布了一系列政府赈灾法规。[50]

由于科学及近代工业的发展,污水的排放更容易造成环境的污染及生态系统破坏,可以说这是造成灾害新的因素之一,或者说是新的灾害种类。而对于这种新种类的灾害来说,预防或治理措施尤为重要,民国时期已经开展对污水清理的研究,主要是介绍他国污水处理方法,主要包括稀释法、灌溉法、化学沉淀法、滤过法、消化法、活泥清理等方法。[51]就当代科学技术而言,西方国家这些处理污水的方法已经相当成熟。民国时期还较少存在由于污水而造成的环境污染或生态破坏,但有学者已经意识到工业化、科学化已是大势所趋,而在这种时代潮流的发展下所造成的污水处理已经或者将要成为一个新的灾害或社会问题,这从一个侧面反映了民国时期已具有超前的眼光与敏锐的洞察力。

民国时期学者对救灾对策的讨论是民国时期救灾思想的重要内容之一,综上所述,无论是对救灾程序、救灾组织机构及救灾机制的讨论,还是对减灾防灾的讨论,已建立了完善的救灾体制与机制。无论是北洋政府还是南京国民政府,抑或是抗日边区政府,都十分重视灾荒之应对,且注重救灾实践,至于救灾思想对救灾实践的影响,后面将详细论述。需要说明的是,此部分出现了"灾害应对机制"与"灾荒应对机制"不同的提法,由于民国时期灾害必然造成灾荒的发生,灾荒与灾害相伴随而发生,有灾必有荒,似孪生姐妹,因此表述的不同只是为了语境表达的需要,且在内涵方面则大致相同,可以说,民国时期的灾害应对机制必然是灾荒应对机制。然而,对于现代社会来说,灾害的发生未必造成灾荒,由于救灾物资充足乃至于经济发达,以至于灾害应对机制的建立健全,"灾荒应对机制"或许已成为历史,而"灾害应对机制"则是历史语境下对社会现实的真实反映。

第二节　民国时期代表性人物的救灾思想

民国时期重要代表人物的救灾思想一定程度上代表着民国时期救灾思想的整体发展方向,这也是民国时期救灾思想重要内容之一,如熊希龄、孙中山、蒋介石、章元善、邓拓等人的救灾思想,直接体现着时代特色。

一、熊希龄的救灾思想

纵观熊希龄一生经历,热爱祖国热爱民族的浩然正气无不贯穿一生,他毕其一生精力致力于国计民生事业,唯以服务社会、办理赈济、教育和慈善事业为毕生的夙愿与追求。1917年熊希龄先生被任命为京畿水灾河工善后事宜处督办,治理水灾河工。1918年,熊希龄先生在香山静宜园设立慈幼院,收容水灾后无家可归的儿童。熊希龄自从督办京畿水灾河工善后事宜之后,一直历任各种社会救济、慈善福利和教育事业等机构职务,如"顺直水利委员会会长、天津红十字会名誉会董、中华慈善团体全国联合会临时主任、中华教育改进社社长、日灾筹赈会会长、湘灾筹赈会名誉会长、永定河工督办、北五省赈灾委员、陕甘赈灾委员、全国赈务委员、世界红万字会中华总会会长、组华南救济队赴闽、浙救济难民、赴爪哇出席国际禁贩妇孺会议。此外,他还曾倡办湖南义赈会、临时妇孺救济会、与西人合办华洋义赈会、赞助西伯利亚大饥国际赈灾等。"[52]从熊希龄先生一生所担任的主要职务来看,主要从事赈灾、慈善、教育等福利事业。熊希龄先生以自身的才学从事赈灾活动,积累了丰富的救灾实践经验。可以说,熊希龄从事各赈灾活动为其救灾思想奠定了实践基础。

熊希龄在任职各种职务之时,对如何赈灾等均有论述,主要刊登在《东三省移民开垦意见书》、《顺直河道改善建议书》、《香山慈幼院发展史》、《香山慈幼院创办史》、《满洲实业》、《京畿水灾善后纪实》、《经济河工善后纪实》等。这一时期的救灾思想主要是针对具体赈灾事宜发表看法或主张,未能完整论述救灾思想体系。如对赈务次序的论述,熊希龄认为旱灾与水灾救济虽不同,但救灾次序大致相同,即急赈、冬赈、春赈。他依次定义为:

> 一曰急赈,灾象既成,工商停业,人民无所得食,必有极贫断炊之家不能待,详细调查而即先施钱米以救其危迫者,名为急赈。二曰冬赈,急赈仅延旦夕,而秋尽冬初,工作无望,农民存粮皆罄,非赈不活,此时调查户口详册亦可告竣,故旧例按照被灾户数分别人口大小,极贫、次贫施以银米多寡,令其得度三冬者,名为冬赈。三曰春赈,冬赈即过,春麦未收,青黄不接之时,尚有生计艰难,不得不救人救彻资其接济者,名为春赈。[53]

对于救灾组织程序与机构,熊希龄就任督办京畿河工善后事宜之时,北京政府已经发文"督办京畿一代水灾河工善后事宜处编制简章",这说明在北京政府时期已经就查灾、查赈、施衣、防疫各事项安排专门人员负责,并酌定地段分驻各处办理。具体事务主要包括筹划灾区赈济,考核灾区员司职务,筹划灾区善后生计,赈务采运,灾区卫生防疫等。对于治河事宜,当时已经实施聘用中外专家或工程师治理,并另设委员会制定章程。值得一提的是,当时已经设有专门机构,即"编译股",负责翻译西方治理河工技术、自然灾害救助理念、方法以及接待国际救助援助。[54]

对于筹赈方式与赈灾措施,熊希龄将北京政府时期的赈款收放曾专门致电各省财政厅中国银行、交通银行代收募捐赈款。[55]熊希龄在处理京畿水灾善后事宜时,曾撰文为京畿水灾募赈。他将京畿水灾筹办赈务情形以文书形式向冯国璋汇报,内容如下:

> 委托士绅筹办冬春两赈,筹拨经费修复官民堤埝,"查直隶被灾之区,所有官民堤埝,应赶图修复,以备春耕。"筹设利银号及收买布泥以宽灾民生计,筹设慈幼局以免婴孩被弃,筹办平粜及接济煤斤以资室家生活,设河工讨论会以求标本兼治。[56]

熊希龄建议采取民间义赈、慈幼局、平粜救济、借贷、促进生产、河工事宜等6种办法救济水灾,从采用的救助方式来看,除了一般的应急救助方式之外,还采用积极的救助方式,如借贷帮助官民恢复春耕生产,修复官民堤埝以促进生产,讨论河工事宜以求达到标本兼治。

熊希龄在退出政界后,以社会名流的身份继续致力于修治水利、赈济灾黎、举办慈幼院等社会福利事业,对国计民生十分关注。可以说,晚年是熊希龄救灾思想的成熟时期,主要体现在他对1931年水灾救济意见书当中。熊希龄认为,1931年的水灾救灾应将分工合作贯穿于整个治河过程中,应当注意中央与地方的责权,他主张权责明确,相互监督,这是熊希龄救灾思想的集中体现之一。熊希龄主张从灾情出发,以民生为本,积极利用各种社会资源和有利救灾局势,这些都体现了熊希龄先生强烈的民生保障思想。他还明确了政府的救荒责任,将政府作为救荒的责任主体,而将慈善救助作为辅助救助主体,即"以上三赈(急赈、冬赈、春赈)重在普及,款亦甚巨,非政府不能担当。而各种慈善团体只可办理杂赈,以辅政府之所不及,于以上普及之三赈,力恐未逮也。所谓杂赈者,即平粜局、因利局、义当、留养所、粥厂、籽种借贷所、牲畜保留所之类"。[57]在1931年水灾救济中,熊希龄先生认为只有责任明确,才能收到比较好的救灾效果,具体包括明确中央与地方救灾责任,政府与慈善团体的救灾责任等。

> 今年各省水灾,中央既设水灾救济会,各省有设分会,此合议制之不免于稽延,故为迅速救赈原则之障碍。而中央与各省权限莫名,事业不分,将来必有互相推诿,互相争执,互相归咎之弊。而嗷嗷待哺之灾民,无形中空受其害矣。愚以为中央地方亟宜分别权限,划明事业。凡关于重大工赈,运输赈品,减名税费,分配赈款,办理平粜,劝募赈捐,筹划方略,均由中央负责。凡关于散放冬春各赈,修理官民各堤,以及一切杂赈,均由地方负责;其有地方赈工两费不足者,可由中央加以补助,但须由中央派员前往监视散放,以收实惠及民之效。[58]

熊希龄对中央与地方、政府与民间责任的此番论述,无不表明责权明确的救灾思想,并明确指出中央与地方的具体救灾职责。熊希龄先生的救灾思想主要体现在分工合作与权责明确、分任杂赈及注重工赈等方面,下面逐一讨论。

熊希龄先生的救灾分工合作思想,主要体现在如下几个方面:

其一,表现在救济机构独立,由中央直接负责,中央与地方政府责权明确。如 1917 年河北水灾,在熊希龄的建议与主张之下:

> 政府特设督办付以全权,省长居于辅助地位,一切赈费、公费均由中央筹拨,交通运输,财官免税,以及惩办官吏,督办皆有权能可以处理。故其运用灵活,布施周密,六百万灾民无有冻饿者,即此行政机关单独制之能收效果也。[59]

此后他在 1931 年水灾救济中也主张采用此方法,以免地方与中央政府相互推诿。他主张:

> 中央政府与地方政府分权,划明事业,凡关于重大工赈,运输赈品,减名税费,分配赈款,办理平粜,劝募赈捐,筹划方略,均由中央负责。凡关于散放冬春各赈,修理官民各堤,以及一切杂赈,均由地方负责;其有地方赈工两费不足者,可由中央加以补助,但须由中央派员前往监视散放,以收实惠及民之效。[60]

其二,因为 1931 年水灾面积过大,中央政府没有足够的专业人才可用,熊希龄针对如此情况提出适合灾情的救灾办法,即各专业人员相互分工合作。熊希龄先生建议:

> 督办处提出赈款一百万元,委托顺直助赈局散放冬赈,五十万元委托顺直义赈局散放春赈。由督办处分派查赈委员,随同该局前往灾区,以审核灾情之轻重,继则分派监赈委员会同监放,以查明赈款之有无流弊。而又恐以上两委员之或有殉情忘职者,则呈请总统特派监督大员,以防查所派委员之是否尽职,是督办处虽经提放赈款一百五十万元,实则并未直接经受一文之散放也。[61]

他首先主张助赈局散放冬赈,义赈局散放春赈,将冬赈与春赈分别由不同政府机构实施,可以防治同一赈灾机构权限过大,出现渎职腐败等现象;其次又由督办处分派查赈委员会随同查赈,主要审核灾情之轻重。再派监赈委员会监督,主要目的在于监督赈款有无流弊。他还主张呈请总统特派督察大员,以防所派查赈委员会与监赈委员会是否尽职。由此可见,他的建议既解决了中央专业人才不足的问题,同时也使各地方赈济人员在灾害救济中发挥了作用,也防治官员之间的不负责任及渎职现象,相互监督,权责明确。

其三,熊希龄分工合作的救灾思想还体现在对河工问题的处理方面。熊希龄对河工问题的处理类似于查赈施赈的处理,注意各个部门的权力与义务,权责明确,相互监督,充分体现了分工合作思想。1931 年水灾之时,相关治河技术人员十分缺乏,必须沿用旧日有经验的河工人员,但担心旧日河工将以前不好的积弊沿袭。因此,当时有关机构(河工局)在呈送估计所需人力预算表册之时,先派五大河筹勘宣防委员会长,带同各委员前往各河审查所需人力预算及应行修复河流建筑的花费,待估算既定后再行拨款。同时又派监视工程与验收工程的委员,以监督工程是否核实无弊。待到抢险之时,又派监防委员会以查各河委员是否尽职,有舞弊或不得力者随时严惩,以儆效尤。

> 然当时所派监督各工之委员长,均为军人,随同练习之佐员,均为南方海河工程学校及山东工程局的学生,能吃苦耐劳,破除情面,较其他官吏为尽责任也。这正是当时河北水灾河工成功经验所在。[62]

分任杂赈是熊希龄先生又一重要救灾思想。熊希龄针对1931 年水灾灾区广泛、灾民众多的特点,认为"分任杂赈"可以起到很好的灾害救济效果。如果仅依靠中央财力拨款，很难满足赈灾所需大量费用，而工赈仅需壮丁，灾后农业生产也需兼顾。他主持 1917 年河北水灾救济时，鼓励各种社会募捐及提倡其他赈济措施，当时"中央拨款不过二百四十余万元，而各县自力筹办杂赈、各善团义赈之数，亦达二百余万元，"[63]这足以见分任杂赈的赈灾效率。当时分任杂赈举措约为 9 项，即平粜、赈煤、贷款、义当、贷种、保牛、老弱留养、粥厂及义赈。杂赈分别涉及生活的方方面面，包括灾后粮食、燃料、日用商品买卖、贷款、农业生产、老弱救助、难民救助、慈善救助等各方面，这说明"分任杂赈"充分发挥了各个方面的救助措施与社会各阶层的合力，在特殊年代也通过救灾达到凝聚人心的作用。

除分工合作与分任杂赈之外，工赈也是熊希龄先生救灾思想的重要体现。北京政府时期，熊希龄曾担任京畿水灾善后处理事宜，已将工赈思想实施于救灾实践并取得良好的救灾实效。而后，熊希龄的工赈救灾思想逐步完善，以 1931 年水灾救济建议最具代表性。熊希龄认为工赈，"只需有款，即可立办"。[64]而对于改良河道的治本问题，则必须经过长时段的测量及多年雨流量记载，方可定周详规划而无流弊。1931 年水灾时，江淮湖河同时溃决，人力与财力均不易解决，其一，熊希龄主张限制修堤，修堤此为治标之计，应饬令各省按照前清规定的限制地段，已溃的堤段暂时不再修筑，如有数亩小农持以为生产，则政府易给官田；如果有稍大地主或给地方公债以交换，依照此方法，亦可得数年之安定，此方法较之于筹拨巨款修堤更容易解决灾民生计。其二，熊希龄主张开浚沟洫，他根据长江下游省份的地理状况，即地势低洼，储水难以排出，故容易造成水灾，然可利用以兴水利，并提出针对性的救济水灾策略。熊希龄依据受灾地区的地理优劣提出了广开网型之沟洫,即可储水之备旱,又可汇水以消水灾,将贫瘠土地可变为肥沃膏地。其三为交换地亩,根据水流、地理位置,以及常年所形成的自然态势,在 1931 年水灾中,江北水灾,自由洪泽各湖之淤淀所致,熊希龄建议:"若以兴化比文安,洪泽各湖比东淀,两相交换,其费既省,民亦安矣。"[65]

熊希龄先生依据灾情的实际情况,以及北京政府时期办赈、筹赈等政策经验以及救灾实践,1931 年水灾救济报告书中所提出的救灾政策中体现了分工合作、分任杂赈及工赈等救灾思想,此外,熊希龄的救灾思想还表现在发行公债及经费应用方面。在赈灾发行公债方面,熊希龄先生认为应以人民的心理预期为标准,他主张赈灾公债的发行依照普通公债发行,不必各为赈灾公债,只需具有确实担保为旨要。在办理赈务机关及人员方面,熊希龄先生主张行政经费与薪水应均由国库项目开支,作为政府行政经费的一项非正常开支,不能让办赈人员徒尽义务,也不可动用民捐,他认为这样方可"恤人情而昭信用"。[66]

此外,熊希龄先生非常提倡鼓励灾害救助的人道观念与义务观念,他认为灾区广大,不能仅靠中央与地方财力与人力,古人曰:"十室之邑,必有忠信","人之欲善,孰不如我"? 熊希龄先生鼓励为受灾之县或村设法奖券或附加捐,或个人捐赠,积少成多,灾民固然可以受实惠,而人民也表示同情互助之心,影响社会道德甚远。[67]熊希龄先生曾坦言:

> 孔教严仁,又曰博施济众;耶教言博爱,又曰爱人如己;佛教言慈悲,又曰普度众生。无论为何教何学,无不以人道为重,则救护同胞,实为吾人之天职。大禹之己饥己溺,即以救人为一己之责任,而负此责任者,必须有悲悯之宗教心,纯洁之天良心,方可以对曰上帝,不可杂有丝毫名利之私念,政治

党争之意见,使数百万灾黎间接受累,饿毙于迟误之中,则其罪更厉于直接之杀人犯也。[68]

由此可见权利义务观念已初见端倪。

然而,在灾荒救济中,熊希龄不仅鼓励号召灾民社会互助,他还自身带着诚挚的感情救济灾民,为灾民请赈,关心灾民疾苦。如他在《为京津灾民请赈至各省督军省长等电》中写道:

> 此时气节已过中秋,转瞬霜风凌紧,灾民露宿野外,单衣褴褛,何以御寒,益以积潦污浊秽气上腾,疫症之兴恐亦难免。嗟我灾黎,何辜至此,想仁人君子闻之,亦同为怜悯者也,希龄督办水灾河工善后事宜,并由大总统特令,拨帑银三十万以资急赈,自当殚竭心力,迅筹救恤。惟是灾黎数百万,颠沛流离,虽幸逃鱼腹之凶,仍难免鸿嗷之苦。车薪杯水,难期遍及。[69]

熊希龄在号召各地督抚救济灾黎,各地官商士庶捐钱捐物同时,也将家中衣物捐奉。正如先生所言:

> 当此财政支绌,何处筹此巨款?惟有奉恳各处官商士庶、仁人君子,量力施助,希龄现就加重所有新旧衣布,由内人暨小女等督率婢仆亲自缝纫,即可得棉衣一百套,捐给难民。[70]

当时还特别规定:

> 凡特捐至二千元以上者,准由本督办呈请特别奖给勋章,余照褒扬条例及义赈奖劝章程办理。其有特捐至数十万元以上者,由本督办历史酌核,分别呈请,特授勋位或褒奖委任职及各升职时,应由国务会议决定等因,用特电达,即祈贵领事商会,传知该处各侨商,一体知照,并祈广为劝募,如有慨捐巨款者,本处当从优请奖,以资鼓励,诸希察照施行,至纫

公谊。[71]

熊希龄的救灾思想明确了中央政府、地方政府、慈善团体等在灾害救济中的主要责任，体现了责权明确的思想，即各部门职责明确，相互监督，中央政府与地方政府责任明确等诸多方面。熊希龄采用官、商、民结合的多种赈灾主体，以至于形成并建立多元化、社会化的救灾备荒体系。在具体救灾方式方面，熊希龄采用煤赈等多种新型救灾措施，这是继晚清之后利用新法开采煤矿以赈济灾民的继续和发展，熊希龄已经将其发展为一种成熟的赈济方式。熊希龄的救灾思想是继晚清救灾思想近代化转型的继续，无论是在政府责任、赈灾主体的多元化、还是赈灾方式的科技化，无不进一步推动着救灾思想的近代化转型，推动着救灾思想走向定性与成熟的发展阶段。

二、孙中山的救灾思想

孙中山先生处在一个承前启后的新时代，面临着国际竞争、外交等许多新的国际环境与问题，国际环境和国内社会问题非常迫切，孙中山先生提出了一系列关于灾害救助、优待优抚、社会福利等社会保障思想，重视农民地权、劳资关系和男女平等的社会问题思想以及不缠足、剪辫、禁婢、变革礼节和讲究城市公共卫生等方面的风俗改良主张等，并且他将中国社会问题纳入到他的"大政治设计"中。孙中山先生认为社会问题的核心是民生问题，他对民生问题有较为经典的解释："民生就是人民的生活——社会的生存，国民的生计，群众的生命。"[72]实质上民生问题的核心是吃饭问题。他在 1894 年上书李鸿章时曾指出：

> 方今伏莽时期，灾荒频见，完善之地已形觅食之艰，凶馑

之区难免流离之祸,是丰年不免于冻馁,而荒年必至于死亡。

孙中山的救灾备荒思想在其社会思想中有所体现,涉及社会生活、社会保障、社会救济等,这是他认识和处理社会问题的重要方面,具有承前启后的特质。

孙中山先生认为灾害是导致灾荒发生的直接原因,然人们对生态环境的破坏以及清政府的腐败是导致灾荒的根本原因,不能不从政治、社会等方面去寻找根源。他曾在一封信中论述到:

> 试观吾邑东南一带之山,秃然不毛,本可植果以收利,蓄木以为薪,而无人兴之。农民只知崭伐,而不知种植,此安得其不胜用耶?[73]

之后,他进一步明确指出水灾日甚严重的原因在于人民采伐木料过多,采伐之后又没有及时补种,导致森林逐年减少。一遇大雨,山上没有森林来吸收并阻止雨水,山上的雨水便马上流到河里,河水泛涨,即成水灾,多种树木是防水灾的治本方法。种植森林也是为了防止旱灾,有了森林,天气中的水量便可以调和,便可以常年下雨,旱灾便可减少。[74]

此外,孙中山先生还阐述了官吏贪污和疫病、粮食缺乏、洪水横流与自然灾害的关系,并认为懒惰和无知在很大程度上也是官吏贪污所致。他明确指出:

> 中国所有一切的灾难只有一个原因,那就是普遍的又是有系统的贪污。这种贪污是产生饥荒、水灾、疫病的主要原因。官吏贪污和疫病、粮食缺乏、洪水横流等等自然灾害间的关系,可能不是明显的,但是它很实在,确有因果关系。这些事情决不是中国的自然状况或气候性质的产物,也不是群众懒惰和无知的后果。坚持这说法,绝不过分。这些事情主要

是官吏贪污的结果。[75]

因此他认为政治制度的变革,即反帝反封建,建立一个贤良的政府是救治灾荒的根本出路,发展新式农业、植树造林、创办实业、治水导河是救荒的具体措施。[76]与此同时,孙中山认为帝国主义的压迫侵略使中国成为世界上最贫弱的国家,也使中国处于国际最低地位。[77]他在《民族主义》中明确指出:

> 前三年中国北方本是大旱,沿京汉、京奉铁路一带饿死的人本来很多,但导航式的牛庄、大连还有很多的豆、麦运出国外。这是什么缘故呢? 就是由于受外国经济的压迫,没有金钱送到外国,所以宁可自己饿死,还要把粮食送到外国去。[78]

实业救灾是孙中山救灾思想的重要内容之一,在《实业计划》第五计划中,孙中山明确阐述了实业救灾的思路。他认为现在科学倡明,无论什么天灾都有办法可以救治:

> 值荒年则多数将陷于贫乏死亡,中国贫民之所以有此悲惨境遇者,由于国内一切事业皆不发达,生产方法不良,工力失去甚多。凡此一切之根本救治,为用外国资本及专门发到工业以图全国民之福利。[79]

孙中山将发展实业与救灾相结合,孙中山实业救灾的另一重要内容则是发展交通运输业,交通发达便可以"以此之丰,济彼之荒"。他针对泰西的情况指出:

> 泰西虽有荒旱之灾,而无饥馑之患,是因为泰西各国虽山僻之区亦行铁轨,固其货物能转输便利,运接灵活,遇一方困乏,四境济之。[80]

就发展实业的本质而言,是在机器生产的基础上建立现代工业,实现中国的工业化,工业化的发展可为救灾提供更多的物质资源和精神动力。

　　水利思想是孙中山救灾思想的重要组成部分,他主张大力发展河运、水运事业,变水患为水利。曾在《实业计划》中提出,有针对性地根据各河流水患的特点,提出通过疏通旧运河,开凿新运河等形成一个大水运系统,将长江、黄河、淮河、珠江连接起来充分发挥江河湖泊防洪、航运、水利的综合作用,使之变水患为水利。孙中山在《实业计划》第四计划部分中阐述了对黄河及其支流的治理与开发,在《实业计划》第二计划中,全面论证了长江流域的治理,如整治扬子江入海口、全线整治干流支流、治理淮河及其他水域治理等。在具体的水利治理过程中,孙中山先生主张遵循自然法则,合理利用水力资源,因地制宜,注重将防灾、航运与环保结合,将治河与水利电力开发结合,各系统统筹谋划,相得益彰。

　　重农思想是孙中山其救灾思想的又一重要内容,他认为只有农业近代化问题彻底解决,由灾害所引起的社会动荡才会消弭,他在《国民政府建国大纲》中明确指出:

> 　　土地之岁收,地价之增益,公地之生产,山林川泽之息,矿产水利之利,皆为地方政府所有,而用以经营地方人民之事业,及育幼、养老、济贫、救灾、医病、与夫种种公共之需。[81]

孙中山倡导依靠近代农业教育和科学技术、农业机械振兴农业,发展农副产品出口贸易,在发展铁路、公路交通运输事业的同时在一定程度上促使工业带动农业、城市带动农村。[82]孙中山曾发表《农功》一文专门介绍西方现代种田方法,科学施用磷、钙、钾等化学肥料就能"反硗确为沃土,化瘠土为良田"。[83]他认为兴办农学必须通晓地学、化学、植物学、动物学、格物学、医学等及农学知识,主张设立农政学堂,建立农业主管机关,加强对农业的管理,此外,还主张使用近代农业机械,实行机械化耕作。[84]

孙中山将救灾问题上升到政治高度,他认为可以通过救灾的彼此援助,增进国与国之间的友谊。在国人对美国红十字会因战争向中国捐款的不理解时,他指出:

> 回忆中国水灾饥馑之秋,彼时灾黎遍野,美国红十字会尝函电汇款数十万元,分发灾区,实行拯救……今日中国之士若能利于输将,倘他时反有所求,美国人士自可触引此之援手,亦必踊跃资助也。[85]

由于孙中山先生深受西方先进教育及科技的影响,在面对国际竞争、政治经济等多种复杂情况下,他提出了在救灾过程中尽可能争取国际援助,这对于从传统社会向现代社会发展变迁,处在历史大变革的中国来说,可谓是一大进步。

孙中山的救灾政策建立在对灾荒成因的全面认识之上,他主张设立专门机构管理救灾事宜,并大力主张兴修水利、植树造林与移民垦荒。1921 年广州军政府即规定内务部第一司掌管救灾、卫生防疫、河海堤防及水利事项,孙中山曾发布十道关于救灾政令,主要包括救灾措施,即教养兼施、工赈并举、就地散赈、设局平粜、急赈、设粥厂等,借款问题,传染病预防法草案等。[86]救灾是孙中山民生主义的重要组成部分,他认为"三民主义就是民有、民治、民享。国家是人民所共有,政治是人民所共管,利益是人民所共享。人民对于国家不只是共产,一切事权都是要公共的。这才是真正的民生主义,就是孔子所希望之大同世界"。在孙中山看来,他的三民主义之归宿是民生主义,而民生主义之目的是为了解决民生问题。

总而言之,孙中山的救灾思想与经济发展、人民幸福、社会安定的民主主义紧密相连,他将灾荒问题与政治、经济制度联系起来,将救灾同国家建设、国富民强相联系,[87]孙中山的救灾思想在其经济思想的背景下产生,与经济思想一脉相承,就其内容而言:

> 以科技为动力,以工业化为中心,以及其生产取代手工业劳动、机器工厂取代家庭作坊和手工工厂为主要标志,并引起经济制度、政治制度、生活方式乃至思维方式等全方位变化的一场共和变革。[88]

这些诸多方面无疑影响着孙中山救灾思想的各个方面。可以说,孙中山的救灾思想是当时社会存在的真实反映。

三、蒋介石及其他国民政府人士的救灾思想

蒋介石及其他国民政府人士的救灾思想,在1931年等大水灾的救济当中得到充分体现,且不论救灾效果如何,蒋介石等其他人士对此次水灾救济尤为重视,表明了政府救济水灾的决心。蒋介石在发表《告水灾被难同胞书》(1931年8月31日)称:

> 此次水灾奇重,不仅影响长江流域人民之生计,实关系中华民国整个之生存,吾人必须迅速恢复灾后之社会,即能维护民族前途之生机,政府必竭全力为灾民负救济保护之责。[89]

这在某种程度上促使了公共捐赠的进行。同时南京政府向社会呼吁:

> 本慈善之怀,发同情之心。赈济被灾之同胞,仁言利博,登高一呼,众山皆应,集腋成裘,涓滴之愤,自成江河,此则有俟于同胞之共起襄赞,而为政府所热烈企望者也。[90]

宋子文也通过英文广播电台向国际社会说明中国水灾的紧急状况,呼吁国际社会捐赈。

蒋介石十分重视对灾害的救助,主张"和衷共济"的救灾理念,他在 1931 年上旬在国民政府纪年报告《多难兴邦全在同志共同努力》中明确指出:

> 我们政府当局,固然要本己饥溺之怀,竭力拯救,就是全中国人,无论哪一个都应该有救我们同胞的责任,其他时间多没有比救灾更重要……希望他们顾念国家捐弃成见,来和衷共济,共挽国难……要以此次的救灾来试验我们中国人,试验我们的国民政府,到底有没有力量来挽救此次浩大的祸患。我们必须尽力发挥我们民族的力量以及革命精神……不分彼此,一致和衷共济,庶几能担当这个空前浩劫挽救责任。[91]

蒋介石此番讲话,无不表明了国民政府救济水灾的决心信心。邵元冲在国民政府纪念周的讲话《全国国民应总动员》中呼吁:

> 如此重大问题,绝非政府一部分负责同志或社会上若干慈善家与慈善团体的力量所能救济得了的,一定要政府与人民整个通同合作起来,把全国的力量与全民族的力量一致总动员,从事救济……如果全国上下没有一个妥善的方法去救济……被灾的人民天天在那浊流浮尸中苦作挣扎,度非人的生活……难道不感觉有所不忍吗……现在国家正是多事之秋,适合组织与法律力量都没有达到完善严密的时候,如果没有一种妥善的救济方法……恐怕社会的乱源,国家的祸害,就蕴伏与其中了……对于此次水灾,必须视为整个国家民族的问题,妥筹救济,合力以图。救济当前灾民的生计,及消弭国家未来的乱患。[92]

蒋介石还十分重视灾害救助的社会化，早在 1928 年西北大旱时，蒋介石会见华洋义赈会代表时主张救灾社会化，鼓励社会团体致力于赈灾等公益事业，他认为：

> 唯兹事体大，非有社会赈团与政府通力合作，不易奏效。

他对华洋义赈会在 1920 年西北五省旱灾救济中联合中外各界募集巨款夸赞，"全活甚重，成绩斐然，素所钦佩"，并深盼"贵会继续前功，入手筹措，政府自可竭力维护"。[93] 蒋介石非常重视民间救荒，曾几次召见章元善先生为其讲合作事业，调章元善任实业部合作司司长，起草《合作社法》。时任国府救灾会主席许世英发布"救济灾黎唯赖群力"募捐启示，即曰：

> 敬乞海内外仁人善士大发慈悲，本己饥己溺之怀，宏群策群力之愿，或以金钱物质相助，或以语言文字宣传，倘承多赐几文钱，即多活几人之生命，抑或多颁一赈品，即多积一代之阴功，普救众生，造福无量……如蒙慨解仁囊，或指定捐助省份，或听由本会支配，均从尊便。[94]

由此可见，南京国民政府时期已对救灾社会化有充分认识，主张全民救灾，大力发挥社会各界力量致力于灾害救助。

此外，国民政府救灾委员会委员长宋子文在 1931 年 8 月 25 日发表的救灾政策谈话中，明确指出救灾会除得到了政府种种协助外：

> 尚有中外人士，暨各私人、慈善团体、各教会尽力协助，及扬子江水利委员会、导淮委员会、浚浦局、暨其他官立工务机关，通力合作……内地之宣教师，熟悉地方情形，关于目前放赈及将来工程，也能得其援助……本会深信，救济工作，可专

由本会负责办理,唯望各机关能与本会一致合作而已。[95]

当时监察院院长于右任从职责与道德的立场,要求公务人员把自己的工作和生活尽职尽责:

> 我们尤望每个机关、每个省份、乃至每个乡村,都有以禹贡的心为心的人,大家切不可以为这是不关自己的事而漠不关心……同时,要求社会上也当以全力助政府以渡此难关。[96]

值得提及的是,谢徵孚(于 1944 年期间主管社会救济事业社会部社会福利司司长)在民国时期已经阐述了社会救济的基本理念:

> 今日的社会救济,并不纯是一种以悲天悯人为基础的慈善舍施,而是在义务与权利对等的观念中,以及在社会的连带责任观念中,政府与人民应有之责任[97]。

并且法律与具体制度以及实施都体现了政府的责任和人民的权利,如当时法律规定[98],对于:

> 无工作能力者,应指定地点收容;有工作能力者,应参酌人数的多寡、工作类别及当地环境,委为分配,……给予适当的工作;难民失学儿童及青年,得按其程度分别插入相当学校借读或施以临时教育;
>
> 法院或警察机关,得将受救济人交送救济处所,非有正当理由,不得拒绝接受;
>
> "救济事业之经费,应列入中央及地方预算"
>
> ……。

四、章元善的救灾思想

章元善的救灾思想可以说是民间慈善救灾思想的代表,他曾先后主持过多个民间慈善协会,其中最有影响力的有两个,一是中国华洋义赈救灾总会,主要是以推动农村合作事业、兴修水利公路、改善农村条件等工作为主的民间团体,经费来源三分之二是中外人士、社会团体的捐款,三分之一来源于关税附加税,政府不过问日常工作。另一是中国国际救济委员会,大部分成员由和平主义者组成,主要是英美各国基督教徒,其任务是办理接受海外华侨支持祖国抗战的捐款,接受国外(主要是英美)私人团体,如教会等捐赠的药品、医疗器材,免费发放给各地教会医院。章元善的救灾思想与华洋义赈会、中国国际救济委员会的救灾思想相得益彰。

对于章元善的平民教育救灾思想,早在华北赈灾期间,农民的物质生活极度贫困与精神文化极度贫乏,章元善深刻认识到"贫"与"愚"的密切关系,认为增加农村儿童受教育机会,改变教育文化落后状态为救灾首要之务。在办理救灾工作不久,已开始酝酿平民教育计划,拟定《平民教育计划书》,其中指出:

> 共和政治,端赖普及教育为之建立基础。民国肇造以来,国乱频仍,教育一端,经费不裕,推行自迟,无可讳言,全国适学儿童为数要在 150000000 上下,……然而幼而失学,长则寡闻,字且不识,常识何由输入? 虽有宣讲,不能领悟,虽有报章,不能了解……[99]

就手工艺发展生产救灾思想而言,早在中国华洋义赈会时,章元善以"救灾不如防灾"思想为指导,提出发展农村副业以增加农民收入,提高农民生活水平。1936 年曾撰文《农民怎样可以走上富裕之路》(发表在 1937 年 2 月《救济汇刊》)详细论述,然而由于条件所限,具体工作没有展开。在国际救济委员会"研究建设救济方式"具体任务的推动下,章元善在办理日常各项工作的时,在

会内增设手工艺组,专门进行手工艺造型设计,已期待战后手工艺
生产能起到促进作用。章元善在"手工艺集谈会"所致开幕词和
闭幕词,明确指出发展手工艺与饥荒的关系,正如他所言:

> ……在经济落后的社会,要使人民免于饥荒,除发展经济
> 外,别无它途。……发展与民生经济有密切关系的手工业,对
> 改善农村经济,促进工业建设,实为一适当办法。故提倡手工
> 业重整运动,实与本人以前倡办合作、水利、公路建设等的目
> 的完全一样。……[100]

1942 年章元善提出了"发展手工艺建设方案",次年得到美国
联合援华会拨款 60 万元,开展宣传"手运四环",即宣传手工艺运
动,包括组织生产、技术、资金、市场等方面,组成手工艺组、召开手
工艺集谈会、组成手工艺协进会、中国手工艺产品公司及发行《手
工艺》期刊等 6 项工作。[101]救委会改进手工艺有 2 年,经过 2 年的
经验,章元善深感问题复杂,如:

> 技术改良,必须推广;要推广必须生产者有大量资金以扩
> 大生产;同时,产品要有销路,而生产者若散漫零落,亦不能得
> 到现代信用制度的便利。种种问题,错综复杂,绝非单方面可
> 以解决。以技术为中心去改进手工艺已深感此路不通,其他
> 如金融之组织,教育等方面为中心的办理机关,亦有同样感
> 悟。在大家感到同样苦闷之时,实有交流经验沟通意见以觅
> 取新方向的必要,本会愿意,发起此次手工艺集谈会,集各方
> 领袖及专家学者于一堂,共同商讨,针对手工艺发展及其与经
> 济建设的关系,各抒己见,使得彼此精神与友谊都能发生交
> 流,以期待对此问题有新的认识,获取良好的解决途径。[102]

合作救灾是章元善救灾思想思想的又一体现。章元善在华洋

义赈会以农赈创办合作事业，主要将农村信用合作社介绍给农民，提供合作社的章程、制度，协助农民试办合作社，并贯彻"以工代赈"的策略，建成多处水渠、公路，以提高农村经济，改善农村面貌。此外，发展农村副业，以增加农民收入，提高农民生活水平。章元善认为：

> 合作是农运的中心，合作能使农民有组织，可养成农民的自治能力，团结起来，共存共荣，谋求自救。[103]

从1923年开始，华洋义赈会首先在河北农村逐步建立以农业信用为主要形式的合作社，通过信用合作社发放贷款，开展防灾等救灾措施以达到发展农业生产、推动社会进步的各项建设事业。除华洋义赈会已开展的信用合作，还有运销合作、金融合作、生产合作、供给合作、消费合作、保险合作。可以说，合作事业是一个有机运行的体系，合作事业为农民提供组织平台，从资金、组织结构、发展生产等方面为救灾提供基础。

在建设防灾思想方面，章元善通过多次救灾赈灾实践领悟到："单纯救济只是治标而不治本，于是进一步提出了要防灾，并认为防灾比救灾更重要。"[104]赈灾虽然可以救活不少人，但放赈以后什么痕迹也没有留下，人民的困苦生活依然如故，通过救灾赈济实践，华洋义赈会逐步认识到，救灾不如防灾，防灾要靠民众。只有防患于未然，才可收事半功倍之效。

从华洋义赈会的职责"筹办天灾赈济，提倡防灾工作"来看，一方面侧重于施赈，继承了传统"以养为主"的救灾方式。另一方面，以工赈作为工作重点，倡导建设救灾。华洋义赈会从成立初到结束，救灾方式经历了几次转折，华洋义赈会成立初期，即北京国际统一救灾总会时期，将筹赈防灾作为工作重点，以消极救灾为主,偏重于赈济救灾,实施急赈、工赈、农赈等救灾方式。然而,义赈会成立后,则以积极救灾为主,偏重于建设防灾,由于时局变化,1936 年又将"偏重防灾"改为"救防并重"。[105]总括而言,"防救结合,以防为主"为华洋义赈会救灾原则的客观表达。从实施的工赈项目来看,华洋义赈会侧重于从根本上救灾,重视防灾,包括修筑公路、兴修水利工程等,如江西堤工、河北石芦渠、绥远民生渠、渭北泾惠渠、西兰公路、贷款掘井及农事试验与农事人才的培养等项目,因而,华洋义赈会改变了自然灾害难为救济的现实。

另一方面,华洋义赈会在各地的救灾实践为建设防灾思想提供了现实基础。辛亥革命期间,华洋义赈会扬弃旧有的中国慈善组织、善堂会等以急赈为主的救灾模式,转而采取近代化的专业分工、科层制并建立完整的救灾、防灾体制,并由水利、教育、开垦、移民、造林、农学改良、铁路运输、粮食操作等策略,降低环境破坏对灾情的影响。[106]华洋义赈会根据 1931 年救济水灾委员会的要求,将此次办赈的方针确定为:"此次赈务,是恢复人民物质及健康的能力,以增加人民生产力为目标。……将举办各种防灾事业,……铲除未来灾荒成因,并引起人民对于农业复兴的兴趣与决心。"[107]为了办好皖赣湘鄂 4 省灾后赈济工作,国民政府委托华洋义赈会办理农赈,主张以恢复农事工作为宗旨,参照各灾区所办农赈办法办理,贷放低利资金于受灾农民,以灾区最底级自治区域为单位,照章组织互助社负责以收还款项,推广农村合作事业,以灾农需要的籽种、肥料、农具、耕牛等生活之数种为限。[108]

综上所论,章元善的救灾思想依托华洋义赈会的救灾实践,以建设防灾思想为核心,将平民教育救灾思想、手工业生产救灾思想、合作救灾思想始终贯彻其中自成一体。可以说,章元善的救灾思想是民国民间救灾思想的集大成,即华洋义赈会救灾思想。与熊希龄、孙中山、蒋介石等救灾思想相比较而言,章元善的救灾思想与实践更为反映民间慈善组织与政府的关系,正如夏明方教授所言:

> 在君主专制或中央集权力量强大的时期,如明代前中期、清康乾盛世时期、国民政府十年黄金统治时期以及中华人民共和国的大部分时期,在救灾领域,民间的力量,要么依附在国家的体制之内,要么只是充当辅助性的作用,甚至完全不存在;而一旦面临大规模、长时间的天灾人祸,国家统治衰弱、衰败或有意识地收缩、退却的时期,民间的救灾力量就极为活跃,甚至在晚清乃至北洋政府时期一度成为中国救灾的核心力量、主导力量。[109]

五、邓拓的救灾思想

邓拓先生的《中国救荒史》可谓中国灾荒史的集大成之作,包括灾荒史实、救灾思想及救荒政策三部分,邓拓先生通过对灾荒实况、灾荒成因、灾荒影响的分析来呈现历代灾荒的惨烈,在灾荒史实梳理的基础上,邓拓先生详尽梳理了历代救灾思想的发展,以思想内容为线索展开,如天命禳弭论、消极救灾论与积极预防论。与救灾思想相对应的则是历代救荒政策的实施,包括巫术救灾,消极救荒政策及历代积极救荒政策。《中国救荒史》以历代灾荒发生的历史顺序、以问题为中心展开,然而可惜的是,今人已无法看到邓拓先生在出版《中国救荒史》由于篇幅所限而删掉的部分,如历代救荒政策的利弊、经验教训等,特别是在论述造成灾荒的社会因素中"近代灾荒中新的社会因素"部分,这些内容都是笔者所期望之作。历代救荒政策的利弊与经验教训可以说是对传统救荒政策的评价与总结,而"近代灾荒中新的社会因素"必然为近代灾荒成因注入了新的解释。邓拓先生的救灾思想是民国时期救灾思想的代表性内容之一,下面主要论述邓拓先生的救灾思想。

邓拓先生根据历代灾害的救济内容将救灾思想分为消极救灾论与积极救灾论,邓拓先生的"消极救灾论"主要指遇灾治标和灾后补救,将赈济、调粟、养恤、除害、安辑、蠲缓、放贷和节约包括在内。其实从"消极救灾论"的实质内容来看,侧重于灾害发生时的救助与灾害发生后的补救,而"积极的救灾论"主要指改良社会条件与自然条件,具体而言,包括重农、仓储、水利、林垦等,主要侧重于灾害的预防,着眼于灾害发生原因的根治。[110] "积极救灾论"与"消极救灾论"的内容几乎涵盖了历代救荒的大部分内容,而历代救荒议论,"大多是由事实逼迫而产生,它们产生以后,往往成为实际政策的依据"。[111] 救灾思想、救荒政策、救荒实践相互影响,救灾思想是救荒政策与救荒实践的提炼总结,同时,救灾思想也影响着救荒政策与实践。

邓拓认为民国时期救灾思想虽已逐渐普遍建立在科学的基础上,救灾思想的科学基础已经初步建立,但由于社会条件的限制,天命禳灾思想还继续残留。如在晋冀鲁豫地区,由于严峻的社会条件所限,比较有经验的地区在捕蝗打蝗过程中虽然已经认识到"蝗虫不是认识'打不得,天命下来的神虫',它和一般的虫子一样,是由蝗虫卵变化出来,并有一定的生长和发育过程"。[112] 但在一些更为落后的地区还残存蝗虫是神虫的非科学思想,用祈祷等禳弭方式救灾。[113]

由于民国时期我国社会经济结构的内部条件仍然束缚人们思想的进步,仍然使人们难以接受科学知识,因此,禳灾的思想普遍流行于广大民间,现代科学意义上的救灾思想还是居于民间意识范畴之外,虽然一些进步学者及科学家已经建立了现代意义上的科学救灾思想,但现代意义的科学救灾思想还未普遍流行于广大民间,可以说,正在向广大民间普及。[114]因此民国时期的救灾思想一方面是建立在现代科学意义上的救灾思想,而另一方面,禳弭等救灾思想还流行于广大民间。民国所处的特殊时代背景,近代科学思潮的传播与经济社会结构的落后同时造就了民国时期救灾思想的多样性。

第三节　民国时期代表性刊物的救灾思想

民国时期代表性人物的救灾思想是时代的产物,建立在对灾害科学认识的基础上。民国时期继晚清之后涌现了一批具有代表性的知识分子与绅商阶层,他们积极宣传西方治河、河工、疾疫等救灾思想并努力具体实施,由于民国处于传统向现代转型之际,特殊的时代背景以及科学思潮的传播,现代科学救灾思想虽已经初步形成,但还未形成完整系统的理论,传统救灾思想仍占有一席之地。民国时期代表性刊物中反映的救灾思想,更多的是传统救灾思想的延续,而唯一的中国救荒史开山之作,即邓拓先生的《中国救荒史》,则已在代表性人物的救灾思想中加以论述,下面主要讨论《救荒辑要初编》、《赈灾辑要》表述的救灾思想等。

一、《救荒辑要初编》的救灾思想

《救荒辑要初编》的产生,源自于现实灾荒的严重与民生的凋敝,另则源自于世人恻隐之心。时代的变迁与背景之不同,传统的救灾或善书已无从应对现实需要,则必然驱使时人寻求新的救灾之要。由此,催生了《荒政辑要初编》的产生。严格来讲,《救荒辑要初编》部分内容是对历朝历代荒政书或善书中可用救荒之策的编纂,不属于著书立说,但这本书确成形于民国时期,因而也将其列入民国时期救灾思想的范畴,在某种程度上也昭示着传统救灾思想在民国的延续。然而,就救荒内容而言,如赈粥、义赈、办赈及慈幼,则是民国救灾的真实反映,从中则体现了民国时期救灾思想的内容与时代特色。

《救荒辑要初编》主要包括"广慧编卷"、"救荒备览"、"赈粥说"、"义赈"、"办赈"、"慈幼"等具体内容。"广慧编卷"主要阐述为什么救荒? 即救荒的思想基础与理论基础,而"救荒备览"则主要阐述救荒措施,"赈粥说"、"义赈"、"办赈"、"慈幼"则为救荒的主要组成部分,在某种程度上也可称得上中国传统社会保障制度的主体,而中国传统社会保障是以"救荒"为主体展开的一系列保障措施。

代表性人物救灾思想着重于强调民国时期救灾思想的内容,而代表性刊物更强调救灾思想的基础,"广慧编卷"篇一是大力提倡以捐赠救济灾荒,将捐赠建立在"福报"、"积福"与报效朝廷等思想上,以"福报"、"积福"思想倡导捐赠,正如文中所言:

> 捐一分之资,而活数千人之命。上纾朝廷隐忧,下为子孙积福。吾劝汝等为此好事,尔等未能慨然,及一闻……化缘,遂能舍大资财,以邀来世福泽……凡人之财,绝无永聚不散者,雇所散何如耳,坚贪者,其散一败不救,好施者,其散累世食报,此理数之必然者也。[115]

> 司马温公家训曰,积金遗于子孙,子孙未必能守;积书遗于子孙,子孙未必能读,不如积阴德于冥冥之中,以为子孙长久之计。

二是,大力提倡劝赈,将救灾与救国、富裕国家相联系。劝赈等救灾思想虽古已有之,建立在以宗法社会基础的传统社会结构之上,主要体现了福报、积福、报效朝廷等家国观念,而由于近代科学民主思想的传播以及国家民族存亡的时代背景,其内涵和外延也随之改变。具体而言,劝赈思想体现了救国思想,将救国与救灾相联系,国家、社会、个人观念充分体现,如"今日殷殷劝赈,不独为朽腹之民国目前,实为殷富之家国久远。"

在救荒措施方面,"救荒备览"篇中摘录前朝中的一些救荒措施或条例,如录王汝南赈恤纂要、摘录蒋伊臣鉴录在官事实 60 条、摘录蒋伊臣鉴录士庶事实 28 条、摘录蒋伊臣鉴录格言 20 条、录魏禧救荒策(先事之策八、当事之策二十有八、事后之策三)等。其救灾措施或经验是在前朝救荒实践的基础上总结以形成制度性或规定性的救灾方略,尤其是蒋伊臣的救灾思想。可以说,为官时的救灾实践为救灾思想提供了实践基础,而士庶之时的救灾思想则可以说是作为士大夫阶层或普通百姓对救荒的感悟或总结,而"蒋伊臣鉴录格言 20 条"则是对蒋伊臣一生救灾思想的高度概括,包括农业、经济、社会、人口、税收、文化等各个方面的救灾经验,如:

> 一曰重农,一曰立义仓、一曰设堡,一曰严游民之禁,一曰制谷赎罪,一曰教别种,一曰借库银转籴,一曰兴作利民之务,一曰捐奉劝赈,一曰定乡城分给之法,一曰编户丁牌,一曰收弃子,一曰弛税禁等。[116]

由此可知,中国传统救灾思想涉及政治、经济、社会的方方面面。可以说,中国传统救灾思想不仅仅像邓拓先生所概括陈述,即积极的救荒政策与消极的救荒政策,而是在一定程度上考虑灾荒的发生规律,并依据客观实际所做出的综合救荒之策。救灾思想、救灾

实践与救灾制度相互影响,也正如邓拓先生所言:

> 历代均有较切实际的各种救荒议论,这些议论,多是由实
> 施逼迫而产生,他们产生以后,就往往成为实际政策的
> 根据。[117]

一方面救荒实践是救灾思想的基础,思想来源于实践;而另一方面
救灾思想又指导救荒实践的发展。

值得提及的是,"救荒备览附录"中对前朝"救荒本草"的论
述。"救荒本草"可以说是古人总结的在灾荒中如何充饥的办法,
包括救荒食物的做法,保存方法、吃法等,如辟谷方、救荒丹、普济
丹、济生丹、黄山谷救饥方、荒年辟谷方、左慈荒年法、休粮养道方、
诸葛干粮、许真君避难饮食方、斩草丹——备荒辟谷修道、大道丸、
黄山谷煮豆贴、服仓术方、服黄精方、救济民法及疗垂死饥民法
等。[118]这些"救荒本草"之方是在经济不发达的农业社会与粮食短
缺的年代为灾民提供了一种可供充饥的食物与方法。"救荒本
草"可以说是传统救荒中民食思想的反映,是传统救灾思想在民
食方面的体现。

在救荒具体内容方面,"赈粥说"、"义赈刍言"、"办赈刍言"、
"慈幼编"是重要组成部分。"赈粥"可以说是传统救荒中最为通
用的赈济方法,赈粥与其他救荒措施相比较而言,有自身优势,如:

> 一省场费,一可接续,一免奔命,一免广业,一全体面,一
> 少拥挤,一易筹办,一免疾疫,一省司役,一多暗助等。[119]

传统农业社会,由于经济基础建立在农业生产上,农业生产方式是
自给自足的简单农业再生产,灾害对于农业所造成的自然损失甚
为严重,"赈粥"的救荒方式正是建立在传统经济基础之上,可以
说是适应当时经济基础的一种赈灾措施。

相对于"赈粥说"而言,"义赈刍言"则是传统救荒又一重要内容。具体内容如下:"履勘、集人、筹款、设局、查户、急赈、总赈、赈票、平粜、育孩、兴工、预防粮涨、禁贩人口、医药、瘗埋、善后、和衷等"。[120]"履勘、集人、筹款、设局、查户"则主要依照办赈的程序而论。然而,"急赈、总赈"则是对于具体救荒方式而言,"赈票、平粜、育孩、兴工、预防粮涨、禁贩人口、医药、瘗埋、善后、和衷等"则是就具体救荒措施而言。可以说,义赈具有传统救荒中的大部分内容,是传统救荒的又一形式,但性质则区别于官赈,更侧重于民间赈济,主要是建立在普通民众的同情之心、恻隐之心、怜悯之心的基础上,尤其是传统社会结构中的士绅阶层,更多的承担了义赈责任,可以说义赈是传统民间救灾思想的具体体现。

"赈粥说"、"义赈刍言"是救荒的具体内容或措施,而"办赈刍言"则主要针对具体办赈过程而论,如:"筹款、定本位、定当价、示限制、布条告、定钱价、取保证、用联照、谨簿记、杜纠葛、防流弊、赎田办法等"[121]

具体包括:"筹款章第一,择人章第二,勘灾章第三,查户章第四,放钱章第五,留养章第六,平粜章第七,工赈章第八。"[122]"办赈刍言"已将办赈具体过程中所遇事宜依照事情之大小或顺序排序,这无疑是传统救灾思想中办赈流程的具体体现。历代办赈的经验可以概况如下:

> 一曰清界限,每到一县,先看地图,将境内四至八达山川道路都划里甲或区或乡。一曰任正人,赈粜不假手书役,而地方公正绅士多不肯与闻其事,每到一县必须同地方官延请城内正绅访以四乡有何正人。一曰查户口,每到一县,会同地方官查明何处灾重应赈,星夜前往,傅集绅董,询明其地。一曰辨极次贫,灾民无田地,无恒业,室如悬磬,面有菜色,或其家

田产极微,老弱坐食者多。一曰分责成,办赈员绅查户散票,其势不能携带银钱米粮,遇有极贫灾民奄奄待毙者,惟有责成本莊有粮之户,则责成附近各庄富户出粮救济。一曰赈须分放,且以放粮为宜,凡须赈三五月,然后麦熟秋熟有接济者,必须放粮。一曰款赈于糶,凡重灾之处,久赈极贫必须平糶以济次贫。一曰赈糶局,赈糶局规,被灾各县办理平糶必于城关设总局,四乡市镇设分局。一曰杜冒滥,际兹时事多艰,公家与绅商士庶军属竭蹶,而百计筹款赈粮赈粜者专为救济被灾贫民,免于饿死。一曰定赏罚,各县办理赈粜,虽由委员义绅主持,而地广事繁不得不赖地方绅商首事。[123]

由此可见,传统救荒办赈已经涉及到责任明确、救灾机构及分支机构、灾情勘察、放赈标准、赏罚明确、赈灾监督等多方面,这些均反映了传统救灾思想中的科学元素。然而,以工代赈这一赈灾方式古已有之,此书中明确阐明了以工代赈的性质,即自古以来救济水灾较为容易,而救济旱灾实为艰难,以工代赈大多发生在水灾之时:

　　　以工代赈系以工款办工,可以救精壮,不能救济老弱,可以救售身之贫民,不能救多累之贫民……系补助赈之不足,非谓办工既可以不办赈也……以工代赈系指附近灾区工程而言。[124]

然而,在"办赈刍言"基础之上,1920年冯嘉锡与朱祖荫对"办赈要旨"有精辟论述。即:

　　　一曰诚。承办赈务,无论委员义绅,皆为被灾贫民托命之人。即为民命所托,责任既非常重大,比当殚精竭虑。二曰审,员绅查户放票,每查一桩,视其莊有无草堆。三曰权,放赈向以十六岁以上为大户,不及十六岁为小户,如查有鳏寡孤独赤贫毫无生理,则虽有不及十六岁者,亦可照大户给赈。四曰忍,同一灾民,专择极贫而赈之,得赈者未必知感,不得赈者必多怨言。五曰耐劳者。自来救荒如救火,故查户口者无不黎明即起早餐毕。六曰防顶替,查户口者每到一庄,先令同查之首事保证,通知贫民,各归各户。[125]

"办赈要旨"涉及到办赈过程中的重要事宜,从诚信、勘察、救助心理、救助标准、救助责任人及救助弊端等六方面总结了民国时期办赈的实际情况,是民国时期救灾思想在办赈过程中的反映。这是科学救灾思想的具体表现。

从社会保障学的概念出发,赈粥、义赈、办赈可以说与灾害救助直接相关,而慈幼则更多的属于贫困救助或社会福利项目。然而,由于传统救灾思想建立在农业社会基础上,而现代社会保障则是建立在工业社会基础之上,在某种程度上救荒是中国传统社会保障的核心,中国传统社会保障是以救荒为中心展开的一系列社会救助,慈幼当属之列。在灾荒年代,对慈幼救助甚为关注,尤其是在民国特殊的战乱背景下,以熊希龄先生创办香山慈幼院为代表的慈幼事业得到了社会极大关注并很快发展起来。可以说,慈幼是对灾荒的积极救济,主要以救济儿童为主,并辅之以教育,前文已经述及,民国时期的救灾已开始注重以对儿童的平民教育为基础的救灾政策。

《荒政辑要初编》中所反映的救灾思想,无论是救灾内容、救灾措施、还是救灾方式、救灾流程,更多的是传统救灾思想的继承。如"赈粥说"、"义赈刍言"、"办赈刍言"、"救荒本草"等属于中国传统救灾思想,可以说《救荒辑要初编》是对传统救荒政策的重印或再版,可以直接作为民国时期救灾思想的组成部分。而"办赈要旨"则是对民国救灾经验的总结,如救助责任、心理救助、救助标准、诚信等问题,代表着救灾思想的科学方向,尤其是对以工代赈的精辟阐述,以香山慈幼院为代表的慈幼救助则代表着救灾思想的发展方向。

二、《赈灾辑要》的救灾思想

《赈灾辑要》的主要目的在于"编辑赈灾名家富有经验且实际之方策襄集成书,定名曰赈灾辑要。"[126]相对于《救荒辑要初编》来说,则具有异曲同工之效,唯有侧重点之不同,《救荒辑要初编》主要在于论述值得借鉴的历朝历代之传统救灾思想,而《赈灾辑要》更为侧重民国理论界对当时救灾问题的讨论,具体包括民国时期的救灾纪实、章程、救灾报告等问题。如"上海筹赈各省水灾义赈会各省查赈办事处组织大纲","世界红万会中华东南主会上海总办事处赈务工作"、"武汉水灾善后建议"、"江苏省水灾救济总会收容所收容办法"、"视察淮阴区灾况报告"等。下面主要根据其内容,主要从以下几个方面分别阐述,如救灾报告中所蕴含的救灾思想,救灾实践反映的救灾思想及民国知识界对救灾问题的讨论等。

在救灾实践方面,主要有"受任主持运河工程事宜通启"、"决议担任复堤"、"荷花塘堵口捆厢记"、"黑鱼塘复堤辑要"等。从其内容看,更多的是堤坝治理的相关问题,这为当时核心救灾内容之一。于此问题相关的则是以工代赈救灾思想的体现,以工代赈古已有之,正如上面所言,在民国时期对以工代赈已有明确界定。相对于历朝历代而言,民国时期的河工、堤坝治理与以工代赈等已有所不同,继晚清之后更多的是吸收西方先进科学理念治理河工问题,河工问题的勘察、准确度量以及科学治理等更趋于科学化。

在具体工程方面,部分河工问题的处理建立在充分吸收传统河工治理策略与措施的基础上,而这些具体问题则是吸收西方科学的治河方法,建立在科学测量和整体规划基础之上。当时曾涌现了一批高质量的水利调查与规划报告采用科学水利计量方法,得出相关详细指标数据,在科学分析方法指导下提出有针对性、建设性的治河方略与规划。在经费问题方面,政府责任问题、中央与地方责任都有明确规定。总体来说,由于受西方政府治理观念的影响,经费问题可谓责权明确,在一定程度上冲破了传统家国不分观念的影响,从而具有现代政府治理理念。

就具体责任而言,明确规定大江大河的治理属于中央政府之责,由中央财政统一拨款、筹款进行治理。在人员配置方面,为了杜绝渎职及贪污问题,也是由中央政府组织河工专家并直接派相关人员直接从事河工问题。在人员不足的情况下,地方治河工作人员也参与治河或以工代赈,中央派专人监管。由此可见,救灾实践已经蕴含着科学的、现代的救灾理念与思想。

救灾报告是《赈灾辑要》又一重要内容,是民国时期灾害状况、查灾、堪灾、救灾的具体反映。许世英的《安徽江西湖北湖南四省水灾勘察报告书》、《山东河南河北三省水灾勘察报告书》及《江苏省水灾勘察报告书》与成静生的《视察铜山区灾况报告》、《视察淮阴区灾况报告》及《视察东海区灾况报告》可以堪称救灾报告之典范。许世英对沿途查勘情形的考察可以说是对灾情具有感官的总体了解,在此基础之上着墨陈述各省灾情,主要是在沿途考察过程中,致电询问各省灾情以至于更为细致的了解与掌握灾情总况。在严重的灾情面前,各省均已不同程度采取相应救济措施,如湖北湖南已先后遵照军事委员会委员长行营办法,组织水灾救济总会,湖北省已拨各县急赈,总计为 75500 元。[127]在各省的救济基础上及对各省灾况总体了解的情况下，具体问题具体分析，并根据国库支出等财力、物力之限，提出综合救灾之策呈送行政院核定，对于工赈、农赈、急赈及卫生防疫减免田赋等略定相关原则并估算款目。在国库不足之下，许世英挥泪陈词倡导社会人士发扬为善不倦之精神于义赈，辅之以政府力量。许世英的调查报告如实反映了灾情概况，以实事求是的态度制定救济原则及方法、建议，并呼吁社会各界人士行善事，提倡义赈。从许世英救灾报告的内容来看，可以说是民国救灾的一个缩影，反映了民国实事求是的救灾思想。然而，成静生视察各灾区报告则是对救灾成效的监察，由于时代背景、灾况、财力、技术等条件所限，救灾成效并未如愿。

　　救灾简章、大纲、细则是《赈灾辑要》的重要组成部分，这并不是民国时期救灾思想的直接内容，但却直接反映着救灾思想。以上海和江苏为例，主要有上海筹募各省旱灾义赈会、江苏工赈总办事处简章、上海筹募各省旱灾义赈会、江苏各县工赈办事处简章、上海义赈各省旱灾义赈会、江苏各县工赈专款保管委员会简章、上海筹募各省水灾义赈会急赈实施大纲、上海筹募各省水灾义赈会各省查赈办事处组织大纲及细则，江苏省灾区赈济办法大纲、江苏省水灾救济总会灾区救生简则、江苏省水灾救济总会收容所收容办法、江苏省水灾救济总会灾区卫生简则、江苏省水灾救济总会灾区平粜办法等。从具体内容来看，除对传统救灾程序、人员、经费、方式方法规定之外，已经涉及到如何灾后救生、灾后收容、卫生防疫等新式救灾方式的详细规定，具体包括收容经费、事务经费、收容管理、收容膳食、收容回乡、灾区卫生预防、灾区卫生治疗以及对赈济时期各项工作的具体指导，这无疑体现了民国时期救灾思想的科学化发展趋势及救灾思想多元化并存格局。

　　救灾实践、救灾报告、救灾章程及规定可以说是救灾的具体内容,而民国知识界对救灾问题的论述则是民国时期救灾思想的直接内容,因为这直接反映了知识界对救灾这一问题的见解和看法乃至救灾思想本身,即民国时期知识界对救灾问题的直接表达或救灾思想的重要内容,如"义赈刍言"、"办赈刍言"、"救荒一得录"、"十六省水灾救济意见书"、"广慧编"、"救荒备览""兴化水灾临时救命图弁言"、"兴化辛未水灾临时救命图日记并述"、"查赈十诫"、"演讲救济黄灾"等,而部分内容已在前文以人物救灾思想或相应著作的救灾思想有所反映,故此不再赘述。"查赈十诫"可以说是各方救灾人士在查赈过程中的经验总结,查赈是救灾的重要环节,直接决定着救灾成效,如查赈:

> 戒延任生手,不能识别受灾成分及不能杜冒滥防顶替致使轻重导致误糜赈款。戒畏难苟安,请托地方乡民代为查户,纵无弊病难免殉情。戒曲徇地方人士私见查放轻重不能得当。戒意气用事,不肯虚衷详求灾民之隐。戒心慈意轻,识次灾为极贫滥给赈粟。戒敷衍塞责草率从事。戒任意纾缓迁延时日。戒同人不能和衷共济致误进行。戒普查普放救澈难期。[128]

"查赈十诫"是对查赈过程中注意事项的精辟总结,是民国时期救灾思想在查赈方面的直接反映。然而"兴化水灾临时救命图弁言"与"兴化辛未水灾临时救命图日记并述"则是对兴化水灾的真实记录与客观反映,再现了民国时期救灾的真实场景,貌似对于灾害的真实记录与救灾思想并无联系,然而,这正是体现了其救灾思想的现实基础。

三、《湘灾周报》的救灾思想

严格来讲,《湘灾周报》属于报刊之列,但由于发行量大,出版连续且规模大,影响广泛,此处主要在于说明民国时期文献著作所体现的救灾思想。《湘灾周报》系湖南华洋义赈会出版或载湖南各属灾情及本会来往文书收支报告,限湖南灾害范围,其宗旨事情均各求根据,不事虚张并不涉及政治,旨在宣传灾民苦状,求中外大慈善家发大善念协助救济。《湘灾周报》每周发行一次,以湖南各处灾情照片及记述灾情文字为主。

《湘灾周报》在一定程度上是湖南救灾的真实反映,内容主要包括要电、调查、公牍、本会纪事、收支报告、难俎及事件等部分。要电部分主要收录当时湖南各级政府电文,如"钱能训先生等通告组织辛酉救济联合会电"、"熊秉三先生查询旱灾并报告辛酉会内容催辑华洋文电送京电"、"本会覆熊秉三先生及旅京筹赈会儗先造简明灾表送京电"、"本会通知曾报旱灾各县知事逐项查具覆电"、"本会通知各县官绅教会现经各界决议继续筹办旱灾电"等。电文内容主要是救灾具体事宜的呈请或答复,代表着政府或华洋义赈会对具体事宜的指示或意见,反映了救灾的态度或价值取向,如华洋义赈会通知各县官绅教会继续筹办旱灾,针对"湘灾奇重冬荒已成"的事实,华洋义赈会认为有继续办理的必要,故继续制定章程,一致表决同人等极力推进以告慰湘民灾黎众望。"要电"内容体现了政府或华洋义赈会救灾之决心。

"调查"是《湘灾周报》的重要组成部分,反映了湖南省的灾害状况。这不仅为详尽调查湖南省灾情提供了便利,同时也促进了湖南省的灾害信息传播,还便于为救灾政策的决策提供准确的受灾信息,由于传统媒介所限,灾荒信息无从传播,仅限于地方政府,因此在传统救灾中难免出现欺上瞒下的事情发生,从而影响救灾效果。而《湘灾周报》为灾情信息的扩散及救灾思想的传播提供了媒介平台。除《湘灾周报》外,还有《湘灾月报》、《陕西赈务业刊》等新报刊及媒介的传播为救灾的近代化转型提供了社会化的信息基础。

"公牍"则是政府及各团体间的往来公函,是《湘灾周报》的重要组成部分,具体内容包括"旅京湖南筹赈会请造澑溇十万元散赈册报函"、"本会覆旅京筹赈会各县旱灾现正研究办法代电"、"本会致省议会议员请调查本县灾情见覆函"、"省议会业送灾情调查表覆本会函"、"本会致湘潭知事春赈已派员散放函"等,内容主要是针对具体救灾事宜的呈请与回复。与"要电"比较而言,公牍更多的侧重于华洋义赈会与政府间的公务往来公函,而"要电"则是比较重要的电文。公牍只是电文的一种,而电文也包括私人与华洋义赈会或政府间的往来信件。

"本会纪事"主要内容是华洋义赈会内部事宜,具体包括华洋义赈会内部管理、重大事宜通知、内部流程等,如本会继续办赈之中外人士大会议等,涉及华洋义赈会会长改选等。"收支报告"则是华洋义赈会内部财务,主要涉及两部分,其一是所收捐款清册,其二是放赈清册,捐款清册记录每笔捐款数额与捐款人,而放赈清册则记录款项的用途与去处,以便事后核对。"事件"是《湘灾周报》又一重要内容,主要刊载华洋义赈会重大事件,如"本会禁米布告"、"省议会决议禁止谷米出省办法"、"湖南华洋筹赈会清理各县城乡积谷办法"[129]等。

值得一提的是"难姐"。内容如"本会维持民食意见书"、"沅陵旱荒的我闻"等,可以说是华洋义赈会救灾思想的直接体现,具体包括整顿积谷、禁止废田植烟、禁止遏籴等。华洋义赈会属于民间团体,救灾思想可以说是民间救灾思想的代表,价值取向不同于政府救灾思想,在资金来源方面,吸收本国居民捐款的同时,还注重吸收海外华侨及国外捐款。华洋义赈会前身系传教士创办,正如前面所言,西方传教士一方面选择了一种普通老百姓容易接受的传教方式传播教义,即救灾,通过救灾使其教义更容易被世人所接受。另一方面,西方传教士所传播的科学救灾措施,乃至救灾思想与士绅阶层的期望不谋而合,客观上促进了救灾手段的科学化与社会化,从而也推动着救灾思想的科学化发展。

第四节　民国时期救灾思想的内容与特质

正如前面所述,以代表性人物、代表性著作与一般学者的讨论作为线索展开对民国时期救灾思想的阐述,即"经"的论述。然而,这还不足以阐发民国时期救灾思想的丰富内涵,就具体内容而言,对于民国时期救灾思想还需要进一步凝练总结,需要从"纬"的视角概括,本节就以上的分析对民国时期救灾思想的内容、特征作一总结归纳。

一、民国时期救灾思想的内容

本章以代表性人物、代表性著作与一般学者对救灾对策的讨论为线索来阐述民国救灾思想,涵盖了民国时期救灾思想的各个方面内容,是对民国时期救灾思想内容的概要式论述。然而,与民国科学救灾思想并存的则是禳弭救灾思想,并且巫术救灾思想在民间或普通百姓中仍占有一席之地,可以说,传统与现代并存是这一时期救灾思想的一大特点。熊希龄、孙中山、邓拓等精英人群的救灾思想代表了民国时期救灾思想近代化转型的发展方向,如他们提出的多元救灾思想、实业救灾思想、科学救灾思想等。就具体问题而言,则主要是中央与地方政府在救灾中责任明确,河工问题及民生问题等。而《救荒辑要初编》、《赈灾辑要》则更多的是对传统救灾思想的继承与发展,延续了传统救灾思想中适合时代发展的积极部分。而《湘灾周报》则是民间慈善救灾思想的代表,即华洋筹赈会的救灾思想。

从具体民国时期救灾思想内容的视角来探究民国时期救灾思想,可谓又一种视角。可以说,民国时期救灾思想的具体内容与代表性人物及著作相对应,既是对传统救灾思想的继承,也是继晚清近代救灾思想萌芽之后的继续。在特殊时代背景及历史环境下,民国时期救灾思想以实业救灾思想、建设防灾思想、防灾重于救灾思想、科学防灾救灾思想、责权明确的救灾思想、以工代赈救灾思想、植树造林救灾思想及重农救灾思想为具体内容,无不以民生保障作为核心体现。其中以工代赈救灾思想、植树造林救灾思想及重农救灾思想古已有之,相对于传统救灾思想而言,其内涵和外延均已变迁,在民国时期已有新的内涵,而其他救灾思想内容则是继晚清之后救灾思想近代化转型的具体代表,下面逐一探究救灾思想的具体内容。

实业救灾论在晚清时期已初见端倪,诸多仁人志士如李鸿章、薛福成、郑观应、陈炽等从发展生产力的角度出发,把救灾同发展实业、发展民族资本主义相联系。在当时社会尤其注重铁路建设,注重铁路在救灾赈灾活动中的作用。孙中山在《实业计划》中将实业救灾论以理论化的体系予以完整表达,实业救灾论与经济思想、社会建设思想、民生思想密切相关。正如前面所述,以华北5省大饥荒为契机的救灾,把发展近代工商业作为减灾备荒的根本途径,摒弃了传统"以农为本"的救灾模式,明确提出了实业救灾论。形成这一转变的原因在于,一方面是由于外国列强的侵略,而另一方面则是由于日益严重的民生问题。而彼时的民生问题绝非是简单的社会保障,而更多是与国民生计相关的一系列农业、工商业等问题,而救灾则是民生问题的突出体现,尤其是 19 世纪 70 年代末期以来,随着水旱饥荒的日趋严重,越来越多的知识阶层将发展近代工商业、近代农业与减灾救荒直接相联系。实业救灾思想从广义上说,更侧重于民生思想的阐发。

建设防灾思想、防灾重于救灾思想更多地体现了民间救灾思想科学性,以华洋义赈会为典型代表。章元善毕其一生致力于"防灾重于救灾、建设防灾"思想,平民教育思想、发展手工业生产救灾思想,对于合作救灾思想是建设防灾思想的重要组成部分。然而,就救灾主体而言,晚清时期已出现了"要求打破传统的集权体制,建立一种官、商、民多种力量结合的多元化、社会化的救灾备荒体系"的思潮。[130]而华洋义赈会在民国时期的救灾实践,则是继晚清之后多元化救灾思潮的继续发展与完善。他们提出了一系列防灾备荒建议,如"民捐民办"、"建设救灾、防灾胜于救灾"、"分任杂赈"等,对当时的官僚政治体制给予了一定程度的批判与冲击,并要求进行适当改革,如改变政府职能,或设立新机构,扶助工商,发展农业等。究其民国时期救灾主体多元化思潮的成因,一方面是在民国科学思潮的勃兴与新兴社会力量成长的背景下,近代绅商、新兴知识分子、工商业者等在国家内忧外患及西方各种社会思潮的冲击下,激发了中国资产阶级日趋强烈的忧国忧民国家观念、社会意识以及政治参与意识,从而驱动着他们将传统意义上的救荒与民间慈善引向近代化的发展方向;而另一方面,也表达了对绅商群体道德人格与社会活动能力的重视或自重。

科学防灾救灾思想可以说是建设防灾思想、防灾重于救灾思想的继续发展。传统"以农为本"的救灾模式建立在传统农业经济基础之上,而继晚清之后近代工商业的发展则冲击着传统救灾模式的存在基础,科学防灾救灾思想的提出与发展正是适应近代经济发展的必然结果。民国时期救灾思想已普遍取得科学根据，救灾思想的科学基础已经初步建立。然而，由于民国时期我国社会经济结构的内部条件仍然束缚人们思想的进步，难以接受科学知识则是一种社会常态，现代科学意义上的救灾思想还是居于民间意识范畴之外。虽然一些进步的学者及科学家已经建立了现代意义上的科学救灾思想，但这种现代意义的科学救灾思想还未普遍流行于广大民间，可以说，正在向广大民间普及，或正在普及过程中。[131]

　　无论是北京政府、南京国民政府都已经具备了现代政府的实质。政府责任明确、权责清晰是现代政府救灾的重要特质之一，早在北洋政府时期熊希龄在救灾过程中，已经明确提出政府在救灾中的责任包括中央政府与地方政府责任，同时还包括政府责任与民间救灾责任。在1920年华北5省的救灾过程中，熊希龄依照政府责任的理念在救灾实践中取得了很好的实际效果。针对1931年水灾，熊希龄系统性地提出中央政府与地方政府、政府与民间责任的救灾思想，具体体现在"分工合作"方面，上面已详细阐述，此处不再赘述。南京国民政府时期，以1931年水灾救济为例，蒋介石、宋子文、于右任等明确提出政府在救灾中不可推卸的责任，并呼吁社会各界积极救灾，各自发挥救灾作用。而共产党领导的边区政府，已将救灾上升为政治高度，作为边区政府工作的核心任务。在某种程度上，政府责任直接决定着救灾成效，边区政府之所以取得良好的救灾实效，很大程度上取决于边区政府将救灾作为政府工作的核心。

　　植树造林、重农思想古已有之，属于传统救灾思想的重要内容。然而，在民国特殊的历史时期又有新的内涵与内容，继晚清之后经历着传统向近代的转型。晚清时期一批思想家清楚地认识到农业在国民经济中的基础地位,强调农业在救灾中的作用。可以说,晚清传统农业到近代农业的转型,为近代救灾思想转型提供了坚实的物质基础。民国时期孙中山先生在《实业救灾》中明确提出近代农业需要采用西方先进的农业机器与农业技术,改变了传统农业主要依靠人力蓄力的农业生产状况,从根本上提高农业生产率,提高粮食及其他作物产量,以备水旱灾害。此外,通过改变传统农业种植结构,大力发展适应市场需求的经济作物,以此减灾救荒。需要特别强调的是,在传统农业向现代农业的转型过程中,越来越多的人认识到森林与灾荒的关系,极力宣传植树防荒的科学原理,提倡广植树木,保护并改善生态环境,如孙中山提出将大量种植数树木作为防御灾害的策略之一。北洋政府时期张謇还通过举办贫民工厂等办法解决贫民灾民生计,这也是对传统重农救灾思想的超越。[132]

以工代赈属于中国传统救灾防灾思想,无论是北洋政府、华洋义赈团体都将工赈作为救灾的具体措施,通常将之与水利政策、治河并论。北洋政府在导淮前期的准备过程中,张謇主张应用西方科学技术进行勘测,可以说他是将西方现代科学技术应用于水利建设和水灾治理的先驱,随后在北洋政府时期还创办了河海工程专门学校和河海工科大学。与此同时,美国红十字会也主张将兴修水利和以工代赈结合作为预防灾荒的方法:

> 兴修水利,既可免除灾荒,就国家言之,除种种间接利益,如农产品丰富、铁路增加运输;人民购买力充足,国家增加货税;荒地变为肥田,田赋亦加收入外,仅计水利局之本身,亦能出入相抵而有余,并举印度、埃及之例说明。[133]

民国时期以工代赈的救灾思想既是中国传统社会保障思想的继

承,又是在特殊时代背景与历史环境下对传统社会保障思想的发展与创新。以南京国民政府为例,以工代赈思想更为注重河工的治理、现代水利建设等,尤其在实施以工代赈的救灾实践过程中应用现代科学技术的最新成果。不仅如此,民国时期的以工代赈救灾思想更多地与农业生产政策、经济发展政策相结合,传统的以工代赈只是相对于救灾本身而言,而民国时期的以工代赈已将其与兴修水利、治河、农业统筹考虑。可以说,以工代赈是发展水利、农业的重要举措之一,是积极的民生保障思想。

仓储后备救灾思想是民国时期救灾思想的重要内容,南京国民政府在恢复重建传统仓储制度的基础上,根据经济社会发展的需要建立新式仓储制度以救济灾黎。继共产党边区政府发动广大人民群众,依靠广大人民群众普遍建立仓储制度,将灾荒救济的希望寄托于坚实可靠的基础与广大群众的力量上。由于仓储后备具有事先预防、食物救济的实践价值,从古至今一直成为历代统治者所重视的社会保障思想,如《礼记·王制篇》所记载:

> 国无九年之蓄,曰不足;无六年之蓄,曰急;无三年之蓄,曰国非其国也。三年耕必有一年之食,九年耕必有三年之食,以三十年之通,虽有凶悍水溢,民无菜色"。

社会互助是民国时期救灾思想又一重要内容,是传统儒家思想的重要体现,强调社会成员之间相互帮助,也是中国传统社会保障思想的具体体现。春秋战国时期著名思想家墨子在《墨子·兼爱篇》下中主张"兼爱交利",提出"有力者疾以救人,有财者勉以分人,有道者劝以教人。若此,则饥者得食,寒者得衣,乱着得治"的思想。继墨子之后,孟子在《孟子·滕文公篇》上中主张"出入相友,守望相助,疾病相扶持,则百姓亲睦"等。以中国共产党边区政府救灾实践为例,中国共产党各根据地政府在救灾实践中广泛开展社会互助,倡导各社会团体军民厉行节约发扬互助精神,共同救灾。

然而,民国时期救灾思想虽已逐渐普遍取得科学根据,救灾思想的科学基础已经初步建立,但由于社会条件的限制,天命主义禳灾的思想还继续残留。在科学与愚昧并存的特殊年代,某些地方对救火漠然视之,原因则在于现代科学处于起步阶段,科学方法还未普及普通民众,从而人们必然选择迷信方法以代之,更多时候将灾害的发生归结为鬼神,因此在救灾必然的也采取淫祠木偶为护符等手段。

民国处于社会转型时期,封建迷信曾一度受到政府严令禁止,但对于巫术救荒却从未下令禁止,乃至于禳灾思想严重,在遇到大的自然灾害时,农民往往采用巫术禳灾的方法祈求上天保佑以躲避灾难,如1920年甘肃海原地震,地方首领亲率民众祈祷免灾。同年,北方直隶、山东、陕西、山西、河南5省大旱,山东省长屈映光发出求雨布告,亲率随从焚香祈祷以求普降甘雨,陕西华县知事、省城督军祈雨不断。1924年江西阴雨连绵,河水不断暴涨终致酿灾荒,官方乃设坛祈祷以求天晴;另则1934年江苏部分地区久旱不雨,故在上海设坛求雨,组织108名道士举行禳灾祈雨仪式,诵《九天雷祖玉枢宝经》、《木兰歌》等以祭拜九天雷祖以及九江、八洞、五湖、四海、行雨龙位。然而,中国共产党领导的革命根据地在救灾工作中逐步革除巫术救荒之陋习。可以说,相对于北洋政府、国民政府时期是历史一大进步。1943年太行抗日根据地旱灾蝗灾接连不断且严重,中共晋冀鲁豫区党委于1943年7月发出《关于救灾防荒的紧急号召》,明确批评禳灾,观望、等待不做实际工作的做法,一方面组织群众积极开展捕蝗,另一方面用具体例子教育群众。

整体而言,由于特殊的时代背景与历史环境,可以说,民国时期救灾思想一方面是对中国传统救灾思想的继承,如《荒政辑要初编》、《赈灾辑要》等中所体现的救灾思想,是中国传统救灾思想"天人合一"思想、民本思想的继承与发展,而另一方面则代表着中国救灾思想的近代化、科学化、社会化的转型方向。然而,无论是传统与近代,科学救灾抑或禳灾,都是民国救灾机制的真实客观反映,同样也是民生保障的迫切表达。

二、民国时期救灾思想的本质特征

对于民国时期救灾思想的特点与本质,需要在上述分析基础上进一步提炼,民国时期救灾思想的形成一方面吸收了传统救灾思想的精华,另一方面又是在特殊的时代背景与历史环境下成长起来的具有时代意义的救灾思想,科学化、社会化、多元化、国际化代表着民国时期救灾思想的发展方向,而传统与现代并存则是民国时期救灾思想的本质特征。

正如邓拓先生所言,民国时期救灾思想已逐渐有了科学根据,救灾思想的科学基础已经初步建立,由于近代工商业、交通的发展,乃至于实业的发展,一些现代化的科技救灾措施已广泛在救灾实践中推行,如铁路等现代交通工具的普遍应用,西方科学技术在水利勘测方面的应用等。更为重要的是,已经确立了"防灾胜于救灾"的科学救灾理念,尤其是以华洋义赈会为代表的建设救灾,如平民教育救灾、发展手工业救灾、合作救灾等在各地救灾实践中普遍推行。

救灾思想的科学化必然带来救灾实践的多元化,对于救灾主体而言,由于近代科学思潮的传播及近代新兴社会力量的成长,乃至于社会结构的变迁,各种社团纷纷成立,必然驱使着救灾主体的多元化,政府、民间团体、外国在华人士都以各种形式或力量参与救灾。多元化救灾思想的另一方面,则是募款渠道的多元化,政府捐款在社会募捐中起着重要的倡导和示范作用,民国时期的救灾赈款既有政府预算或政府预定征收的钱粮,也有公私机构或个人捐助,除国内捐款外,还有来自国外的捐款,教会组织则是国际募集赈款的主要力量。

　　救灾思想的科学化、多元化与社会化一脉相承,救灾的组织设置、立法设置、救灾原则、机构设置与人事任用,赈济程序与方法则成为救灾思想社会化的现实基础。以北洋政府时期 1920 年华北5 省旱灾为例,北洋政府除派员办理赈粜外,并设置赈务处,综理直鲁豫秦晋各灾区赈济及善后事宜,以后每遇重大灾荒,北洋政府都设立专职赈灾机构,1921 年北洋政府又设赈务处,并公布《赈务处暂行章程》。1924 年北洋政府改设督办赈务公署,并附设赈务委员会,其权限进一步扩大,并颁布《督办赈务公署组织条例》及《附设赈务委员会章程》。就义赈的组织与实施来看,北京国际统一救灾总会成为后来全国性义赈组织的前身,即中国华洋义赈救灾总会。

　　需要提及的是,在救灾过程中对于国外先进经验的吸收与学习,尤其是以西方传教士为主的西方救灾理念的传入,通过创办职业教育、办报刊等方式传播西方救灾思想及先进救灾措施,这为民国时期救灾思想的国际化提供契机。以北洋政府为例,由于外国使团在中国的特殊地位,1920 年华北 5 省旱灾在他们的参与下,救灾事务大有裨益,可谓"此次旱灾非一省之问题,乃华北诸省之事,如各国使署通力协济较易奏功"。[134]

　　以科学化、社会化、多元化、国际化为特征的民国时期救灾思

想已代表着民国时期民生保障的价值取向,民国时期救灾思想从本质上来说,是一种民生保障思想,正如《筹赈感言》所言:

> 所谓政府完全藐视民生,无预防天灾知识,亦未免立论过苛,独是内争无休,筹划军事,何暇以民生为意。水利失修,河工玩视,结果人民受其毒害,中央财政既频告支拙,所有收入,又悉以供军用。预防失术,振抚无能,人民固为不幸,实亦无可如何,是则内争实为天灾之导源,一日不息,即灾患无一日遏止,人民亦一日无脱离天灾痛苦之望。[135]

对于中国传统社会保障制度而言,最重要的莫过于荒政制度,可以说传统社会保障是以救荒为核心、建立在血缘、地缘宗法社会基础上而展开的一系列救助、优抚、老残妇幼福利、家族保障与邻里互助,在一定程度上救灾思想是中国传统社会保障思想的代表。然而,民国时期社会保险已见端倪,但救荒仍然可以说是社会保障的核心,以科学化、社会化、多元化、国际化为特征的民国时期救灾思想可以说是中国传统社会保障思想的转型,与传统社会保障思想而言,民国时期救灾思想抑或民国社会保障思想则更注重民生保障,正如夏明方教授所言:

> 贤达人士及社会名流已经将注意力从沿海通商口岸城市向西部农村,从注重军事近代化、工商业近代化转向对民生的关怀,尤其兼顾下层民众的生计,如经常处于饥馑流离状态广大小农的生计,由此表达了他们对民生问题的关注。[136]

以"公平、正义、共享、和谐、可持续"为核心的当代民生保障思想,可以说是与民国社会保障思想抑或救灾思想一脉相承。

三、民国时期救灾思想的中国元素

民国时期的救灾思想是中国救灾思想近代化转型的集中体现，也是中国救灾思想发展的必然阶段。由于灾害救助是社会救助之重要组成部分，因而也是中国社会保障之重要组成部分，灾害保障与其他社会保障制度不同的是还涉及灾害学的相关知识，跨学科的特性表现得尤为明显。以此而论，民国时期救灾思想是中国社会保障思想的核心组成部分，由于中国传统社会保障是以救灾为核心而展开的一系列保障，因此，中国救灾思想是中国社会保障思想的集中反映，因而民国时期救灾思想的近代化承载着中国社会保障思想的近代化变迁。民国时期救灾思想的科学化、社会化、多元化、国际化同时也反映着中国社会保障思想的近代化转型。

中国传统社会保障思想最早与抚民、安民思想交织在一起，此后经过历朝历代的发展，逐渐形成了对后世颇具影响的多种社会保障思想，如天命禳弭论、大同社会论、社会互助论、仓储后备论、社会救助论等。[137]社会保障思想十分丰富，且明显具有中国特色，有的思想迄今仍然具有指导价值，如社会救助论中的以工代赈思想等，这表明旧中国的社会保障思想较之西方国家并不逊色，某些方面甚至更具科学性。

晚清时期一批社会贤达人士在介绍西方社会保障思想及制度的同时，已开始深刻反思并批判传统宗族福利保障模式，将社会福利提高到治国方略的高度，由此中国开始了建立在农业文明基础上的传统宗族福利保障模式向建立在工业文明基础上的西方福利保障模式的变迁。由于民国时期进一步受西方国家保障、国家责任与马克思主义的影响，以及北洋政府、南京国民政府现代政府政治的确立，民国时期救灾思想，乃至于民国社会保障思想更多地体现了政府责任，如熊希龄、蒋介石等人认为救灾是政府义不容辞的责任，乃至于中国共产党边区政府已将民生保障上升成为一项政治任务，与建立在"家国观念"基础上的传统救灾保障而言，民国时期的救灾思想更为关注民生保障，并将之作为政府义不容辞的责任。可以说，民国时期救灾思想是一种民生保障思想，但这种民生保障思想还只是近代化意义上民生保障思想转型的开始。

在科学与愚昧并存的特殊战乱年代，天命禳弭思想仍然反映着民国时期救灾思想的时代特色，由于现代科学知识还未曾普及救灾领域，以及天命禳弭思想根深蒂固的影响，许多地方百姓自愿或通过宗教组织，甚至官员带头组织祈雨等天命禳弭救灾活动，一定程度上表明天命禳弭思想还有存在的历史空间。可以说，天命禳弭论是中国最传统的社会保障思想，产生于商代，具有浓厚的迷信色彩，是封建时代帝王实施巫术救荒措施的基础。天命禳弭论是天人合一思想在封建时代社会保障思想的现实反映，由于人们对天灾人祸的敬畏，加之生产力水平、科学技术水平十分有限，人民将生存保障的希望寄托于对上天的敬畏，认为人类社会的各种灾祸由上天决定，因而通过向上天祈禳以求保佑免除各种自然灾祸。[138]

民国时期救灾思想在西方科学思潮的传播与近代科学技术的影响下既继承了中国传统救灾思想，又吸取了中国传统社会保障思想的核心精华，同时又是在特殊的时代背景与历史环境下，对中国传统救灾思想与社会保障思想的发展。正如郑功成教授所言：

> 每一个国家或地区都有其历史渊源与文化传承，但总会有自己的一些特色元素得到传承，每一种制度都会有其历史渊源，即使是移植外来制度，也会不同程度的加注本土元素，

这是文化传承的必然结果,也是路径依赖的惯性使然。[139]

相对于西方社会保障思想而言,中国传统社会保障思想起源于大同社会思想,是天人合一哲学思想指导下民本思想的具体化,而西方社会保障思想起源于空想社会主义,是自由主义影响下的社会福利思想,强调个人保障责任。然而,随着经济社会的发展,西方社会保障思想在 19 世纪末到 20 世纪 70 年代,趋向于强调国家责任与国家保障,强调国家在建立和实施社会保障中的主导地位和责任,随着"福利国家"已成为诸多西方国家在社会政策领域的追求目标,这在促使西方社会保障水平提高的同时也导致福利病的出现,以至于很长一段时间内难以解决。20 世纪 70 年代之后,西方社会保障思想在福利病的影响下开始发生变化,强调自助、互助、与国家保障相结合,主张社会保障问题的解决既是政府责任,也是社会责任,更是个人责任,因而西方国家在进行大规模、深层次社会保障制度改革过程中追求国家责任、社会责任与个人责任的协调与平衡。然而,这也正是中国传统社会保障思想"中庸之道"的现实反映,也正如郑功成教授所言,中国社会保障制度改革应遵循"中庸之道"。

民国时期救灾思想起源于天人合一的哲学思想,是通过实践、哲学思考而建立的人与自然因地制宜、协调发展的理念,在生产力落后和科学技术不发达的情况下,古人在受到自然灾害威胁时,天人合一思想具体体现为天命禳弭思想,即通过某种超自然力量的祈求来减少灾害或消除灾害。[140]民国时期救灾思想在西方科学思潮与科学知识传播的影响下,较之于中国传统救灾思想而言,体现了科学化的发展趋势,而正是这种科学化的发展趋势为民国的灾害救助提供了较之于传统社会丰富的物质基础。同时,救灾主体的多元化与国际化,救灾资金筹集的多元化、社会化、国际化,以及救灾措施的社会化,民国时期救灾思想的多元化、国际化、社会化的发展趋势影响着民生保障事业向多元化、社会化、国际化的方向发展。

　　民国时期的救灾思想继承了中国传统救灾思想中的民本思想,中国传统救灾思想强调以"以仁政之心行仁政","爱国必先爱民","彻底为民"为代表的民本思想,民本思想建立在民本主义基础上,强调在应对自然灾害中发挥人的主观能动性以防范饥荒,民本思想将发展生产与救荒联系起来综合考虑以至于在救灾中达到标本兼治的效果,力求使灾民更好的生活。从本质上来说,传统的民本思想是在当时的历史条件下产生的一种朴素的民生保障思想,将救荒作为民生保障之重要部分。然而,这种民生保障思想具有历史局限性,其根本出发点则在于维护其统治阶级的统治,是建立在皇权基础上的民生保障思想。民国时期救灾思想既继承了传统的民本思想,又是特殊时代背景下的民生保障思想。民国时期已经建立了具有现代化特征的政府政治体系,救灾及民生保障已成为政府义不容辞的责任,作为现代国家公民具有被救济、被保障的权利。因而,经过民国时期中国救灾思想的近代化转型,传统的民本思想已经发展成为特定历史背景下的民生保障思想。

　　纵观中外世界各国,"凡是追求社会保障公平并想获得持续、健康、和谐发展的国家,必定高度重视社会保障制度建设;凡是社会保障制度健全、完备的国家,通常都是能够获得持续、健康发展的国家。"[141]纵观古今历史,历代王朝的兴衰无不于民生保障有关,凡是统治者重视民生保障的朝代,其统治则稳固,社会经济发展繁荣;凡是历代朝代的更迭与战乱,皆因严重的民生问题与社会矛盾而起,如德国社会保险制度的建立与当时尖锐对抗的劳资矛盾无不有关,英国福利国家的建立迅速化解了国内社会矛盾与阶

级对抗等,二战后日本健全的社会保障体系为日本经济的起飞与
持续增长奠定了稳定与公平的社会基础,韩国、新加坡等新兴工业
化国家或地区通过健全自身社会保障体系促进社会公平与社会和
谐。对于中国而言,几乎中国历史上的每次战乱无不与民生保障
有密切相关,陈胜吴广起义也皆因残酷的民生问题所迫,北洋政
府、南京国民政府虽然在制度上建立了相对而言比较健全的社会
保障体系,但诸多政策终因流于形式而未能付诸实施,以至于导致
政权更替。然而,正是由于中国共产党在民国时期比较重视民生
保障,将民生保障上升到政治高度,发动广大人民群众,依靠广大
人民群众,开展以"自力更生、生产自救"为核心的一系列救灾减
灾措施及民生保障措施,最终赢得了最广大人民的信任,并赢得了
战争的最终解放胜利,建立了政权。

中国改革开放三十多年来,我国在政治、经济、文化、社会建设
等诸多方面取得了举世瞩目的成就。就当代社会保障而论,正如
郑功成教授所言,我们已进入"后改革开放时代",民生问题已成
为这一时代的主旋律,成为社会普遍关注的热点。"社会保障"已
作为一个完整的、具有最高法律依据的概念于 2004 年 3 月第十届
全国人大第二次会议通过的《中华人民共和国宪法修正案》正式
提出,且明确要求"国家建立健全同经济发展水平相适应的社会
保障制度",党的十七大于 2007 年进一步明确了社会保障作为国
家保障民生与改善民生的核心制度安排的地位,明确提出要"加
快以改善民生为重点的社会建设",要让全体人民"学有所教、劳
有所得、病有所医、老有所养、住有所居"。

中国救灾思想的近代化是一种民生保障思想,是建立在现代
政府责任基础之上的政府对民生保障的责任。以"公平、正义、共
享、和谐、可持续"为核心的当代社会保障的核心理念与民国时期

救灾思想一脉相承,是民国时期救灾思想在当代的现实反映,且是在新的历史环境下的民生保障。在当代社会保障制度与实践发展的基础上,一批国内外知名学者秉持着学术良知、学术责任、社会责任、国家责任的热情,已就中国社会保障的改革与发展作出战略性的总体规划,并已形成了以"公平、正义、共享、和谐、可持续"为核心价值体系的当代社会保障思想,这是执政为民,以人为本的客观需要,这也正是时代发展所赋予的新的历史使命。

注　释

1　41　张廉:《救灾与治川》,《国闻周报》1937 年第 14 卷第 19 期。

2　章元善:《苦难中的救灾问题》,《独立评论》1932 年第 12 号。

3　4　46　47　49　张之毅:《当前的旱灾问题》,《国闻周报》1937 年第 14 卷第 22 期。

5　《社声》,《新中华》,1932 年复刊第 4 卷。

6　8　《最近二十年水利行政概要》,《水利月刊》1934 年第 6 卷第 3 期。

7　张自立:《统一水政之商榷》,《水利月刊》1937 年第 1 卷第 1 期。

9　19　39　45　郑子政:《从本年秋旱论今后救灾方案》,《国闻周报》1936 年第 13 卷第 48 期。

10　巫宝三:《华洋义赈救灾总会办理河北省农村信用合作社放款之考察》,《社会科学杂志》1934 年第 5 卷第 1 期。

11　塔德(O. J. Todd)著,余受之译:《洪水与饥荒》,《中国实业》1935 年第 1 卷第 10 期。

12　20　21　刘秉仁:《我国的旱灾与农荒救济》,《清华周刊》1935 年第 42 卷第 11 期。

13　董时进:《论灾》,《独立评论》1935 年第 167 号。

14　15　16　17　章元善:《皖赣农赈》,《独立评论》1937 年第 44 号。

18　沈宗瀚:《灾后种麦误期之补救》,《科学》1933 年第 17 卷第 1 期。

22　朱墉:《我国水旱灾荒之原因与救济意见》,《水利月刊》1931 年第 1 卷第 5 期。

23　詹纯:《江皖水灾调查并规划说明书——论皖苏两省大江以北所有河湖陆地应筹保存之方法》,《地学杂志》1913 年第 8 期(总第 38 期)。

24　詹纯:《江皖水灾调查规划说明书——论关于淮河北部永成南宿州府之平水法》,

《地学杂志》1914 年第 1 期(总第 43 号)。

25 沈怡:《历代治河方法之研究》,《申报月刊》1935 年第 4 卷第 8 号。

26 《孟子·滕文公上》。

27 《孟子·离娄下》。

28 《孟子·告子下》。

29 郑德坤:《治理黄河的我见》,《东方杂志》1934 年第 30 卷第 24 号。

30 张仲伊:《民生渠前途之展望》,《水利月刊》1935 年第 8 卷第 3 期。

31 陶然:《改良灌溉与改良农业》,《水利月刊》1931 年第 1 卷第 4 期。

32 33 35 康瀚:《中国林业荒废之原因及其复兴之途径》,《中国实业》1935 年第 1 卷第 3 期。

34 蔡斌咸:《灾荒袭击后的造林问题及其动向》,《新中华杂志》1935 年第 3 卷第 6 期。

36 李寅恭:《说畜牧》,《科学》1916 年第 2 卷第 11 期。

37 40 梁庆椿:《中国旱与旱灾之分析》,《社会科学杂志》(国立中央研究院社会科学研究所)1935 年第 6 卷第 1 期。

38 李允彬:《旱地耕种法》,《科学》1916 年第 2 卷第 10 期。

42 沈怡:《防河与治河》,《独立评论》第 194 号。

43 张仲伊:《谈黄河》,《独立评论》第 166 期。

44 林景亮:《防旱重于救灾》,《中国农民月刊》1945 年第 3 卷第 4 期。

48 林松年:《从我国农业灾害说到今后防灾问题》,《中农月刊》第 9 卷第 2 期。

50 陈寿衡:《印度救灾政策》,《社会科学杂志》(国立中央研究院社会科学研究所)1935 年第 6 卷第 1 期。

51 荣达坊:《近代污水清理之演进》,《科学》1937 年第 21 卷第 2 期。

52 周秋光:《熊希龄集》(上),湖南出版社,1996 年版,序言第 2—3 页。

53 57 熊希龄:《就北五省灾荒状况及救治方法在燕京大学的演说词》,中国第二历史档案馆馆藏,1920 年 10 月 21 日。

54 周秋光:《熊希龄集》(中),湖南出版社,1996 年版,第 1073 页。

55 熊希龄:《请代收赈款至各省财政厅中国银行、交通银行电》,载《京畿水灾善后纪实》,1917 年 10 月 8 日。

56 熊希龄:《汇报筹办赈务情形呈冯国璋文》,载《京畿水灾善后纪实》,1917 年 11 月

24 日。

58　熊希龄:《十六省水灾救济意见书》,天津《大公报》,1931 年 10 月 24 日。

59　60　61　　熊希龄:《赈济湖南等省水灾建议案》,湖南省档案馆藏,1932 年。

62　63　64　65　66　67　　熊希龄:《十六省水灾救济意见书》,天津《大公报》1931 年 10 月 24 日。

68　熊希龄:《就北五省灾荒状况及救治方法在燕京大学的演说词》,中国第二历史档案馆藏,1920 年 10 月 21 日。

69　熊希龄:《为京津灾民请赈至各省督军省长等电》,长沙《大公报》1917 年 10 月 12 日。

70　熊希龄:《督办京畿水灾河工事宜处公启》,北京《顺天时报》1917 年 10 月 9 日。

71　熊希龄:《申述捐赈从优给奖至日本南洋美菲澳各埠领事商会电》,载《京畿水灾善后纪实》,1917 年 12 月上旬。

72　孙中山:《孙中山选集》,人民出版社,1981 年版,第 802 页。

73　《孙中山全集》第 1 卷,中华书局,1985 年版,第 2 页。

74　77　78　《孙中山全集》第 9 卷,中华书局,1985 年版,第 407—408、118、397 页。

75　孙中山:《中国的现在和未来》,选自《孙中山全集》第 1 卷,中华书局,1985 年版,第 89 页。

76　李岚:《孙中山的救荒思想》,《安徽史学》2000 年第 2 期。

79　孙中山:《实业计划·第五计划》,选自《孙中山全集》第 5 卷,中华书局,1985 年版,第 134—135 页。

80　《孙中山全集》第四卷,中华书局,1985 年版,第 50—51 页。

81　《孙中山选集》(下卷),人民出版社,1981 年版,第 596 页。

82　陈菁、高峻:《试述孙中山对农业、农村、农民问题的思考》,《广州社会主义学院学报》2006 年第 4 期。

83　孙中山:《农功》,选自《孙中山全集》第 1 卷,中华书局,1985 年版,第 3—5 页。

84　孙中山:《上李鸿章书》,选自《孙中山全集》第 1 卷,中华书局,1985 年版,第 8—9 页。

85　王耿雄等编:《孙中山集外集补编》,上海人民出版社,1990 年版,第 217—218 页。

86　孙中山:《孙中山全集》第 2 卷,第 169、196、229 页。

87　李岚:《孙中山的救荒思想》,《安徽史学》2000 年版第 2 期。

88 张卫莉:《孙中山经济思想研究》,博士学位论文,西北大学,2011 年。

89 《告水灾被难同胞书》载《申报》1931 年 8 月 31。

90 《为赈济水灾告全国同胞书》,《大公报》1931 年 8 月 26 日。

91 《多难兴邦全在同志共同努力》,《民国日报》1931 年 9 月 10 日。

92 《全国国民应总动员》,《国民日报》1931 年 8 月 26 日。

93 《大公报》,1928 年 12 月 25 日。

94 《大公报》,1929 年 4 月 4 日。

95 《申报》,1931 年 8 月 26 日。

96 《民国日报》,1931 年 8 月 11 日。

97 谢徵孚:《中国新兴社会事业之功能与目的》,选自秦孝仪编:《革命文献》第 100 辑,《"中央"文物供应社》,第 2 页。

98 秦孝仪:《革命文献》(第 96 辑),国民党党史会 1973 版。

99 100 101 102 103 108 薛毅、章鼎:《章元善与华洋义赈会》,中国文史出版社,2002 年版,第 20、55、54、55、25、148 页。

104 章鼎等著:《到人不到之地,做人不做之事——记农村合作事业先行者章元善》,载《人物》1992 年第 6 期,第 149 页。

105 蔡勤禹:《民间组织与灾荒救治——民国华洋义赈会研究》,商务印书馆,2005 年版,第 179 页。

106 黄文德:《非政府组织与国际合作在中国——华洋义赈会之研究》,秀威资讯科技股份有限公司 2006 年版,第 65 页。

107 《皖赣农赈》,载《大公报》(天津)1933 年 4 月 1 日。

109 夏明方:《中国式救灾——明清以来中国救灾事业嬗变过程中的国家与社会》,中华读书报 2010 年 12 月 15 日。

110 111 113 114 117 131 邓云特:《中国救荒史》,生活·读书·新知三联书店 1958 年版,第 148—196、148、144—147、146、148、146 页。

112 《蝗虫》,《解放日报》1945 年 1 月 7 日。

115 116 118 119 120 121 122 123 124 125 126 127 128 古籍影印室:《民国赈灾史料初编》(一),国家图书馆出版社,2008 年版,第 8、85—101、107—119、123—133、139—149、195—199、151—176、182—187、190—191、178—181、245、376、163 页。

129　古籍影印室:《民国赈灾史料初编》(二),国家图书馆出版社,2008 年版,第 200—201 页。

130　136　夏明方:《洋务思潮中的荒政近代化构想及其历史地位》,载《北京档案史料》2000 年,第 188、188—189 页。

132　汪汉忠:《灾害、社会与现代化》,社会科学文献出版社,2005 年版,第 13 页。

133　《晨报》,1920 年 10 月 28 日。

134　《大公报》,1920 年 9 月 20 日。

135　《筹赈感言》,《大公报》1921 年 9 月 30 日。

137　郑功成:《论中国特色的社会保障道路》,中国劳动社会保障出版社,2009 年版,第 22—24 页。

138　文姚丽:《古代典籍与仁人志士救荒思想研究述评》,广西财经学院学报 2010 年第 8 期,人大复印资料《社会保障制度》2010 年第 1 期转载。

139　郑功成:《当代社会保障发展的历史观与全球视野》,《经济学动态》2011 年第 12 期。

140　文姚丽:《中国传统救荒思想的哲学渊源——天人合一》,《社会保障研究》2010 年第 1 期。

141　郑功成:《中国社会保障改革与发展战略——理念、目标与行动方案》,人民出版社,2008 年版,第 2 页。

第六章

民国时期救灾思想对救灾
制度与实践的影响

在民国时期救灾思想近代化转型的影响下,无论是北洋政府还是南京国民政府的救灾防灾制度与实践,均已建立了近代化的减灾救灾机制,实现了由传统救荒向现代救灾、减灾、防灾的转变。国民政府的救灾、减灾、防灾则是一项系统工程,包括救灾、防灾与灾后重建等内容。就本质而言,近代化的救灾减灾实质上是对灾害的综合治理。在政府责任确立以及现代政府建立的情况下,关注民生已经成为政府一项义不容辞的责任,广泛对民众实施灾害保障,使救灾、减灾、防灾社会化、系统化、法制化,并建立了近代化的灾害保障体系。灾荒救济的近代化转型主要以专司近代化机构的出现为标志,与之伴随的是近代化的技术手段,如信息、交通、传媒等近代通讯技术手段。纵观民国38年救荒史,可以将民国荒政的近代化因素概括为以下几个方面:民国时期有了专门的灾害救济行政体系;出现了专门的防疫机构,形成了卫生防疫机制;有了稳定的经费保障以及逐渐形成了以教代养的灾害救济制度。

第一节　概述

自古以来我国对于灾害的救济有层次上的区分,如衣食恐慌为第一层次的救济,主要措施有禁闭籴、进囤积、救灾周恤、筹备工赈及发展农村副业等,由于这些措施只能缓解燃眉之急,治标而不治本,故应有治本之政策,治本之策属于长期治理,即第二层次灾害救助,需要大量资金与人力长期投入,如严密的组织,改良统治机构,调整技术意见。治本之策需在行政院直接管辖下设治河督办、浚港筑闸、凡各口之淤塞者,宜加以疏浚,并于相当地点,以司启闭而节水流;疏浚江河,凡江河正流之淤浅者宜加以疏浚,即分歧之支流,以及农田间之荡渠,均应加以疏浚。[1]

在特殊的时代背景下,救灾必须与国家救亡、民族复兴联系起来,制定综合计划。曾有学者指出:

> 中国苟有救灾、救亡、复兴、建设必须使全国社会,形成有机组织,一切智力、财力、物力,俱统一于一个目的计划之下,而各尽其应尽之职务。就目前救灾论,有财者应输财,无财者应输力,政府应总其成,社会应分其责,军队应全体为救灾工作,各业人士应就其职业能力所及,为救灾服务。一切凡与救灾意义违背之风俗嗜好,则以法律与清议之力一概打倒之。待救命事业告一段落,则速集合一切智力财力物力,谋灾区必要之复兴,防今后巨灾之再起,且鉴于国民经济之危殆万状,从此国家应速定一整个的经济建设计划,军政界经济界知识界,皆对于此整个的计划书负其应负的职责。[2]

然而,灾荒对政治的影响既有外国政治势力的因素,也有本国

政治制度的影响,同时也有救荒制度本身的弊端。因此,在具体的救荒过程中:

> 首先要反对外国经济侵略,要求发展本国工业以代替外国工业品的倾销;其次澄清中国的政治,要求国内永久的和平;第三,救荒制度内部的政治矛盾,如民国有学者通过分析民国 1931 年水灾的影响及其成因,认为救荒中存在着诸如水利行政不统一、经费不足及治标不治本等严重问题。[3]

民族、国家、社会与救灾必然联系。有学者指出,就民族的利害关系而言,宣扬三民主义之国民党,首应由各党部,领导进行救灾运动,以为全国之表率;就国家的利害关系而言,居于统治地位之政府,应当用种种方法,对救灾运动努力提倡,以谋前途之出路;就社会的利害关系而言,则全国各界,凡非身被灾祸者,不拘能力大小,均须参加救灾运动,以求本身之安全:

> 吾人非好为微词,苟全国上下不能一致奋发,救此奇灾,则全国将从此不能保持秩序,而有立即发生空前大骚乱大恐怖之危机,同时则深信因果公道,的确存在,有能提出外国银行之存疑或出售并不需要之家宅以助赈者。不特一万万灾民拜赐匪浅,爱戴弗诒。[4]

民国时期救灾思想的科学化、社会化、国际化对救灾制度及实践有诸多方面影响。对于国民政府的救灾实践,主要包括赈款的筹集、赈务的分配、灾情视察、急赈、赈品运输、工赈、移民等多项事宜。然而,赈款筹集、赈务分配、灾情视察主要是对于救灾机制而言,而急赈、赈品运输、工赈、移民则主要对于就具体救灾措施而论。此外,国民政府在救灾实践过程中还尤为重视防灾实践,通过建立仓储制度、实施救灾准备金制度、创办灾区合作事业、兴办水利植树造林等防灾措施从根本上减少灾害发生的机率或频次。[5]

民国时期水灾最为严重,以水灾救济为例,湘皖灾民持积极态度,湘人救灾曾风靡一时,可谓开邻省之河水以治理本省之水,固然易乐于从之。[6]由于湘皖地区的特殊地理联姻,若要治理湖南的水灾需首先攻其心腹之地,即治理皖水。[7]有学者已明确意识到水势对于治水的重要性,"治水而不知水势是尤治病而不知病所在"。[8]因此,治水首先以测量为先,明确河流河身之广狭、河流之深浅淤塞状况、水量之多寡、水流之缓急、江湖沿岸之地势地质、森林之有无、田地之疏密等。[9]

正如水灾的科学救助必须建立在科学的测量基础上,一般而言,天灾应当是用科学方法去解决,然而科学方法的运用必然有它的条件,由于民国时期社会各方面矛盾重重,虽然有克服自然的力量,但有些完全不能用,这正如一个怀着熟练技能的人找不着工作一样,所以要解决天灾问题,要挽救崩溃了的中国农村,只有先解决社会中的主要矛盾,然后才有希望。[10]总而言之,中国灾荒问题的解决是以农民生计问题的解决为前提,而中国农民生计问题的解决应是以民族解放运动的成功为前提条件,因此,中国灾荒问题的解决是与国民经济的繁荣紧密联系,更与国家民族的兴亡直接相关。

第二节　民国时期救灾思想对救灾法律法规的影响

北洋政府时期尽管政治动荡不安,军事纷争迭起,但自从甲午战争和晚清新政以来中国民族工业已有所发展,资产阶级政治、经济地位有所提高,一些资产阶级代表张謇、周学熙从日本练兵、兴学、制艺等而走向富强意识到中国应走明治维新道路,并进而极力推动民族资本主义经济的发展。实业救国思想在北洋政府时期已逐渐深入人心,在晚清新政的影响下必然推动北洋政府改革经济行政机构,在经济上制订了一系列有利于资本主义经济发展的政策、法令,同时也促使着北洋政府近代化救灾法律法规的建立。

民国时期救灾思想社会化对北洋政府时期的救灾防灾类法律法规影响极为深远,同时,救灾防灾法律法规也是民国时期救灾思想的直接体现,以政府责任在救灾体制方面的确立最具代表性。北洋政府时期在灾荒预防、勘报、临灾救济以及义赈等方面制订了一套相对来说比较完整的法律体系,足以见得北洋政府比较关注灾荒和灾民的救济。值得提及的是,北洋政府还颁布了《义赈奖券章程》、《森林法》、《防疫条例》等,这些法律具有独创性,但几乎未曾在救灾实践中实施。

继北洋政府之后,国民政府的灾害救治在走向制度化的同时,也开始向法制化的道路发展。国民政府在统一赈灾机构后颁布了一系列法律法规。然而,当时的法律法规并没有否定北洋政府的法规,而是在其基础上有所继承、发展,且趋于完善;对于尚未制定的新法,国民政府则通令"暂准缓用"北洋政府时期的法律,目的在于保持法律的连续性,如《农作物病虫害防除规则》等。再之,国民政府公布了《监督慈善团体法》及《各地方救济院规则》,以加强对灾害赈济的管理,随后内政部组织法多次修改,直到抗战前,管理社会救济事业的职责均未发生变化。

国民政府时期的减灾立法共 80 余项,多条实施细则,主要包括七方面内容,如组织管理类、赈款出纳类、赈灾类、备荒防灾类、防疫类、援助类及奖惩类法规等。对于救灾法规的具体内容而言,救灾组织、赈款、赈品、奖惩、备荒及会务方面已经有严格的法律规定。以组织类法规为例,当时已修正了《赈务委员会组织条例》及

《各省赈务会组织章程》,并对《赈务委员会驻平驻沪办事处暂行组织章程》做了严格规定。[11]对于赈款方面的法规而言,当时在修正《各省赈务会赈款管理规则》的同时,还颁布了《赈务委员会收存赈款暂行办法》、《赈务委员会提付赈款暂行办法》与《各省赈务会及县市赈务分会会计章程》等。显而易见,当时已对赈款的收存、支付,乃至于会计章程都有详细系统的规定。[12]需要说明的是,国民政府时期当时对此类法律的名称还沿用"赈务"一词,承袭了传统救灾体制的用语。然而,在实质内容上却已具有现代化的特质。

这些法规的颁布与组织实施,表明国民政府建立了防御灾害的组织管理机制,并支持奖励慈善义赈行为。首先,由于民国时期救灾思想多元化的影响,国民政府时期的赈务机构具有呈多元化的特征,除政府职能部门外,还有各种慈善组织及国际性慈善组织的分支机构,如红十字会、红万字会等。对于慈善机构如何管理已成为突出问题,《监督慈善团体法》的颁布可以说在某种程度上为慈善机构的管理制订了规则;其次,组织管理类法规的颁布确立了灾害的查、堪、报、救、蠲免制度,以减轻灾民负担。1928 年、1934年南京国民政府重新修订《勘报灾歉条例》并公布,在此基础上,1936 年又制定新的《勘报灾歉规程》,对灾害的勘报、蠲免等程序及蠲免幅度作了明确规定;再次,赈款出纳类法规的颁布强化了国民政府的灾害预防机制,以建立救灾准备金制度为代表,规定了救灾资金来源、保管、出纳制度,并确立了仓储备荒制度;再次,防灾类法规的颁布表明国民政府鼓励兴修水利,奖励造林、垦殖,保护生态环境并推动水利管理体系形成。同时,防疫类法规的颁布对加强疫情防控,防治烈性传染病传播、加强农业疫情的管理、防治农业病虫害都有重要推动作用。此外,南京国民政府还建立了灾害援助机制。[13]

　　值得提及的是,南京国民政府时期的救灾法规已对赈品的免税有了法律规定。然而,就现代社会而言,还未曾就慈善捐赠或灾害捐赠的免税条例制定严格的法律规定。南京国民政府已颁布《赈灾麦粉免税办法》,与此同时,南京国民政府时期还对灾害捐赠或慈善捐赠的奖惩有严格的法律规定,如当时已颁布《办理赈务公务员奖励条例》、《办赈团体及在事人员奖励条例》、《赈务委员会助振给奖章程》及《办赈人员惩罚条例》等一系列法规条例。[14]此外,南京国民政府还颁布了《救灾准备金法》,以法律的形式规定中央政府及地方政府提取救灾准备金,至于如何提取救灾准备金,上文已有所涉及,在此不再赘述。

　　在救灾规章制度制定方面,国民政府各部门及各级救灾机构制订了许多规章制度,主要包括救灾机构管理章程、救灾物品管理章程、赈济章程以及奖惩性章程等内容。这些章程的制订,保证了赈灾制度的权威性,也表明了民国救灾步入法制化轨道,救灾日益规范化、制度化,民国时期已经初步建立了中央一级专职救灾体制。

　　然而,再精美完善的法律规章制度也需要由办赈人员执行,在传统救灾思想中,思想家或开明士大夫阶层已通过办赈实践认识到办赈人员的素质直接决定着办赈效果,如第四章在论述《荒政辑要初编》时所提到的"一曰任正人",这是对传统救灾思想的精辟总结。南京国民政府在汲取传统救灾思想与经验的基础上,更清醒地意识到对办赈人员的管理直接决定着救灾的效果这一历史事实。因而,更为注重对办赈人员素质的考察,出台了《修正赈务委员会职员奖惩规则》及《修正赈务委员会职员请假规则》等。同时,南京国民政府颁布了一系列相关制度法规,如《赈务委员会处务章程》、《赈务委员会放赈调查视察人员出差旅费规则》、《赈务委员会职员考核等地办法》。[15]显而易见,南京国民政府时期的赈灾法律法规既继承了传统救灾思想的精华,同时又是在救灾思想近代化转型的影响下,救灾制度近代化转型的集中体现。

第三节 民国时期救灾思想对救灾制度的影响

一、民国时期救灾思想对组织机构的影响

北洋政府时期社会救济管理体制实行中央、省(道)、县三级管理,除常设机构外,尚有非常设机构,负责大灾大难的救济管理。首先,北洋政府设有日常的救济机构,并于1912年8月成立内务部并颁布《内务部官制》规定,有内务部总长管理赈恤、救济、慈善及卫生等事宜。其次,北洋政府还具体规定由民政司职掌贫民赈恤、罹灾救济、贫民习艺所、盲哑收容所、慈善及移民垦殖等事项;并由卫生司职掌传染病地方病之防治及车船检疫等事项。[16]此后北洋政府则根据救灾防灾实践的变化曾两次修改内务部官职,随之带来的则是中央政府赈务机构及其职责的变化,即于1913年公布《修正内务部官制案》,规定内务部民治司掌管救济、慈善事项,职方司掌管河防水利事项,属常设机构。[17]此外,北洋政府在全国各省市县乡设立了全国农会联合会,省、市、县、乡农会遇到荒歉时,须调查荒歉状况,共筹救济方法,呈报主管官署[18]。

北洋政府设立了专门的全国防灾委员会,这是北洋政府时期最有积极意义的创设,并于1921年5月13日制定了《全国防灾委员会章程》,规定此章程附设于内务部,专门用于讨论受灾原因、筹划防灾方法、消弭各省区的灾谦,凡与灾荒救济直接或间接相关

者等都由此机构调查研究、筹定办法。其委员会下设六股,即总务股、农林股、工程股、粮食股、移植股、劳工股等,主要掌管包括农田水利、森林河流、道路工程、调节粮食、移民垦殖以及工业、矿业、救济、劳动等事项[19]。劳工股职掌工业、职业劳动者之赈务推行、救助或保护事项。[20]此外,北洋政府还在仓储、农林、水利、气候、凿井等方面采取了一系列措施,以预防灾荒的发生;北洋政府的救灾管理体制实行中央、省、县三级管理,除日常救灾机构外,还有临事救灾机构,主要负责大灾大难的救济管理。

在水利建设方面,北洋政府顺直委员会于 1925 年制订了《顺直河道治本计划》,此计划主要以防洪为重点,规划工程主要包括挽潮白河归北运河,龙凤、土门泄洪工程、苏庄和南运河的马厂河域、独流河域、子牙河域等一系列防洪工程,这是海河流域第一个全面的、科学的治理规划;与此同时,在遇到特大灾情时,还设立临时性机构专办赈务;[21]以 1920 年旱灾为例,政府派员办理平粜外,并发行义赈奖券,设置赈务处;此外,还设立全国水利局,各省设立水利委员会,制定了全国水道水利、水灾调查方式,内务部成立了全国河务研究会。显而易见,民国时期救灾思想的科学化、社会化直接影响着北洋政府时期救灾法律法规制定的社会化以及救灾防灾的科学化走向。

北洋政府的赈务总体上由内务部负责,赈务机构虽有不少创新,但由于军阀混战,政府更迭频繁,其内部设置、职责与名称均比较混乱,有创设价值的机构均因各种原因难以发挥作用,加之政府极度松散,一旦大的灾害发生,中央赈务机关无法指挥协调地方及相关部门,故难以形成有效的灾害救助。因此,救灾效果欠佳。[22]然而,由于民间组织兴起,慈善团体纷纷设立,并积极从事赈灾事宜,部分弥补了政府救灾不足,如中国华洋义赈会等。由此可见,北洋政府时期政府社会救济行政已经初步建立了以总统制为核心的中央一级专职救济机构，明确了救济工作为一项重要的政府行为，民国社会救济行政已向系统化、专门化的方向发展，已从制度层面建立了比较完备的防灾体系。

继北洋政府之后，民国时期救灾思想的社会化发展方向继续影响着南京国民政府救灾体制的法制化，南京国民政府时期已经建立了现代化的救灾体制，国民政府时期的救灾体制与机制可以说已趋于健全完善。南京国民政府在北洋政府救灾体制现代化转型的基础上，继续吸收西方救灾制度及经验，并鼓励发展本国科学技术，已经建立了现代化的救灾体制及框架，如组织结构、救灾措施已具有现代救灾体制的内涵与特质。

南京国民政府成立之后内务部改称内政部，并于 1931 年公布《修正内政部组织法》，该法规定由内政部管理全国内务行政事务，下设民政司掌管地方行政及经费、赈灾、救贫及慈善等事项，[23]地方各省均设民政厅、城市建设民政局等机构。1928 年直鲁大地兵灾之后又逢自然灾害，为此国民政府于 1928 年 5 月 1 日成立了直鲁赈灾委员会，负责直鲁两省赈务。该委员会虽专为办理直鲁两省的救灾事务而设，但确实是国民政府设立独立救灾机构的开始。然而，随着灾情的进一步蔓延，灾情遍及陕、甘、豫、晋、察、绥、皖等地，地方性的赈务机构无法应对日益扩大的灾荒，因而国民政府于 1928 年 8 月成立赈务处及赈款委员会以此作为全国最高的赈务机关，赈务处直属国民政府，内设总务、调查、赈济三科，此时的赈务尚未脱离内政部系统。由于当时陕甘、晋察冀等地还在军阀控制下，赈务处无法履行综合治理全国赈务的职能，因此，分别于 1928 年 11 月和 12 月间，国民政府分别成立了以冯玉祥为主席的豫陕甘赈灾委员会、以阎锡山为主席的晋察冀绥赈灾委员会和以胡汉民主持的两粤赈灾委员会,以此作为这些地区救灾的最高机构。

　　由于当时各种赈灾委员会并力而行,赈务均各自为政以至于对救灾实效负面影响较大,很难将人力物力财力统一调度实施有效的救灾防灾。因而,国民政府将各赈务机关一律合并组成国民政府赈灾委员会,并修正组织条例将赈灾委员会列入行政院序列,负责办理全国赈灾事宜,以此为标志国民政府有了专门负责办理赈务的机关。赈务委员会以救济灾民为根本目的,专门负责办理灾区赈务,并负责协调各救济机关的行动,而日常的贫民救济、救济机构管理等不在其职责范围之内,与内政部界限明晰,内政、外交、交通、铁道、实业各部部长为其委员,在行政院的直接领导下处理灾区赈务,资金主要来源于政府拨款和社会捐助。赈务委员会的成立,标志着国民政府的救灾防灾工作逐步向制度化、专业化方向发展。

　　对于国民政府的具体组织机构而言,以负责稽核请运赈品的机关为例,国民政府(1927—1937)负责稽核请运赈品机关,大致经历了以下几个阶段:

　　　　自 1928 年 9 月至 1929 年 4 月间,赈品请运稽核之事是由赈款委员会(1929 年 3 月改名赈灾委员会)和赈务处共同负责;1929 年 4 月至 8 月,该项业务是以赈灾委员会为主,赈务处为辅的方式进行;1929 年 8 月至 1930 年 2 月,此项工作由赈灾委员会负责;1930 年 2 月至 1931 年 8 月由国民救济水灾委员会负责;1932 年 8 月,国民救济水灾委员会裁撤后,该业务又转归赈务委员会负责,直到 1938 年 4 月该会改组为赈济委员会。[24]

　　在常设赈务机构之外，南京国民政府还设有临时性赈务机关，目的在于应对特大灾害时便于统一调度指挥。以 1931 年水灾为例，由于此次水灾影响范围甚广，南京国民政府为了实施有力的救济成立了水灾救济委员会，宋子文担任委员长，许世英、刘尚清、孔祥熙、朱庆澜为特派委员，同时还聘请了国外专家指导救灾工作，从水灾救济委员会的机构设置来看，有财务组财务委员会、稽核组稽核委员会、卫生防疫组顾问委员会、联络组联络委员会、灾区工作组技术委员会、内江运输委员会、结束委员会等；同时还设有秘书处、财务组、调查组、稽核组、会计处、卫生防疫组、运输组、联络组、灾区工作组、急赈处、工赈处、农赈处、运储处及视察处等诸多部门。[25]从职能部门的设置来看，全国水灾救济委员会已经具备了现代政府救济组织结构，尤其以卫生防疫顾问委员会和灾区工作组技术委员会为代表，表明国民政府时期对灾区的卫生防疫工作及救灾技术尤为关注。

　　在组织机构与人员配置方面，国民政府救济会与以往不同的是聘请了英国辛普生任委员兼副委员长，当时的委员长为宋子文，许世英、刘尚青、孔祥熙、朱庆澜为副委员长。同时还聘请了来自政府部门和社会名流、民间义赈人士、外国洋行经理、政府顾问、教会人士等中外专家 160 多人为委员[26]。国民救济委员会下设 7 个专门工作小组，具体如调查组、财务组、会计稽核组、卫生防疫组、运输组、灾区工作组以及联络组等，每组聘请国内外知名专家一二十人为委员，共同商讨救灾问题。救济会整合了政府中相关人、财、物的权利分割，避免了各相关机构间职能重叠："凡本会经募水灾之赈款、赈品、视察灾况之文电、图表，以及相关财政、交通、铁道各部之转请免费、免税护照并电报、执照或其他等事，皆移归水灾救济委员会办理，以一事权。"[27]

　　国民政府在救灾过程中,逐步形成了一套新的独立的救灾体制。赈务机关的设立表明国民政府对灾害的严重性和救灾工作的重要性有了更深的认识,独立赈务机构的建立,赈务委员会在灾害救济中发挥了重要作用,赈务委员会在组织赈灾的同时,将灾害立法与防灾作为紧迫工作,使救灾工作进入了新阶段,灾害救治开始走向制度化轨道。总体而言,南京政府的救灾问题主要是由内政部和赈务委员会负责,但面对1931年江淮特大水灾问题,无论是从赈务委员会统筹全国人财物的权利来说,还是内务部庞杂的事务来说,都无法解决江淮特大水灾引起的一系列灾害救济问题。因此,南京政府成立了"国民政府救济会"(1931年8月16日成立),属于临时救灾机构。

　　然而,水灾救济委员会解散之后,权利及事务移交相关部门,由于政令不统一,职权划分且相互交叉重叠,各种救灾资源难以统一调配且充分利用,水灾救济委员会解散后的国民政府救灾实则力不从心,难免有应付之嫌。以民国政府行政院1934年7月21日临时会议讨论救旱事宜为例,当时决议三事:第一,由政府设立粮食运销局,由财政部主办,并召集实、内、铁各部暨农村复兴委员会共商计划;第二,由苏浙皖三省拟定详细工赈计划,注意农业建设,其计划交财、实二部审核,经费由中央设法担任;第三,关于防旱事宜,由实业部指导监督各省市府之实施,不必专设办事处。前一次的会议决议设立旱灾救济办事处,且自拨款百万元用以购买种籽分发被灾区域农民播种的计划,在这次临时会议中竟决定取消,据褚民谊先生所讲,原因是各地连日降雨,关于防旱似乎不必专设办事处,至于散放种籽,也改由各省自行办理。[28]由此可以看出南京国民政府继水灾救济委员会之后,当局对救灾则是头痛医头、脚痛医脚,绝无一贯的根本政策,甚至因一时气候或天气的改变取消已有决定,在民国无灾不荒的时代背景下,足以见得国民政府即水灾救济委员会之后救灾之应付态度,至于此后的救灾政策及救灾实效,无从谈起。

二、民国时期救灾思想对救灾制度的影响

民国时期救灾思想的近代化体现之一,即传统农业的近代化转型,民国时期我国农业表现出了近代化转型的趋势,但仍然是一个以传统农业为基础的农业大国。因此,民国时期救灾思想对北洋政府的影响表现在一系列救灾制度的颁布与实施,发展农业的政策不仅趋于全面,而且走上了法制化道路。纵览北洋政府的农业政策与法令,与救灾思想在农业方面的近代化转型可谓一脉相承,大致可以归为以下几个方面:

第一,北洋政府制订了一系列垦荒条例,统一规划垦荒办法,鼓励人民垦荒,统一规划边疆移民,并深刻地改变了边疆地区的经济面貌。在大多数地区,汉族已在当地人口中占多数,农业成为主要产业,工商业也获得了较大的发展,昔日人烟稀少、经济落后的状况大有改观,内地与边疆的经济差距逐渐缩小,双方的联系进一步加强,市场经济日益活跃。《国有荒地承垦条例》和《边荒承垦条例》的颁布与实施,不仅促进了耕地面积的拓展和边远地区的农业开发,而且为新式农垦公司的发展提供了条件,因而救灾制度的社会化推动着救灾实践的发展。

农业部为了进一步开辟土地,鼓励承垦,在考察调查荒地的基础上于1914年3月3日和11月6日颁布了《国有荒地承垦条例》及《边荒承垦条例》,条例具体规定:国有荒地范围为"江海山林新涨及旧废无主未经开垦者而言"[29]。开荒范围为:

直隶边墙外,奉天东北边界,吉林边界,黑龙江、陕西边墙

外,陕西边墙外,甘肃边墙外,新疆、广西、川黔边界[30];

　　凡国有荒地,除政府认为有特别使用之目的外,凡有中华民国国籍者,无论个人或法人均可依法承垦。为鼓励承垦,荒地以肥瘠不同分五等优惠定价,对提前竣垦者,减收地价等。[31]

1914 年黑龙江根据北洋政府颁布的承垦条例,拟定了《黑龙江省招垦规则》和《黑龙江省清丈规则》,并在此基础上制定各种措施广招移民。同时,在齐齐哈尔设立清丈兼招垦分局,规定了以嫩江、萝北、呼玛、宝清、瑷珲等 12 处放荒招垦,把放荒重点确定自沿边地区;黑河道尹于 1921 年又向黑龙江省督军兼省长提出边疆招垦的四条办法,即特许耕种、宽减赋税、保护治安、厉行奖励。

1928 年,黑龙江再次公布了《黑龙江省沿边各属荒地招垦试办章程》,规定移民可以免交 3 年租税。这些措施对移民产生了很大吸引力,关内及关外吉林、辽宁一带的农民开始向黑龙江省内迁移;随着移民政策的不断完善,向黑龙江的移民数量经历了一个由少到多的明显的变化过程,据 1917 年《吉林农报》记载:

　　江省招垦局去春在外省招得垦户万余户,奈地广人稀,不敷分布,复派员分往各灾区招徕垦户。

可到 1917 年时,一年也只招得万余户,几万人,规模还不大。而1918 年后,移民人数开始不断增加,1918 年—1922 年的 5 年中,合计迁入移民 70.6 万人,平均每年移民 14.1 万人。到 1923 年后,移民人数达到高峰期,1923 年—1930 年当中,移民高达 187.5万人,平均每年 27 万人,而仅 1928 年一年,迁入人数就达到 43.5万人之多。[32]

第二,北洋政府制订了奖励多种经营,尤其注重经济作物政策和法令。北洋政府农商部于 1914 年 4 月 11 日颁布了《植棉制糖牧羊奖励条约》。同年 11 月 3 日还颁布《森林法》，随后，1915 年 6 月 30 日又颁布了《造林奖励条约》，具体规定了给奖办法，而这些对于灾害的预防有重要的积极意义，相对于传统救灾而言，北洋政府已开始着手重视防灾。

第三，北洋政府提倡科学兴农，改良和引进优良品种，设立农牧实验场。

此外，北洋政府在大量灾荒调查的基础上，同时大范围调查并规划救灾，以《水灾调查规划说明书——论皖苏两省大江以北所有河湖陆地应筹划保存之方法》为例，对皖苏两省地理山川形势、气候、土质、雨水、农业与工业、河流、湖泊、三大河流的情形、淮河之最要部分、明堤、运河、津浦铁路之路基等诸多自然与社会条件详细掌握的基础上，系统分析了黄河与淮河的略史及造成今日情形的原因，如运河水之来源及洪泽湖出海之道，蒋家坝、旧黄河之北部及运河东部洪水等形成的历史原因，淮河泛滥等成因分析。[33]由此可见，民国时期对于水灾成因的考察已不仅仅局限于气候、地质、工业与农业等条件的考察，并且从历史的视角探讨水灾历史成因，对于水灾的治理和规划来说，无疑将范围扩展到更大的历史时空内，更长远地考察水灾的治理与规划。

北洋政府在对苏皖两省水灾形成的历史与现实考察的基础上，并未提出具体解决方案，而用科学的方法测定苏皖两省大大小小河流、湖泊的水平线，河道等关键性问题，如苏皖两省北部水灾区域应如何设法使水平线降低及将择地浅湖排泄治水的方法，如黄河旧河道以至海州之海岸线、沭河海岸线、忻河海岸线、淮河与洪泽湖、运河之西及清江浦之南的浅湖泽地、淮河出海第二条之水道、淮河北部永城南部宿州灵璧泗州宿州府的平水法、运河之西洪泽湖之北小湖泽地、东西两方泄水的新河道等诸多影响到水灾治理和规划的关键问题。北洋政府所进行的苏皖两省河流、湖泊的科学测量与水灾治理规划，为水灾的科学治理与规划提供了理论依据。[34]由此可见，当时水灾治理的实践已经建立在大量科学测量和分析的基础之上，且救灾治水实践已不仅仅依靠传统救灾治水经验的积累，更为重要的是当时救灾治水是科学化的实践，并建立了永久治河工程机关。随着民国科学思潮的进一步传播和近代科学技术的普及与应用，救灾思想的科学化直接推动着救灾实践的科学化，反之，救灾实践的科学化发展也促使救灾思想的科学化发展。

对于救灾次序而言，国民政府已经建立了严密的救灾程序，以1931年水灾救济为例，国民政府成立的全国水灾救济委员会在救灾实践中推行的救灾政策则是依据救灾实践的需要及现有的人力财力，严格按照灾情发展的进展，实事求是地以灾情发展的先后程序进行救灾，如：

> 在洪水未退之时赈救灾民，以筹集衣食居住为先而疗治疾病次之；水势既退重在修筑堤岸，但本会财力有限，治本难期，仅能将旧堤修复现培植增固并在可能范围内增筑堤身使高处洪水一公尺庶寻常水旱不至再酿巨灾；急工二赈筹划既竣尚须保存财力以备借贷种籽补助春耕；大浸之后疫病易生亟须注重灾区卫生以防病疫传播。上述数端既定爰即按照计划急起直追逐步办理。[35]

第四节　民国时期救灾思想对救灾实践活动的影响

一、民国时期救灾思想对救灾主体的影响

民国时期救灾思想多元化的体现之一,是救灾主体的多元化。同时也是救灾思想社会化的表现。在特定的社会背景及历史条件下,民国时期救济机构的建立是现代化进程中处理国家与社会关系的一种手段,国民政府的社会救济机构主要有贫民教养院、贫民习艺所、中国红十字会、中华慈幼总会及华洋义赈会等机构,且这些救灾组织机构日益专门化和体系化,如颁布了《游民习艺所章程》等诸多规章制度及法规条例。

关于贫民教养院或贫民习艺所,以广州贫民教养院为例,贫民习艺所不仅具有社会救济的性质,也具有普及工业知识、职业教育、稳定社会的职能,是具有慈善性质的特殊机构,其思想渊源既与中国传统的民本思想、仁政思想密不可分,也与中国古代的慈善思想有继承关系。[36]贫民习艺所前身是清末工艺局,贫民习艺所的出现标志着中国传统救济方式由"以养为主"向"教养兼施"的转变,贫民习艺所的建立以发挥国家与社会两方面的能动性为目的,以期待大力发展生产、实现工业化,建立良好的社会政治经济制度以及建立比较完善的社会保障制度解决贫民问题[37],然而经费不足是贫民习艺所发展过程遇到的瓶颈。

红十字会是国民政府时期又一重要救灾机构,中国红十字会的产生是内外因素互动的结果,国民政府时期的中国红十字会与传统慈善机构相比,在西方人道主义的价值取向引导下采用现代化的管理模式,拓宽了救济范围,包括对国内外战事的救助、灾荒

赈济及日常慈善活动的开展,可以说是近代意义上的慈善团体。国民政府中国红十字会作为社会公共领域的重要组成部分,与时代背景有密切关系,民国政局动荡、军阀混战等特有的时代环境与背景为中国红十字会的发展提供了广阔的活动空间。[38]中华慈幼总会是国民政府又一重要救灾机构,是由全国基督教会议倡导建立的一个慈幼组织,主要开展儿童保障、儿童教养、儿童卫生、儿童研究、社会教育等日常工作,以及在战争灾荒时期救助儿童难童的各项活动。[39]

华洋义赈会是民国灾荒救治的重要机构之一。由于社会思潮激荡、近代经济的发展,买办、绅商、工商业者与新知识群体等新兴社会力量的成长等时代背景的影响,加之民国时期严重的灾荒危机与民国初期政府在灾荒救治过程中的弱化,华洋义赈会由此而产生并获得合法性地位。从华洋义赈会的职能——"筹办天灾赈济,提倡防灾工作"来说,一方面继承了"以养为主"的救灾方式,侧重于施赈;另一方面华洋义赈会又以工赈为工作重点,倡导建设救灾。总括而言,"防救结合,以防为主"是华洋义赈会救灾原则的客观表达;从所实施工赈项目来看,华洋义赈会侧重于从根本上救灾,更为重视防灾,如江西堤工、河北石芦渠、绥远民生渠、渭北泾惠渠、西兰公路、贷款掘井及农事试验与农事人才的培养等项目。[40]

华洋义赈会在黄河流域将救灾与合作事业联系起来,从1923年开始,华洋义赈会首先在河北农村逐步建立以农业信用为主要形式的合作社,通过信用合作社发放贷款,开展防灾等手段达到发展农业生产、推动社会进步的各项建设事业。通过救灾赈济实践,华洋义赈会逐步认识到,救灾不如防灾,防灾要靠民众。只有防患于未然,才可收事半功倍之效。[41]

难民收容所是民国时期又一救灾机构,当时各区所辖地方机关及慈善团体均设有灾民收容所,1931 年水灾之后国民政府水灾救济委员会接办,未经接办者予以相当补助,收容地点大都借用寺庙教堂学校及公共房屋等,又于空旷的地方盖建棚席以便灾民临时露宿,改造之法有每家一棚,由公家供给材料灾民自行搭架,如汉阳黑山之大收容所等;也有每 10 人至 15 人一棚,公家代为搭架,如南京收容所等;同时也搭架数千人共处一棚的收容所,如武昌收容所,有的收容所将男女灾民隔离,如江北 21 处收容所将男女分处,内忧 6 所男女完全隔绝,唯有各处借用庙宇暂作收容所为男女老少群集一处杂居。[42]国民政府时期各处收容所情形大致如此,以上海南京收容所最具代表性。

二、民国时期救灾思想对救灾资金筹集的影响

民国时期救灾思想的社会化、多元化也体现在救灾资金筹集方面。在筹款渠道方面,国民政府首先通过多种途径筹集赈款,结合近代媒体、社会团体及外交手段等拓宽了募款渠道,采用募捐方式筹集资金是民国时期救灾思想社会化、多元化在资金筹集方面的集中体现;其次,国民政府利用外交手段向国外借贷是救灾思想国际化在资金筹集方面的集中体现。

首先,国民政府于 1930 年建立了救灾准备金制度,并公布了《救灾准备金法》,规定救灾准备金分中央和省区两级构建:

> 国民政府每年应由经常预算收入总额内支出百分之一为中央救灾准备金,但积存五千万后得停止之。省政府每年应由经常预算收入总额内支出百分之二为省救灾准备金;省救灾准备金以人口为比例于每百万人口积存达二十万元后得停

止前项预算支出。[43]

关于救灾准备金的使用,也做了严格的规定:

> 遇有非常灾害,为市县所不能救恤时,由省救灾准备金补
> 助之,不足再以中央救灾准备金补助之,但救灾准备金使用数
> 额不得超过现存额的二分之一。[44]

其次,国民政府向美国借贷小麦以缓解粮荒,"国民政府向美
国借贷小麦45万吨,按市场价格约3600万元。按照《救济美麦借
款》合同规定,民国政府需要在1934—1936年3年时间里,还清
借款。"[45]

再次,在国民政府时期实施捐薪助赈制度,国民政府于1931
年8月28日公布《救济赈灾办法》,规定政府各机关和国民党中
央党部,凡非切要的建筑一律停止,节省宴席等经费移为救灾之
用,奢侈品加征附税,全国官吏及国营企业职员、公立学校职员一
律按级别捐薪等10项办法。[46]

最后,发动公众捐赠是国民政府筹集赈款的又一途径,这也是
救灾社会化的具体体现。蒋介石发表《告水灾被难同胞书》(1931
年8月31日)称:

> 此次水灾奇重,不仅影响长江流域人民之生计,实关系中
> 华民国整个之生存,吾人必须迅速恢复灾后之社会,即能维护
> 民族前途之生机,政府必竭全力为灾民负救济保护之责。[47]

这在某种程度上促使了公共捐赠的进行。同时南京国民政府向社
会呼吁:

> 本慈善之怀,发同情之心。赈济被灾之同胞,仁言利博,
> 登高一呼,众山皆应,集腋成裘,涓滴之愤,自成江河,此则有

俟于同胞之共起襄赞,而为政府所热烈企望者也。[48]

宋子文也通过英文广播电台向国际社会说明中国水灾的紧急状况,呼吁国际社会捐助。同时,便于捐赠的顺利进行,救济委员会制订:"各地中外银行设立赈捐代收处;各地设立募捐分处;海外侨民设立募捐分处;中外各报登载广告征集捐款。"[49]

募捐是一项有效的救灾资金筹集手段,以 1930 年的募捐为例,当时的实际指定捐款数额在 1930 年已达到 84742.33 元,占总计捐款总额的 65.3%,而普通捐款数额则为 44987.76 元,占总计捐款总额的 34.7%,指定捐款总额与普通捐款总额总计129730.09 元。[50]由此可见,指定捐款数额明显多于普通捐款数额,达六成之多,这无疑表明南京国民政府时期于右任、许世英所倡导的公职人员募捐的救灾思想对救灾实践产生了极为重要的影响。然而,普通捐款数额也不容忽视,这是救灾思想社会化的重要实践之一,足以见得当时募捐的社会化程度之高。

然而,就国内捐款及华侨捐款而言,1930 年国内捐款总数达到 77874.39 元,占总捐款数额的 60.43%,而华侨捐款数额达50994.71,占总捐款数额的 39.57%,总计捐款数额为 128869.10元。由此可见,国际捐款已占总捐款数额近四成,国内捐款数额占总捐款数六成多,当时赈灾款项筹集的国际化程度已达到一定水平,加之上文提到的运用外交手段向美国等国家筹集赈灾粮食,足以见救灾思想的国际化在救灾实践中的充分体现并产生了积极的救灾实效。1931 年水灾发生之后不满一星期已收到捐款 100 万元,1931 年水灾总计捐款 750 万元。然而,政府海关附加税与社会捐款不能缓解救灾燃眉之急,蒋介石政府以低息借贷麦面 45 万吨,也未能满足救灾之需求,且所借麦面未经美国政府允许将一部分转售现金以缓解周转不灵。国民政府水灾救济委员会自开办以来至结束,所经款项及赈品等总数已达 7000 万元之多。[51]

　　南京国民政府结合近代媒体、社会团体、发动公众募捐及外交手段等多方途径筹集赈款以拓宽募款渠道,还颁布了《救灾准备金法》。显而易见,国民政府的救灾政策和救灾实践已反映了救灾制度与实践的近代化转型。前文第五章对于救灾思想中关于灾害应对机制的近代化转型已有所论述,以赈款的筹集为例,在具体赈款筹集的实践过程中以外交手段向国外借贷并采用多元化的救灾手段向社会募捐救灾资金,赈款筹集所反映的救灾思想近代化转型与本部分所分析的救灾制度或实践的近代化转型同步进行,救灾思想的国际化、社会化与救灾实践或制度的国际化、社会化一致。因而,在某种程度上可以做出这样的结论:救灾思想的近代化转型与救灾制度及救灾实践的近代化转型同步。对于救灾思想的科学化、多元化与救灾制度或救灾实践的科学化或多元化是否同步还有待进一步论证分析。

三、民国时期救灾思想对救灾措施的影响

　　民国时期的救灾措施一方面是对中国传统救灾措施的继承,另一方面又是在西方科学思潮与特殊时代背景的影响下,救灾措施的近代化转型。急赈是南京国民政府最为普遍的救灾措施之一,兴办粥厂可以缓解燃眉之急,粥厂一部分由慈善团体创办,救济会成立之后此项业务继续办理;另一部分由官民合办,如长沙的一些粥厂。赈米是急赈的又一方式,赈米与赈粥相比,有较大的自由性,灾民领粮之后可以自主烹食,避免领粥时奔波。由于客观条件所限,发赈机关所掌握的赈粮有限,赈银便成为急赈的又一替代形式。此外,急赈还有多种形式,如赈衣、收容等,目标是以救生保命、满足灾民的最低需求。

　　仓储与农赈是民国时期又一救灾、防灾、减灾实践。历朝历代都十分重视仓储制度建设,其中常平仓、义仓、社仓制度最为完善,在赈灾恤贫、防治灾荒方面发挥了重要作用。民国时期仓储制度在传统仓储制度发展的基础上建立了农业仓库制度,这是民国时期救灾、减灾、防灾实践的又一创新。1931年起各地陆续恢复仓储制度,一些省份还制订了地方法规并根据实际情况,确定积蓄目标、管理方式、完善仓储管理制度,尤其是江苏省对仓储制度非常重视,在财力充足的基础上仓谷逐年增加,而河南由于连年灾荒以至于民穷财尽,兴办仓储比较困难。为了配合各省市积谷,内政部通令各省市禁止奸商操纵抬价,私运粮食出口等。对于仓储种类来说,1933年蒋介石在南昌召集举行粮食会议,对原有仓储管理规则修改,将仓储分为国立储备仓、省立储备仓、县仓、乡仓、区仓等,国内储备仓由中央设立,省立储备仓由省设立,省以下各仓、乡仓、镇仓则需要普遍设立。新式农业仓储制度由实业部负责制定政策并推广,并于1933年制订《农仓法》,并令农业推广委员会与宁属农业救济协会举办中央农业模范仓库,农业仓库的经营范围不仅限于政府,还有银行、商业机构、合作社都可以设立农仓,以促进农作物流通。1935年5月,实业部针对农仓发展状况,对农仓法进行修改,制定《农仓业法》及其实施细则,由国民政府公布实施。为了贯彻《农仓业法》并推行新式仓储制度,国民政府鼓励金融机关经营农业仓库。

　　工赈是民国时期又一重要赈济措施。国民政府认为:“为一时救急计,则以急赈为宜,若为增进社会生产及铲除灾源并筹各地永久福利计,则工赈实为当务之急。”[52]华洋义赈会实施工赈已成为“以科学方法,从事灾荒救济与预防之唯一机关”。国民救济会聘请了华洋义赈会总干事章元善担任救济会总干事,借鉴华洋义赈会的救灾经验。工赈的实施推动着救灾实践的发展,一方面,工赈的实施使灾民依赖政府救济而得以存活;另一方面,工赈使部分溃决河堤、淤塞河道、冲毁的河床以及损坏的桥梁道路得以修复。

需要提及的是,卫生防疫也是民国时期具体灾荒救济措施之一。19世纪末以来,西方医学技术与保健制度开始传入中国,并逐步在一些沿海大城市得到应用,国民政府已经逐步确立了现代西方模式的医疗卫生体制,传染病得到遏制,发病率呈明显下降趋势,灾后卫生防疫体系也基本建立,确立了疫情管理制度,包括疫情的报告登记制度、隔离及检疫、预防接种等。值得提及的是,国民政府于1930年颁布了《海港检疫章程》,收回了上海、厦门、汕头、广州、天津、武汉等地的检疫权,并在这些地方设立检疫所。以1931年水灾为例,水灾之后灾民罹患疾病诸多,如胃肠失调、营养缺乏、胃肠系统传染、赤痢、伤寒、霍乱、天花、疟疾、麻疹、斑疹伤寒、脑脊髓膜炎、流行性感冒砂眼等。国民政府根据水灾后疾病传染及卫生防疫的需要,遂即成立卫生防疫组,确定组织及工作计划,并派多数医疗专门人员分赴各地,在工作开始之际,将卫生防疫与治疗同时并重,如普遍预防注射、普遍接种牛痘、饮水用水消毒、建造厕所、灭蝇灭蚊等。

《中华民国二十年水灾区域之经济调查》对卫生防疫与医疗救治有详细记载,在以往的赈济措施中,对卫生防疫与医疗救治重视不够,据金陵大学调查,在受灾的2500多万人口中,17%患有各种疾病,自水灾发生之日百天内,每千人中死亡22例,因病而死的比例高达70%,饿死者仅为1%,30%的死亡者年龄在5岁以下。[53]孙语圣对民国时期的疫灾防治有大量研究,他认为民国时期卫生防疫组织管理机构的设立、相关法律法规的制定以及医疗基础设施的建设和医事人员的培养都在某种程度上增强了抵御疫灾的能力[54]。

　　在医疗设施与卫生防疫工作方面,自中央卫生机关设立就开始组织自行生产疫苗及血清用以预防接种。20世纪30年代,已经制造出40余种产品,行销全国28省及香港、台湾地区乃至国外等地,如朝鲜等,可谓凡重要防疫药品皆备。与此同时,国内医疗设施有很大改善,南京、北京、广州、上海等大城市均已建立市传染病院,其他内陆省份也均建立了省立医院及传染病医院。行政院还颁布了《卫生行政实施办法纲要》,要求在县设立卫生院,其下设卫生所、卫生分所、卫生员,一部分省份陆续建立基层医疗卫生设施,医疗卫生体系的建立有效地防止了各类疾病蔓延。同时,国民政府还加强防疫病国际合作,派代表出席"微菌学会议"及在日内瓦召开的海港检疫会议,并实地考察由"国联"组织的远东海港检疫,调查各省市疫病流行状况,汇编疫病月报,并与国联远东情报局交换疫讯。医疗卫生机构的设立与防疫体制的建立大大增强国民政府对疫病的应变能力,降低了传染疾病的危害,可以说相对于传统救荒而言,国民政府的医疗卫生防疫已开始了科学化、社会化、国际化的转型,对民生保障也有时效性的促进。

　　在卫生防疫具体措施方面,国民政府的救济会分别从卫生清洁、疾病防疫和医疗救护三个方面展开工作,首先清洁公共卫生,包括清洁城市街道、收容所等公共场所;其次预防疾病,在武汉、芜湖等地利用当地实验室,检验霍乱及各种传染病的消长,并宣传预防霍乱等传染病知识;在重点区域撒放消毒剂,防治霍乱流行并为灾区注射预防霍乱、痢疾、伤寒疫苗等相关措施;再次,各地卫生防疫部门根据不同情况设置重病医院隔离医院、临时医院及总工作队、工作分队及巡回诊疗队等措施。国民政府时期的卫生防疫由过去单纯的"治疗"、"施棺"、"瘞埋"等消极应对措施向积极防疫在先的机制转变。

然而,这毕竟只是一个良好的开始,如遇到特大水旱灾害或特大疫情,除少数城市外,被灾区域绝少医院可资利用,以1931年水灾为例,卫生防疫组开始工作后与灾区内各教会医院尽力合作以收容病情较重者。唯因水势过大原有医院病房多被冲毁。因此,可供利用的病房床位不多,由组织设置多数临时医院以收容患病灾民,患病较轻者则分设临时诊疗所,距离较远各地则分设巡回诊疗队,工赈开始之后,按各工赈局所辖地点及灾区工作的多寡将原有卫生工作队先后改组设工赈区巡回医疗队。

在医疗设施筹备、建立的同时,1931年国民政府的卫生防疫工作主要经历了三个时期,分别从卫生工作队时期、工赈巡回医疗队时期过渡到防治霍乱时期。国民政府时期的卫生防疫工作根据灾后医疗条件、灾区其他救灾措施的开展以及灾区卫生防疫的需要,在全国各地开展医疗卫生防疫与医疗救助。就具体工作而言,在医疗卫生防疫方面,开展如灾民收容所卫生清理、排泄污水、清除垃圾、掩埋尸体、饮水消毒、处置粪便及灭蝇等卫生清理工作。[55]在霍乱预防方面,开展如卫生清洁防疫的普遍宣传,普遍预防霍乱注射,病人的报告与隔离、卫生清洁及防治疟疾等工作。[56]

值得提及的是,民国时期的病虫害已严重影响农业的发展,国民政府时期对农作物病虫害的防治较为重视,采取一系列措施加强防治,上文已提到,对于病虫害的研究已经取得相当分量的科学研究成果,并开始农业化学的相关研究,这为农业病虫害的防治奠定了基础。国民政府先后颁布了一系列法律法规以加强对农业病虫害的防治管理,如1913年5月颁布的《农业病虫害防除法规则》,1930年农矿部颁布的《农产物检查所检验病虫害暂行办法》、1933年12月实业部颁布的《实业部农业病虫害取缔规则》,1934

年行政院农村复兴委员会组织专家制定的《中国植物病虫害防治草案》等一系列法规。此外,建立了大量的虫害科研机构并培养了大量科研人员,如中央农业试验场、农事实验场、设立昆虫局等。在大量虫害法律颁布及科学研究、研究机构与人员纷纷设立的基础上,国民政府时期的病虫害治理是有组织的协作治理、用科学的方法治理。以江苏、浙江螟虫、蝗虫治理为例,江浙两省的螟患甚为严重,大范围地影响农业生产,浙江省在治理虫害中注重组织和领导,设立专门机构负责研究与指导治理虫患工作。与此同时,在治虫过程中也应用化学农业,较之于传统的虫害治理已走向科学化,1933 年浙江昆虫局推广使用松碱合剂治理黄岩吹棉介壳虫,当时在农民生产过程中大量购置喷雾剂,并喷洒药剂。江西农业院则在省政府的支持下使用氰酸气熏蒸积谷用以防治积谷虫害,以上化学农药的使用均取得了良好实效。

在工赈与河防治理方面,南京国民政府时期主要江河的治理与综合开发已有较为系统的规划,以水文和地形测量为依据进行江河水利规划,其中以淮河、黄河、永定河成绩最大,长江、珠江在流域水利委员会主持下制订了综合治理规划并部分实施。中国的水利建设进入到有计划、有组织、并运用科学方法治理的近代化转型时期,以华北梳理委员会为代表,于 1930 年制定了《永定河治本计划》,较之以前的水利计划,综合治理思想体现其中。[57] 并在天津水工实验室进行了官厅水库拦河坝的水力学模型试验,库区地质钻探,这是我国第一次利用实验数据和地质资料进行坝工的设计,其中共完成工程款项计 384 万元,收益农田 133.7 万亩,并开始筹设官厅水库。[58] 以永定河放淤和海河疏浚最有成效。在此基础上,黄河水利委员会于 1933 年成立,李仪祉提出治理黄河以防洪为首要目的,上中下游全面治理,开展全流域治水治沙的治河方略,这种黄河治理思路改变了传统以下游治理为重的治黄方略。然而，虽然此时的江河治理取得很大成效，但统一的水利机关并未建立，尤其是在1931年水灾影响下，国民政府于1934年确立了全国经济委员会为全国水利总机关，并规定国民财政每年拨款600万元作为水利费用，由此从制度上改变了水利事业多头管理的状况，在全国经济委员会与各流域委员会等专职机构的主持下，制订了全国兴修水利的计划，但由于种种条件所限，此时的治河总目标确定为："根本大治，非仓促能办，堤埝修防，实为目前之要政。"[59]即便如此，各专业委员会会同当地政府相继修筑了一系列防洪设施，这一时期的水利事业取得了很大实效。

从省级层面来看国民政府时期的治河防河，20世纪二三十年代各省每年都有新的水利工程开工，主要受水利设计思想的影响，一般都先进行水利观测与测量，建立水工实验室，对重点工作进行试验，在此基础上制定计划并施工。值得提及的是，此时的水利建设已开始使用钢筋、水泥等建筑材料，因而已出现钢筋混凝土结构的新型工程、钢闸门和启闭机械等先进设备用于防洪工程，这无不表明民国水利事业的进步发展，从而也进一步说明民国水利事业在科学技术及科学知识推动下的近代化转型。

以1931年水灾为例，从国民政府救济水灾委员会工赈报告来看，国民政府的工赈已建立在雨量科学测量的基础之上，在雨量测量的基础上编制江淮流域各测站6、7、8月逐日雨量表，包括安徽、江苏、湖北、湖南、江西、四川、云南、贵州、陕西、河南诸多省份。其测量结果可谓详尽具体，还包括扬子江流域海关各站水位高度的测量，并绘制了淮河流域水标测站图。国民政府救济水灾委员会在实施工赈之前，从被灾面积、被淹农田、被淹房屋、灾民人数、死亡人数及损失估计等诸多治标详细并完整统计了1931年各省受灾状况,如江苏、安徽、浙江、江西、湖北、湖南、河南、山东等省,几乎涉及到每省的各个地区灾况统计,统计可谓详细,并且由于1931年洪水滔天,根据此情形当时已采用飞机凌空测量,并购置意大利水灾测量器具。[60]

建立在科学详细统计基础上,国民政府救济水灾委员会确定工赈范围及施工标准,如扬子江工程计划、淮河工程计划、江北运河工程计划、襄下河排水工程计划、潮水闸涵洞及闸门等工程计划等,[61]且各工赈处绘制了"国民政府救济水灾委员会工赈处工赈局堤工分段图",全国共有18区工赈局,具体工赈实践的实施,各自工赈局均以"国民政府救济水灾委员会工赈处堤工分段图"为施工依据。由此可见国民政府救济水灾委员会工赈实施的科学性。1931年的水利建设是对长江、黄河两大河流进行的较大规模的防洪工程,尤其是对长江流域干堤的修复与加固,增强了抗灾能力。

除以上救灾措施之外,以生产为主的"建设救灾"思想在救灾中居于支配地位,具体表现为农赈。据记载:

> 散衣施食,只能济于一时,根本问题似应以全力注重于维持农村之组织,以免农民远离乡井。拟请被灾之贫苦农民实施借贷,藉以恢复农村原有的经济状况,而为将来创办农民银行之基础[62]。

可以说,这是农赈措施产生的思想基础。孔祥成、刘芳在考察1931年江淮大水救治过程中认为,生态农业与废田还湖是恢复农业生产的主要措施之一[63]。农赈与以往的救灾方式相比,是一种新的救灾方式,突出了生产自救和建设救灾。农赈通过借助民间力量,通过互助组这一纽带将政府与小农关系联系起来,将救灾资金贷放给互助社,再由互助社放给灾农,从而形成了"政府—互助

组一小农"新的救灾形式。政府将农民以一种新的组织形式进行
整合,使小农培养了互助合作意识,便于从损失中迅速恢复生产。
国民政府在标本兼治的过程中,同时认为植树造林是防治水土流
失、根治灾荒的有效治本之策,孔祥成等人对此做过专门研究[64]。
1941 年北洋政府公布了我国近代第一部森林法,之后又公布了
《造林奖励条例》(1915 年公布),对国有林、保安林、公有林或私
有林事宜,以及承领荒山造林的奖励、处罚等做了具体规定。同
年,又申令将清明节定为每年的植树节[65]。

    此外,与救灾制度紧密相关的社会救济事业,南京国民政府时
期的救济事业计划书或社会救济已确立了社会救济制度的建立与
实践,当时已确立了统一的组织机构,并明确行政长官对救济事业
的责任。与此同时,在救济事业的实践过程中合并同一性质的各
种救济事业,针对当时我国救济事业类多,同一地方设有同一性质
的机关多处,人才财力合而不聚。因此,当时在救济制度的实践过
程中,在同一地方仅有一院,且一院之中分为 6 所,即养老、孤儿、
残废、育婴、施医及贷款等。[66]与此同时,南京国民政府还非常重视
经常救济设施的发展,并设立临时灾难救济、义军及难民遣送,并
大力推行冬令救济等。[67]

    南京国民政府在设立筹备社会救济事业方面已站在关注民生
的高度上来积极应对灾害等一系列社会问题,而不是简单的为了
巩固其统治而消极地应对以灾荒为核心的各种社会问题,相对于
传统救荒制度或措施而言,从制度建立的理念来说,已有现代政府
责任的观念,正如第五章"熊希龄的救灾思想"小节中所提及的,
在救灾中已明确政府责任。

四、小 结

民国时期救灾体制相对于传统的荒政制度与实践来说,已经实现了近代化转型,具有社会化、法制化、科学化、多元化、系统化、国际化等诸多特质。民国救灾体制及实践的社会化主要体现在筹资渠道、救灾手段、近代传媒在救灾防灾中的应用等方面。救灾实践的科学化主要受西方科学知识传播的影响,许多新的科技直接应用于救灾防灾中,促使救灾防灾趋于科学化,主要体现为在具体的救灾实践中对救灾工程的科学规划,新材料的使用,现代医学的普及与医疗卫生体制的建立。救灾的科学化与其他减灾防灾措施、社会建设等各方面呈系统化发展,从而使民国时期的救灾具有系统化特征。然而,救灾体制及实践的国家化与多元化,则主要体现在救灾资金的筹集方面,采取募捐与国际借贷的方式解决救灾资金来源,民国时期救灾主体也体现了多元化的救灾倾向,如民间救助与慈善救助大力发展,已成为政府救灾的有效补充。

对于北洋政府的救灾实践来说,灾荒救济的社会化、救灾手段的近代化、募款渠道的多元化、赈济方式的近代化是北洋政府时期赈灾近代化的突出表现。在具体赈灾手段方面,北洋政府采取了近代化的交通、邮电、新闻媒体等手段进行赈灾;在赈款筹集方面,则采取附收赈款、发行赈灾奖券和赈灾公债以及实行对外赈灾借款等方式;在赈灾方式中,除传统的急赈、平粜等赈济方式外,还有工赈、农赈、农民习艺所等赈济方式;在赈务机构设置方面,规格高,体制全。然而,尽管北洋政府采取了一系列防灾救灾措施,但由于财政拮据、政治腐败、派系纷争以及战乱等多方面原因,很多措施只是一纸空文,救灾成效远未达到预期水平。

总的来说,南京国民政府的救灾实践在民国时期救灾思想及诸多社会因素的影响下，一定程度上取得了良好的救灾成效，各地农村逐步恢复，修筑的堤工稳固，实为以往救灾所未有，究其原因，主要在于科学化救灾思想的影响。前文已述及，在西方现代科学技术的影响下，民国时期救灾思想已走向科学化方向，一大批学者致力于引进西方科学技术，并根据本国实际情况研究科学技术，将之应用于灾害救助，以修筑堤工最为显著。1932 年雨季，国民政府救灾委员会修筑的堤工无一塌陷；在经济方面，1932 年中国南部丰收为数十年所未有，究其原因在于 1930 年洪水之后各地既有坚固的防御，同时也有农业技术指导，大力推广旱耕技术等多种科学技术，即农赈；在政治方面，救灾的政治影响关系国家命脉，影响甚远。就事实而论，国民政府救灾委员会办理赈务之一切措施既完备又迅速，一定程度上社会已广泛相信国民政府关注民生，国民政府救灾委员会结束之后还将工程余款移交全国经济委员会兴办各省公路，以促进经济及民生事业发展。而然，在特殊的时代背景下，灾害频仍，外患并至，国民政府对于民生问题的关注并未从实质上予以解决。

南京国民政府时期救灾实践任务繁重，以 1931 年水灾救济为例，灾区受救者达 269 县，灾民受赈恤者达 500 万人，农村受借贷者达 36 万户，工人受雇役者逾 280 万人，其妻孥赖以生存间接者合计当在千万人以上。南京国民政府救灾委员会发放灾民棉衣50 万套，治疗灾民疾病及施种豆苗防疫注射者逾 250 万人，以救灾委员会[68]灾工所筑土方计算，若以筑成高厚各 2 公尺的堤坝，其长度可绕地球赤道一周。从简单的数据可见，国民政府时期救灾工作的繁重程度不言而喻。此外，由于长期的内战外患，国民经济受到严重打击并一定程度上摧残，经济虽有短暂发展，但整个国家经济基础薄弱，自然尚无更多的财力应对灾害，普通百姓的生活更是水深火热,稍稍遇到灾害便无从承受。

　　因而,南京国民政府在救灾实践中遇到难以应对的现实困难,救灾委员会设立之初,首先面临的是救灾人才缺乏,当时从行政官署及相关机关借调人员逐渐推广工作,最盛时期计有内外职员七千余人,此项人员一般对办赈事宜不甚熟悉,须一一加以训练;其二,办理放赈重在普及,而重复靡漏的弊端则需要严防;其三,以临时组织团体调查各区灾情实施救济情形难免隔阂。此外,各区修堤还经常受当地地主反对,施工地域一部分还在根据地政府所辖范围之内,涉及到政治交涉等各方关系。[69]国民政府救灾委员会均设法排除种种阻碍或弊端,然而由于财力物力所限以及其他诸多因素,未能从根本上防治灾害,而仅以应对当下灾害为重。

　　民国时期救灾思想与救灾体制及机制一脉相承,救灾思想影响着救灾实践的发展。反之,救灾实践促进救灾思想的形成。民国时期救灾思想的科学化、多元化、国际化、社会化影响着救灾实践的发展。然而,与民国时期救灾思想不同的是,救灾实践已呈现出法制化的特征,由于近代科学思潮的传播以及与之相应的政治思想的传播,现代政府责任的确立以及现代政府政治体制的建立,必然推动着政府救灾防灾的法制化发展方向,无论是北洋政府还是南京国民政府,抑或是中国共产党边区政府,都曾颁布大量救灾防灾政策法规,南京国民政府颁布相关救灾防灾政策法规多达80余项,已经明确政府在现代灾害救助中的责任,可以说,形成了近代化的救灾防灾法律体系。熊希龄曾有深刻讨论,南京国民政府时期蒋介石曾明确提出救灾是政府义不容辞的责任,由于政府在救灾防灾中责任明确,必然要求政府颁布一系列法律法规建立近代化的救灾体制与机制。

　　民国时期的救灾思想与救灾实践也呈一脉相承的发展趋势。

有什么样的救灾思想就有什么样的救灾实践,救灾成效的显著与否主要在于救灾制度能否有效实施。民国时期救灾思想的科学化、社会化、多元化及国际化也必然影响着救灾实践向科学化、社会化、多元化及国际化的方向发展。然而,实践的发展总是落后于思想的发展,思想的发展总是来自于精英阶层及知识阶层的创造,思想的传播和普及需要经历一段时间才能深入社会普通阶层从而形成社会习惯或风俗。民国时期救灾思想对救灾实践最为明显的影响,即救灾思想的科学化促使救灾实践的科学化,主要体现在河流治理、农作物病虫害防治、疫情的防治与治疗等方面。由于民国时期大量西方科学知识的传播及一大批科学工作者的努力,许多现代科学知识直接应用于救灾实践,诸如上文所提到的河工试验等。然而,救灾实践是一个系统化工程,缺少任何一个环节必然导致救灾成效不佳及救灾实践失败,南京国民政府之所以已经建立了现代化救灾防灾制度,但为何救灾实效不佳? 很重要的一个原因便是南京国民政府在救灾实践中未能将各种救灾制度及措施系统化实施,如减租减息,土地政策未能与减灾防灾有效结合等。然而,在中国共产党边区政府的救灾实践中,边区政府将救灾实践与其他制度措施系统协调,如经济发展、社会建设等,使之成为一个救灾防灾系统工程,并注重在实践中发挥广大人民群众的作用,在生产中救灾,在救灾中生产。救灾实践的系统化必然要求救灾思想的形成是一个系统化思想体系,其中必然包含与之相关的经济发展、社会建设等思想。

　　民国时期救灾思想、救灾法律法规、救灾制度及措施一脉相承,且相互影响、相互制约,共同促进。首先,民国时期救灾思想的形成来自于民国救灾实践及救灾制度,熊希龄、邓拓、孙中山、蒋介石、章元善的救灾思想分别来自于他们在救荒实践中的总结,救灾实践经验经过理论的提炼总结,形成救灾防灾理论,乃至于救灾思想。其次,民国时期救灾思想来源于理论科学界对灾害问题的研究,在特殊的时代背景下,由于近代科学思潮的传播以及一大批科学工作者的努力,民国时期对于灾害的研究已取得丰硕的研究成果,从已有的研究成果来看已经涉及对灾害本身、灾害成因、灾荒影响、灾荒救治等诸多领域的分析。可以说民国时期已经形成了灾害学的理论体系。再次,民国时期救灾思想影响救灾制度及实践,正是由于在一大批科学工作者的努力下,取得的相关灾害研究成果直接推动着救灾体系的形成,如救灾法律法规的颁布、救灾制度的确立等。民国时期救灾思想的科学化、社会化、多元化及国际化的发展趋势,必然影响着救灾制度的科学化、社会化、多元化及国际化发展。最后,民国时期救灾思想直接影响着救灾实践。民国时期救灾思想的科学化发展方向直接促使着救灾措施及实践的科学化,如河流治理与工赈、病虫害防治等。民国时期救灾思想的多元化、社会化、及国际化也促使着救灾实践的多元化、社会化、国际化发展,如救灾资金的筹集及救灾主体的多元化等。民国救灾制度与救灾实践相互影响,救灾制度直接决定着救灾实践的方向、重点、措施等诸多方面。反之,民国救灾实践又直接影响着救灾制度的形成,很多救灾制度直接来自于救灾实践的总结,或者是对救灾实践中出现问题的应对措施。民国救灾制度与救灾实践促进救灾思想的形成,如救灾制度的法制化趋向,救灾实践的系统化趋向,也必然促使着救灾思想向这方面发展。民国时期救灾思想、救灾制度与救灾实践辩证统一,相互影响并相互作用。

注　释

1　孙起烜:《最近水灾之状况及其救治》,《中国实业杂志》1935 年第 1 卷第 10 期。

2　《本社救灾日之辞》,《国闻周报》第 8 卷第 35 期。

3　文振家:《今年的水灾》,《中国实业杂志》1935 年第 1 卷第 10 期。

4　《从三种灾害说到救灾问题》,《国闻周报》第 8 卷第 34 期。

5　25　殷梦霞、李强:《民国赈灾史料续编》,国家图书馆出版社,2009 年版,第 67—122、570—685 页。

6　章鸿钊、唐有恒:《湘皖水灾调查报告——补救之意见》,《地学杂志》1913 年第 5 期（总第 35 号）,第 1—6 页。

7　8　9　10　章鸿钊、唐有恒:《湘皖水灾调查报告——补救之意见》,《地学杂志》1913 年第 6 期（总第 36 号）,第 1—6 页。

11　12　14　15　33　34　66　67　殷梦霞、李强:《民国赈灾史料续编》（一）,国家图书馆出版社,2009 年版,第 3—8、9—12、13—14、15—19、431—479、483—529、131—142、147—167 页。

13　杨琪:《民国时期的减灾研究（1912—1937）》,齐鲁书社 2009 年版,第 92—111 页。

16　《内务部官职》,《东方杂志》1912 年第九卷第 3 号。

17　钱实甫:《北洋政府时期的政治制度》,中华书局,1984 年版,第 108 页。

18　中国第二历史档案馆:《中华民国史档案资料汇编》第三辑农商（一）,江苏古籍出版社,1991 版,第 113—117 页。

19　《政府公报》（影印本）,1921 年。

20　朱汉国主编:《中国社会通史（民国卷）》,山西教育出版社,1996 年版,第 504 页。

21　《东方杂志》,1914 年第十卷第八号。

22　秦孝仪主编:《"中华民国"社会发展史》第四册,台北近代中国出版社,1985 年版,第 2002 页。

23　《修正内政部组织法》,选自内政部编:《内政法规汇编》第一辑,内政部 1931 年 8 月印,第 7—10 页。

24　武艳梅:《国民政府时期（1927—1937）负责稽核请运赈品机关考》,《河南大学学报（社会科学版）》2007 年第 1 期。

26　国民政府救济水灾委员会编:《国民政府救济水灾委员会报告书附件二之三》,1933 年。

27　中国第二历史档案馆馆藏:《赈务会呈国民政府兼行政院长蒋中正》（全宗号:一）,1969 年。

28　《灾荒打击下的中国农村》，选自陈翰生等编：《解放前的中国农民》，中国展望出版社，1985年版，第470页。

29　《国有荒地承垦条例》，选自《六法判解理由总集》1935年版，第235页。

30　《边荒承垦条例》，选自农业部编：《农商法规》，1925年版。

31　沈家五：《张謇农商部总长任期经济资料选编》，南京大学出版社，1987年版。

32　郭剑林主编：《北洋政府简史》（下册），天津古籍出版社，1999年版，第765—766页。

35　42　50　51　55　56　68　69　《国民政府救济水灾委员会报告书》，选自殷梦霞、李强主编：《民国赈灾史料续编》（二），国家图书馆出版社，2009年版，第4、95、369、5、176、192—199、4、5页。

36　连艳艳：《民国时期广州市贫民教养院初探1928—1933》，硕士论文，暨南大学，2006年。

37　蒋华剑：《清末民初贫民习艺所研究》，硕士论文，扬州大学，2008年。

38　羡萌：《民国时期中国红十字会研究1912—1924》，硕士论文，天津师范大学，2004年。

39　黄莉莉：《中华慈幼协会研究（1928—1938）》，硕士论文，华中师范大学，2008年。

40　蔡勤禹：《民间组织与灾荒救治——民国华洋义赈会研究》，商务印书馆，2005年版。

41　薛毅：《中国华洋义赈会救灾总会研究》，武汉大学出版社，2008年版。

43　65　《救灾准备金法》，选自《中华民国法规大全》（一），商务印书馆，1936年版，第806、72页。

44　千家驹：《旧中国公债史资料》，中华书局，1984年版。

45　国民政府救济水灾委员会编：《国民政府救济水灾委员会报告书》（附件二之十二），1933年版。

46　《国民政府决议救灾办法》，《大公报》1931年8月29日。

47　《申报》1931年8月31日。

48　《为赈济水灾告全国同胞书》，《大公报》1931年8月26日。

49　国民政府救济水灾委员会编：《国民政府救济水灾委员会报告书》，1933年。

52　选自《救灾周刊》1921年1月16日第12期。

53　金陵大学农学院农业经济系：《中华民国二十年水灾区域之经济调查》，金陵大学农学院印行 1932 年版,第 17 页。

54　孙语圣:《民国时期的疫灾与防治述论》,《民国档案》2005 年第 2 期。

57　《中国水利史稿》下册,水利电力出版社,1989 年版,第 434 页。

58　孔祥熙:《水利建设报告》(1937 年 6 月),选自中国第二历史档案馆编:《中华民国史档案资料汇编》第五辑第一编财政经济(七),江苏古籍出版社,1994 年版,第 464—465 页。

59　全国经济委员会编:《民国二十四年江河修防纪要》,传记文学出版社,1936 年版,第 1 页。

60 61　《国民政府救济水灾委员会报告书》,选自殷梦霞、李强主编:《民国赈灾史料续编》(三),国家图书馆出版社,2009 年版,第 79—80、82、88—94 页。

62　中国第二历史档案馆:《中华民国史档案资料汇编》第五辑第一编"财政经济"(七),江苏古籍出版社,1992 年版,第 48 页。

63 64　孔祥成、刘芳:《民国救灾与环境治理中的政府角色分析——以 1931 年江淮大水救治为例》,《长江论坛》2007 年第 5 期。

第七章

民国时期中国共产党的
救灾思想及实践

中国共产党从诞生之日起,就把全心全意为人民服务作为自己的宗旨和奋斗目标。在民国时期的特殊年代,中国共产党将民生保障及群众生活上升到政治高度予以关注,注重解决关系群众切身利益的实际问题。真心实意地为群众谋利,帮助群众解决生产和生活中的具体问题,如农业生产、灾害救助、柴米油盐等实际问题。

抗日战争与解放战争时期,中国共产党辖区内各根据地均不同程度地遭受国民党、日本侵略者的军事包围和经济封锁,各种自然灾害连年不断,甚至一年之中多种灾害并发,可谓是雪上加霜,极大地影响了各抗日根据地军民的正常生产生活。面对如此严峻的困难,中国共产党继承了传统救灾思想的精华,扬弃民国学界和资产阶级救灾思想,明确了政府在民生保障中的责任并将救灾救荒上升到政治高度,实事求是,依靠群众,发动群众,采取以生产自救、自力更生为核心的系列救灾政策,历经艰难,战胜灾荒,取得前所未有的救灾成效,不仅保障了各根据地的军民生活,并且还支援了前线,最终赢得了抗日战争与解放战争的胜利。

历史研究的意义或许就在于从现实问题、当下社会环境及情

境出发,从历史中追寻前人思考问题的思维方式与逻辑体系,以及
具体的技术方法,为后人提供可供借鉴的历史经验。中国共产党
边区政府的救灾实践,是典型的成功救灾案例,在古往今来的救灾
史上,必将是浓墨重彩的一笔。分析民国时期中国共产党边区政
府的救灾政策与实践,有助于理论界和实务界进一步深化对中国
传统救灾思想与民国时期救灾思想的认识,有助于进一步深化理
解救灾思想与实践的关系,有助于正确认识民国时期救灾思想的
近代化转型。更为重要的是,中国共产党的救灾实践,让当时以及
后来研究者更为现实的理解"天人合一"、"天下大同"、"民为邦
本"、"万众一心"、"富民强国"等传统经世济用思想的合理内核,
终于深刻体会到"民生保障"的真正意涵,并最终厘清"公平、正
义、共享、和谐、可持续发展"的理论源泉。

第一节　民国时期各根据地灾荒概况与成因分析

一、各根据地灾荒概况

　　民国时期,中国共产党各抗日根据地灾荒严重救灾迫切。
从现有史料统计的受灾范围、面积、人数等来看,灾荒的程度和
范围尤为严重。由于史料的不完整,不能全面地反映各抗日根
据地政府灾荒情况,在各根据地史料当中,以陕甘宁边区的史料
最为详细和完整,尤其是在灾害的统计、灾害损失统计等方面更
能反映民国时期灾荒的严重性。现就各根据地的灾荒情况分别
予以说明。

　　1939年至1949年这10年间,陕甘宁边区自然灾害连年不
断,发生的频率之高,程度之深,损失之惨重,前所未有。1942年8

月陕北发生水灾,安塞、延安、延川及绥德等各县受水灾,在受灾县市中,以绥德县区为最重。据胡新民等人的统计,1939—1945年,因灾害总共损失粮食110余万大石,可供100万群众食用一年。[1]陕甘宁边区1939年至1944年灾情损失统计如下:

表1 1939--1944年灾情损失统计表[2]

年份	受灾面积(亩)	损失粮食(石)	受灾人口(人)
1939年	614 965	55 884	41 177
1940年	4 298 312	235 850	515 145
1941年	603 558	47 035	90 470
1942年	856 185	79 720	352 922
1943年	736 050	109 424	45 634
1944年	540 537	48 905	10 122
合计	7 649 607	576 820	1 055 470

附注:受灾人口除1940年、1942年较完全外,其他年份只有几个县的材料,1944年只有3个县的材料。

表2 陕甘宁边区四年来灾情统计表[3]

年份	1940年	1941年	1942年	1943年	合计
田禾(亩)	202 922	180 961	841 983	263 381	1 489 247
粮食(石)	238		8 906		9 114
窑洞					
房子(间)	207		3 271		3 478
死伤人(人)	566	饿死30 浮肿900	死496 伤359		2 351

续表

年份	1940 年	1941 年	1942 年	1943 年	合计
牲畜(头)	2 803	2	1 298		4 103
猪羊(只)		21	41 311		41 332
其他	树木 2 600 洋元 19 455		40 658 510		树木 2 600 洋元 40 677 965
灾民(户数)	537 244	95 174	352 922	26 806	1 012 146

附注:1942 年水灾严重,15 个县死伤人数都是被水灾伤害,1943 年的统计仅限已有材料,不完善。

　　以上两表均从不同角度说明了民国时期陕甘宁边区灾荒的严重程度,无论是从受灾面积、粮食损失方面来看,还是从受灾人口来分析,这些惊人的数据无不说明了灾荒损失的惨重。灾害造成田禾、粮食、房屋、生命、牲畜等直接财产与生命损失。

　　据晋察冀边区政府统计,在 1939 年这次数十年不遇的水灾中,全边区良田被毁 17 万顷,粮食损失 60 万石,淹没村庄一万余个,人畜伤亡严重,灾民达 300 万人。[4]1942 年春,冀西地区发生了严重的春旱,受灾面积达 39 县之多,随后又发生了严重的春荒,据盂县、广灵、涞源、满城、龙华、易县、完县、云彪、灵寿等 11 各县的统计,灾民已有 47520 人。[5]

　　晋冀鲁豫地区的高陵、顿邱两县在 1943 年遭受严重灾害,一方面是春季的风沙和夏季的旱、虫、冰雹等各种自然灾害。“在县敌占区,由于去年夏天无雨,旱灾极为严重,岳城数十村庄,去年收成较好的地也只能收一斗多秕谷,较坏的地谷苗早已枯死,颗粒未收”。[6]另一方面原因则在于 1941 年四一二敌人对边区的大扫荡,施虐三光政策,致使这两县地荒人希,元气大伤,大部分农民一天两餐菜汤,米珠不见,所有各种树皮树叶都被剥光吃。

太行山革命根据地 1941 年秋、冬季雨雪稀少,到 1942 年春季发生旱灾,全年粮食大幅度减产,在干旱严重的地区,有的根本不能下种,有的禾苗出土后就枯死。根据地军民粮食供应发生困难,灾民达到 36 万人。[7] 从 1942 年秋末开始,旱灾继续蔓延,直到 1943 年 8 月才有所降雨,但这并未缓解旱情的严重程度。持续的旱灾从冀西、豫北发展到晋东南,1942 年主要集中在冀西、豫北地区,但到 1943 年之后太行地区灾荒蔓延到根据地腹心区的左权、涉县、黎城、偏城、潞城、平顺等地。太行区许多水井干涸,不少河流断流,土地龟裂,禾苗枯死,人畜用水很困难,伴随旱灾而来的是疾病蔓延,不少村庄流行传染病。在豫北和冀西的安阳、沙河等县蝗虫遮天蔽日袭来,大片禾苗被蝗虫一扫而光。[8] 在晋冀鲁豫地区的所有灾荒中,首当其冲的是旱灾所导致的蝗灾,1939 年至 1944 年几年间的旱灾以及战争与灾荒的影响,从而使荒地逐步增多,造成蝗虫繁殖的有力条件,在晋冀鲁豫的鄄北三区、南华的临河区、寿张的一区与二区以及范县的三区等 9 个村庄,均先后发现蝗虫,有的禾苗已被啃食殆尽从而形成灾荒。[9] 1946 年苏北水灾极其严重,比 1931 年大水灾更大,黄河、淮河以及由山东南流之沂河与沭河均暴涨,苏北地区又连日大雨不停,8 月 25 日运河水位在淮阴已涨至二丈七尺二寸,高邮御码头涨至一丈六尺五寸。[10] 由于 1938 年国民党当局在河南花园口掘黄堤后,黄河水经淮河以入运河,因此,抗战时期苏北水灾比战前倍加严重。

民国时期各根据地的灾害主要是以水灾、旱灾、蝗灾三类灾害为主,无论哪种灾害的发生,结果都必然造成粮食作物歉收。加之民国战乱特殊的时代背景,大灾害的发生必然导致灾荒发生。灾荒发展大体经过三个阶段,第一阶段为虚荒阶段,一般在秋后至冬中,其实真正的恐慌并非其时。这一时期群众还有相当余粮,但灾荒威胁致使人恐慌,一部分人(并非灾民)即开始向外流动,社会的积蓄更加隐匿起来,有钱的暗中囤积,中等户首先要求救济并减免负担,造成普遍的恐慌气氛。第二阶段是真正缺粮阶段,一般在冬中至来年春天。这个时期经过整个冬天的消耗,社会余粮用完,群众有钱无粮(缺粮户从秋后的 30% 扩展到此时的 60%—70%),[11]粮价高涨,大多数群众以代食品充饥,破坏分子亦趁机活动,灾荒趋向严重状态。第三阶段为缺乏购买力阶段,一般从春末至夏季。这一时期粮价继续高涨,群众购买力普遍低落,尤其是贫农与下中农极为缺乏购买力,进入饥饿状态的人数约占人口总数的 15%—20%,全部灾民约占人口一半左右,灾荒进入更为严重的状态。[12]

二、各根据地灾害成因分析

究其民国时期各根据地灾荒成因,总得来说有几方面的原因。第一,自然方面的原因。晋冀鲁豫地区灾荒形成的直接原因在于天旱,陕甘宁边区的灾荒在某种程度上也由于自然原因导致,由于"陕北森林稀少,无物足以吸收雨水,因山坡陡峭,一旦暴雨过激,则不能立即吸入土层,同时陕北是黄土层的地质,容易冲刷,水分体积因而增大"。[13]加之延河河床浅狭,每年夏秋之交,此皆暴雨成灾的几个主要原因。对于 1942 年的延川水灾,据当时《解放日报》发表社论《延川水灾》的报道,"水灾并不是什么不可抗拒的天灾,天然森林的大量破坏植树造林工作之未能引起普遍的注意与认真的执行,这是发生水灾的根本原因"。[14]

第二,民国时期除严重的自然灾害之外,本身也是一个战乱的

年代,可以说,战争本身就是一种灾荒。民国时期的灾荒无不与军
阀战争和军阀的苛取压迫有密切关系,在某种程度上说,这些水旱
与灾荒多半是由军阀直接或间接所致,"大兵之后必有凶年"[15],这
是民国时期灾荒的真实写照。战火纷纷的年代何患无灾民难民,
这正如谢扶雅所言:

> 素以和平著世的中国,有一半领土——十八省一千数百
> 万里——已涂满了鲜血。在绵延数千里的士兵,昼夜冒着重
> 炮的轰击,在广袤数万里后方的居民,不时受着敌机的狂炸,
> 一年以来,死伤的平民,不下数十万,因而颠沛流离,无依失养
> 着,又不下数千万,犹且前途茫茫,无所底止,这真是人类历史
> 空前的浩劫![16]

第三,国民党军队对部分根据地实行的军事包围和经济封锁
对边区军民带来了极大的灾难。经济封锁断绝了根据地同外界的
一切联系,既不准根据地农副产品向外输出,也禁止国统区的物资
进入,特别是战时急需的粮食、布匹、纸张、电讯器材等物资严禁运
往根据地,而抗战军需品又不断增加,正如林伯渠所言,各种封锁
使得"边区人民的负担无疑比以前数年加重了"。[17]民国时期就曾
有人提出,灾荒是帝国主义国民党血腥统治的罪恶,水灾绝不是不
能避免的天灾,如果每年能修理堤岸,疏通淤沙,水灾是有可能避
免的,然而国民党及其各派军阀将更多的注意力及财力集中到养
兵等开支方面。[18]军阀的囤积与私运、产米区改种鸦片均加重了米
荒的严重程度,军阀对囤积与私运不闻不问及强迫将产米区改为
种植鸦片致使灾荒的严重程度倍增及米荒的发生。

第二节　民国时期中国共产党的救灾政策与实践

对于具体的救灾工作来说,各抗日根据地政府采取了减免灾区负担、对敌开展粮食斗争、安置灾民组织移垦、以工代赈、开展社会互济等有效措施。总的来说,各根据地政府的救灾工作开始从单纯救济走向积极生产救灾。

一、赈济粮款政策

在根据地政府的众多救灾工作中,首要问题是粮食的解决。各边区政府拨发公粮赈济贫穷无法生活的灾民,减免公粮负担进行粮食调剂以贱卖给灾民。太行边区政府给受灾严重的六专区减免公粮 675 万斤,1943 年夏收减少 232 万斤。[19]此外,还利用粮价东贵西贱、货币比价东高西低的特点,开展对敌粮食斗争,从西线敌占区购回 3150 万斤粮食[20],晋察冀边区政府在严重灾荒发生时给予切实的紧急赈灾措施。边区政府拨款 10 万元用于保障救济受灾最重,又无生产能力,不能维持生活的抗日军人家属和赤贫民众。并且进一步实行粮食管制政策,对可供灾民充饥的各种杂粮及干果等严格限制出口,加强边区境内粮食调剂。并且设法吸收敌占区的粮食,组织运粮队和商贩去敌占区购粮。

从陕甘宁边区在民国时期 1939 年至 1942 年间的赈粮赈款数据来看,1939 年至 1942 年陕甘宁边区赈粮总计为 7227.4 石,赈款总额为 809746.80 元。其中 1941 年的赈济粮最多,达 3662.4 石之多;1942 年赈款多达 62 万之多,可以说是这几年当中最多的年份。这也在某种程度上说明 1941 年、1942 年灾荒之严重,救济之着力。这无不反映了陕甘宁边区及其他各根据地政府在赈粮赈款方面给予的大力救助。

表3　陕甘宁边区四年来赈济粮款统计表[21]　　　1944.5.30

	救济粮（石）				救济款（元）			
	1939	1940	1941	1942	1939	1940	1941	1942
陇东分区		350.0	550.0	150.0			50000	10000
绥德分区			600.0	130.0		50000		5000
三边分区		80.0	260.0	40.0	969.0	7000	25000	6000
关中分区	417.0	300.0	150.0	50.0				15000
神府		200.0	220.0					
安塞	40.0		100.0	40.0		4000		3000
延川	202.0		100.0	40.0	803.00	6000		6000
子长	190.0		150.0	40.0	5000			7000
靖边	86.0		300.0	40.0	250.00	10500	10000	8000
延安	158.0		400.0	30.0	174.30	2250.	10000	3000
志丹	219.0		302.4	25.0	397.20	1925.		3000
延长	156.0		100.0	50.0	84.20	2357.		
甘泉	45.0	20.0	200.0	55.0	467.70	1000.		
固临	262.0	40.0	80.0	20.0	468.40	55000		
延市			50.0	20.0		560.		504000
富县			100.0	50.0				30000
吴旗				20.0				20000
合计	1775.0	990.0	3662.4	800.0	8604.80	86142	95000	620000
总计	7227.4				809746.80			

二、厉行节约政策

厉行节约政策是各抗日根据地政府在灾荒救济中普遍采用的政策之一,灾荒发生之后,各根据地党政机关首先执行了节衣缩食救济灾民的号召并实行了全军全党总动员,严格实行节约并检举浪费,普遍开展节约运动。太行地区各个领导机关和各级领导干部动员全区党政军民,普遍开展节约运动,自觉地同群众共甘苦,每人自动减少一部分口粮,并拿出自己本来为数极少的津贴,资助灾民。[22]

在陕甘宁抗日根据地边区政府组织群众厉行节约,提倡节衣缩食并反对各种浪费以减少一切不必要的开支,具体采取"珍惜和节省粮食,储存洋芋、糠、菜等食品,彻底清理仓库、草站、严格遵守政府严禁粮食出口、严禁用粮食蒸酒熬糖"[23]等政策。首先在"各机关、部队、各单位各农村加强粮食仓库工作,提醒粮食工作者,总务工作者、炊事人员,好好保管和使用粮食,建立粮食的严密支领和保管制度,做饭要有计算"[24]。除了军需等必要用途之外,要严格取缔开设酒坊并用粮食酿酒,禁止用粮食喂猪等各种浪费现象,提倡省吃节用。

苏皖边区政府从1945年10月起也开始了党政机关职员每天节粮二两到四两的运动,军队里的干部和士兵除节粮之外省下了菜金也用以救灾,他们靠自己种菜生产来解决伙食。[25]晋冀鲁豫抗日根据地也毫不例外,提出了"生产节粮,度过灾荒,迎接胜利"[26]的口号,动员边区各界厉行节约,要求八路军"每人每日节省米二两,每马每日节省花料一斤,全体工作同志按干部战士发给米数,每人每日节省四两。一般民众每人每日以节省二两为原则,特别劳动节省一两。"[27]所有部门用粮,无论是机关、部队、还是学校,团体,一律由三餐改为两餐,每人用量由每日二斤减为一斤六两,后再减为一斤二两[28]。据史料详细记载,晋冀鲁豫边区党政军民共同决定:

> 自 1943 年 8 月 16 日起,实行节食。计八、九、十三个月份,正规部队减为一斤五两,游击部队减为一斤三两,后方机关(按师政指示)及政府(包括党政民学荣誉及退伍军人)减为一斤二两。1943 年 11 月份与 12 月份、1944 年 1 月、2 月、3 月、4 月的六个月份里,正规部队减为一斤三两,游击部队减为一斤一两,后方机关及政府减为一斤。1944 年 5 月、6 月两个月,正规部队减为一斤,游击部队减为十五两,后方机关及政府减为十三两。其它不足之数,由耕地生产粮自行弥补。在 11 月以后,政府困难吃菜比较多,每日增加食盐二钱,骡马料,自 8 月 18 日减为两斤。[29]

三、社会互助与社会救济政策

广泛开展社会互济运动与社会救助政策,是各根据地政府灾荒救助的一大特点,可以肯定地说,社会互助也是一项主要的救灾办法。太行分区党政军民全动员在社会互济活动中普遍开展借粮与募捐活动,粮食调剂得以普遍建立并有组织有计划的取得粮食、保护粮食并分配粮食。太行边区政府号召开明人士募捐及全区大小剧团救灾公演,并且各地区自己举办募捐。对于敌占区与游击区的救灾工作,太行根据地政府主要组织灾民进行反勒索斗争,开展"中国人大团结"、"中国人救中国人"的社会互济活动。[30]号召各地民众发扬同舟共济的民族友爱,帮助灾民解决生活困难,动员富户出借存粮存款。对于未转入生产前或转入生产后灾民自己确实不能解决或不能完全解决生活问题时,给予必要的救济。

创办义赈是边区政府依靠群众力量解决群众自己问题的又一基本办法。太行地区在山西各县具有仓库及各村公仓的基础上，发挥义仓与合作社的社会互助和救济作用。太行救灾委员会在第五次会议决议中，明确规定了义仓的组织办法和藏谷之来源及使用原则，仅平顺囤积义仓谷496015斤，如全部启用，可供15000人3个月度荒之需。[31]义仓与合作社不仅起到了灾荒救济的作用，并且推动了太行区的消费、生产等各种合作社在救灾工作中也相应地发展起来，可以说灾害救济与太行区的其他生产、消费相得益彰地协同推进。

陕甘宁边区政府的社会互助与社会救济政策在众多根据地政府之中最具代表性，主要体现在创办义仓之举方面。陕甘宁边区政府领导人民创办义赈，是由政府领导群众创办的公益事业，陕甘宁根据地边区政府在自愿乐施原则下进行募捐，在粮食收入多寡与经济状况不同的条件下，争取有力者多出，无力者少出，不愿施舍者不出，语云"集腋成裘"，在充分尊重大家意愿的情况下创办义仓。这与旧社会的义仓有本质区别，以积谷备荒的广泛群众运动形式，在丰收年存续粮食，以备在歉收与荒年时调剂与解决群众食粮之恐慌。而传统义仓则是主要依靠以少数富户来积谷备荒，义仓是群众性的互济组织，所有机关、团体、学校及人民，不管多少，只要拿得出的，均有捐出义粮之义务，并且在募捐义粮时，要广泛地宣传与动员，在群众中造成热烈的捐粮备荒运动。

四、灾民安置政策

抗日根据地政府将安置灾民作为整个救荒工作中很重要的组成部分，安置灾民并组织移垦，广泛开展社会救济，是当时有效的救灾措施。太行边区抗日政府对于少数在本地无依无靠,可到他乡投亲靠友的,由政府出面联系并组织移民。对灾荒严重地区的灾民,太行地区组织部分人迁移出去,开荒种地,安家落户。此外,太行地区政府尽最大努力组织灾民就地参加救灾活动,并颁布了移垦优待办法。在太行抗日政府的组织与领导下,拨出 225 万斤粮食帮助移垦灾民,吸收、安置灾民达 2 万人之多,仅就从五、六专区移到二、三专区的人数多达 3500 之人,从一专区临城、内邱、赞皇移到山西、山东多达 1500 人。[32]

晋冀鲁豫根据地政府对于外来灾民的救助与安置,根据地行政公署特为此制订了临时救济办法,指示各地政府规定凡到该地的难民,应受抗日公民的平等待遇,享受同等权利,并规定"由敌占区逃来的灾民经县公安局登记后,县政府予以慰问、招待、安置、救济等"[33],尽可能地使逃来的灾民转入农业生产,除行署已有的指定移民区外,各专区各县可自行指定区域以奖励敌占区同胞移植;对于灾民参加军队的,其家属即享受政府优待,同时政府又拨粮急赈,为灾民介绍职业以实行以工代赈。[34]

晋察冀边区政府在灾民安置方面[35],在各地设立了灾民工作介绍所,妇女儿童收容所等措施安置无家可归的灾民,介绍灾民参加工作或参加部队,组织灾民妇女纺织小组、洗衣小组,尽一切可能使他们在生活上得到安置。平山县曾建立灾民工厂,实行"以工代赈"并组织各种生产,尽可能地安置灾民生活。据不完全统计,仅北岳的三、四、五专区在 1943 年春的 3 个月中,有"两万以上的妇女参加了纺织工作,上万的群众参加了运销工作,得到的盈利和工资不下 60 万元"。[36]

陕甘宁边区政府在灾民安置与移民方面,已经将灾民安置作为抗战任务中极为重要的组成部分,而不仅仅是简单的救济工作。[37]边区政府制定了优待外来灾民和贫民的决定、指示、条例及办法,对于外来灾民的安置,陕甘宁边区政府予以分配土地及房屋并协助解决生产工具,免纳 2 年到 5 年的土地税,减少或免除义务劳动负担。此外,陕甘宁边区政府主要以生产救灾的办法来安置外来灾民,重点解决灾民生产困难等问题。其中规定谁开荒谁种地并 3 年不出租,鼓励外来灾民开荒生产,对于外来灾民的住宿问题除投靠亲友之外,边区政府给予特别安排,先是安排一些旧窑洞或破窑洞予以暂时居住,之后随着外来灾民移入的增多,边区政府鼓励外来灾民自己打窑洞,并鼓励安家携家眷安置。对于外来灾民的吃粮问题,边区政府主张在农民中进行调剂,采取春前借一斗,秋后还一斗三升,有三分的利,鼓励老户借粮,政府保证归还。至于籽种、土地、农具等生产工具及生产材料,边区政府发动农民给灾民予以调剂,籽种秋后归还,土地出租子,政府保证归还。对于灾民的负担问题,边区政府坚决执行优待灾民的决定,3 年中灾民不仅没有各种税负,并且边区政府还帮助解决各种困难。[38]陕甘宁边区政府 1943 年移民安置总计 8570 户,其人数多达 3047 人,仅关中分区开荒38774.7 亩之多,具体数据如下表所列:

表4　1943 年边区政府移民安置(摘要)

	延属分区	绥德分区	三边分区	陇东分区	关中分区	合计
户数(户)	3900		485	439	3746	8570
人口(人)	12294		2232	1745	14176	30447
劳动(个)	4223		1361			5548
调剂土地(亩)	48064		10344	8290	11293	

续表

	延属分区	绥德分区	三边分区	陇东分区	关中分区	合计
调剂农具（件）	21241		471		171	
调剂窑洞（孔）	2406		1375		3097	
调剂粮食（石）	2708.7		63.086	44.99	2678.02	
种地（亩）			16636			
开荒（亩）			3575	1072	38774.7	
调剂种籽（石）			55.138		204.143	

　　注：摘自建设厅统计室借的材料（1943年专署总结材料），边府民政厅：《1943年各专署经建局总结材料》。

五、水利政策

　　各革命根据地政府认识到水利是治理灾荒的有效措施之一，同时也认识到水利是农业的命脉，并将兴办水利、治理水害作为发展农业生产、彻底战胜水灾的重要措施，提出"切实办理水利"的主张。晋察冀根据地将发展水利事业建立在发展农业生产的基础上，边区政府提出"整理旧渠、开凿新渠"、"变旱田为水田"的号召，边区政府根据辖区内各区各县的具体地形、地貌及气候等自然条件的特点，提出了整理水利组织，奖励整理旧渠、开凿新渠的措施。边区政府为了保障以上措施的顺利实施，还颁布关于兴办农田水利的政策法规，如《奖励兴办农田水利暂行办法》等。

　　太行地区在防旱与水利备荒中，在思想上必须进行教育以使群众自觉自愿，在防旱与水利备荒中充分发挥群众的主动性与创造性。在利益分配上必须特别照顾贫苦农民的利益,贫农是最有剩余劳动力的阶级,如果不能将广大贫农发动起来,打井、修渠等备荒运动则无从开展。在防旱水利备荒方式上,必须采取合作互助的形式,由于打井、修渠都是重体力劳动,因此特别要求劳动力高度组织起来。此外,还必须防止一些偏向,如在开渠上不顾水量(考察和估计水量是开渠的主要条件),上下都开渠造成水不够用,酿成争吵打架等事件。[39]

　　太行地区之外的其他晋冀鲁豫根据地在发展水利事业方面,各专区都根据自身的水利状况和实际情况颁布了水利贷款等方面的法规,如第五专署《关于水利贷款分配》(1943 年 12 月 8 日)中对水利贷款的数额、用途做了明确指示(水利贷款如下表所示),水利贷款主要用于明春开渠、修滩、打井、修水车等事项。对于具体的水利贷款各项应根据不同条件制定计划,建立在实际勘察并计算成效的基础上,贷款应以小型而费用不大为宜。水利生产要纠正过去单纯依靠政府的观点,应以群众力量为主,修滩开渠,首先应照顾灾荒区的劳动力,不以该区该村为限,县政府应统一调剂,实现以工代赈之效。[40]

晋冀鲁豫地区第五专署关于水利贷款数额[41]

1943. 12. 8　单位:万元

涉县	磁武	林北	安阳
25	15	20	10

　　另外,边区政府还专门执行捕蝗政策。各根据地政府捕蝗政策的实施主要发生在晋冀鲁豫等各革命根据地,林北、平顺、磁武等地区蝗灾尤为严重。民国时期晋冀鲁豫革命根据地政府以积极

的态度对待蝗灾,在晋冀鲁豫根据地政府剿蝗运动中,根据地政府根据具体灾情有组织地统一指挥进行捕蝗并全民总动员,彻底达到扑灭蝗虫的计划。林北、平顺两县还实行领导亲自动手与群众结合的办法,政府干部与共产党员都以身作则,起到了相当的推动与带头作用。[42]在具体的打蝗灭蝗运动过程中,各地政府有组织地发动群众进行捕蝗运动以避免各自为政相互干扰不负责任害人又害己的办法。在捕蝗过程中发现,根据蝗虫的生活规律将已有的灭蝗方法与新的方法和技术综合起来进行灭蝗,如坑杀法、扑杀法、打杀法、诱杀法、禽杀法等[43],并根据捕蝗的地点如山坡、麦子地等选取不同的捕杀办法。

晋冀鲁豫根据地各地区还统一指导打蝗运动,如林北在指导委员会领导下,全县划分为几个讨荒区,区设大队,村设中队,下设分队,全县每天出动8万人参加打蝗运动,安阳动员10000多人。磁武组织除蝗委员会,各村成立灭蝗指挥部,下有侦检队、打蝗队;在蝗灾地区组织了两万余人,全区有11万人参加灭蝗运动,各地军队、机关、学校、商店都一致参加。[44]在扑蝗打蝗具体政策执行过程中,为了使群众负担公平,边区政府决定增援每人每天所需一斤半小米,按群众负担分数公摊。由于粮食短缺,为了应急,边区政府先向大户借粮,余额不足将从义仓中垫出。[45]

晋冀鲁豫边区政府为了捕杀蝗虫,在蝗灾严重的地区实行奖惩制度,鼓励打蝗,制定出重要奖赏,鼓励人民刨蝗卵。林县、安阳都规定刨一斤,挣小米一斤,各地群众在"要吃麦子,刨蚂蚁蛋"的口号下,男女老幼全动员下地刨蝗卵,安阳县在一个月里送交政府的蝗卵多达130多石。[46]政府将送交的蝗虫蝗卵决定炒熟后救济灾民,"以人三天吃两升,80石可供205个灾民吃一个月,80石蝗卵换米14700斤,每人灾民一日以5两计算,足够4000灾民吃一个月左右"。[47]这里需要特别说明的是,晋冀鲁豫根据地政府在捕蝗打蝗运动中,不仅仅采用各种方法捕杀蝗虫以抢救被蝗虫蚕食的庄稼,而且还将蝗卵变成救灾食物之一进行灾民救助,可以说做到了变废为宝,不仅仅保护了已有的庄稼被蝗虫蚕食,并将蝗卵变成了灾民的救灾食物。

第三节　民国时期中国共产党救灾实践的特点

相对于国统区的救灾而言,中国共产党在民国时期的救灾成效显著,从各根据地的救灾经验来看,中国共产党的救灾有其自身的独特之处。

一、自力更生与生产自救

自力更生、生产救灾是中国共产党在抗战时期与解放战争时期战胜灾荒的根本之策与长久之计,也是民国时期中国共产党救灾防灾的核心与关键所在。邓小平同志在《解放日报》发表《太行区的经济建设》一文中明确指出:"我们的救灾办法,除了部分的社会互济之外,基本上是靠生产。"在邓小平同志的明确指示下,抗战时期各革命根据地,如中共中央北方局、中共晋冀豫区党委、晋冀鲁豫边区政府先后发出紧急号召和指示,要求把救灾同生产结合起来,以生产为中心,克服灾荒,度过难关。在此号召下,太行边区政府制定并分别颁布了一系列安定社会秩序、辅之群众生产、打击破坏活动的政策法令。太行地区的灾荒主要由旱灾所致,此时生产度荒的中心是千方百计发展农业生产,太行边区政府拨出了310万贷款和81万斤公粮[48],支持灾区生产,生产度荒运动在太行边区政府领导下有组织、有计划地逐步开展。为了使将要破产的手工业作坊、煤矿等坚持和恢复生产,抗日根据地政府有计划地向小手工业者低价供应粮食,发放低息贷款,帮助他们推销产品。为确保生产救灾有充足的劳动力,太行边区政府还在疾病流行地区用3万元购买药品,组织医疗队、卫生队、免费为灾民治病。[49]

晋冀鲁豫根据地政府的生产救灾工作是在"寓救灾于生产"总的思路下展开,其救灾工作的主旨是组织灾民参加生产,把救灾与生产在实际工作中的每一步骤相结合起来,使其发挥更大的效果,并且在组织灾民参加生产过程中起到对干部和灾民的实际教育作用,提高他们的生产劳动观念。具体救灾工作主要体现在以下几个方面:第一,生产救济灾民。究其内容来说,组织群众生产救灾的方针可以分为两个时期:1944年以前主要是组织纺织及从供销上保证生产,1944年大生产运动开始后,才逐步转向以组织群众的农业生产为主。综合起来,在扶持农业生产上主要包括解决粮食、种籽、农具、肥料及组织劳力、畜力与水利事业等问题。根据地政府组织灾民修滩开渠磨面等事业,其中修渠多采取以工代赈的方式,修滩和磨面多采取扶助灾民自己经营的方式。第二,扶持群众副业生产。扶持群众副业生产最主要的一项工作是组织妇女纺织,根据地政府组织妇女纺织,纺织救灾不仅培养了不少生产者,提高了妇女的纺织技术,并且从政治经济上提高了妇女的社会地位,这些不仅达到了自救的目的,并为将来的纺织手工业打下了基础,这为推动救灾与发展根据地纺织业起了很大的作用;此外还组织群众刨药等。第三,辅助手工业生产。根据地政府组织铁工、木工、棉花弹毛工、染匠、皮匠等有计划的分配安置,修理农具、纺车、机子、开设各种作坊等发展灾区手工业生产,这也是抗击灾荒的辅助措施之一。第四,组织群众运输运销。在组织群众运输的方法上,一种采取使群众挣脚费的办法,灾民参加运输工作以获得脚价维持生活,灾民在参加运输工作时组成特别运输队,每斗提高相应的脚价,这样灾民获得利益更多。另一种是为了保障农业生产而组织的运输。此外还组织群众性的供销与信用业务。为了有效的扶持和组织各种生产事业,合作社同时发展与生产相结合的供销业务,以推销土产换回必需品以保障再生产。[50]总之,晋冀鲁豫根据地政府在组织群众生产救灾过程中,各合作社根据不同农节、农时、地区选择具体不同的生产救灾工作,并且始终坚持组织群众生产为群众服务的方针。扶持副业生产、手工业生产等对于协助根据地政府补充农业生产、维持或扩大再生产能力并战胜灾荒产生了积极作用,正是因为晋冀鲁豫根据地政府在各方面组织和扶持群众生产,在灾荒连年极端困难的条件下,将边区的人力、物力、财力充分发挥起来战胜灾荒。

陕甘宁边区在生产救灾中推行切实有效的农业政策与生产备荒相结合。在具体的实践过程中采取增产备荒措施,在群众生产救荒的实践过程中搜集正反两方面意见,对正确意见和措施予以广泛传播,对不正确的意见措施予以批判解释。此外,边区政府还"组织群众大量播种小日月米谷、荞麦、蔓菁等,对于已出苗的庄稼则需好好除草予以保护。组织群众挑水浇种瓜菜,尽管天不下雨,我们把种籽放下去,把水浇下去,瓜菜还是会生长起来"。[51]

> "就是全边区150万军民,男女老少大家动手,用自己的劳动,有计划地增加粮食和蔬菜生产。……每一个乡村,每一个部队、机关、学校,每一个单位,都要定出备荒计划,认真执行,及时检查,并发动广泛的群众竞赛。备荒工作是一件异常艰巨和复杂的工作,要把一般的号召,变成具体的行动,需要我们极大的努力……"[52]"防旱备荒的中心环节,在于积极的补救,不能因干旱而把生产工作松懈下来,相反的要更加抓紧

生产工作。一切没有下种的秋田,特别是谷子,要赶紧组织群众干种等雨,在各地要发动群众多种小日月的庄稼,……各地应该有计划的组织群众保存糠、麸、谷衣子,干洋芋等,并且发动群众采集野菜,野菜晒干保存,以备荒年。"[53]

陕甘宁边区在生产救荒的同时还兴办各种小型水利,开渠打井并修水渠地以确保生产救荒的成效,边区政府还"切实检查春耕结果,和农户亲切商量庄稼情况如何、存粮多少、灾荒到来如何对付、用什么方法增产粮食来保证一家数口免于饥饿威胁以及如何组织劳动力实行互助换工等等"。[54]陕甘宁边区政府在具体的生产救荒实践过程中还要求"每一个乡村、部队、机关、学校及每一个单位都要定出备荒计划认真执行并及时检查,发动广泛的群众竞赛。备荒工作是一项异常艰巨复杂的工作,需要我们极大的努力,任何粗枝大叶和空口叫喊的作风都行不通。"[55]

从陕甘宁边区政府对灾荒救济所给予的高度重视及所采取的有力措施来看,抗日边区政府救荒的根本办法是发动群众开展自力更生与生产自救,把募捐救济和恢复生产结合起来。1939年的严重水灾造成了1940年的春荒,边区政府在"战胜天灾,恢复耕地面积,恢复农业生产"的号召下开展了以修滩治水为中心的春耕生产运动。首先,边区政府通过合作贷款的方式吸收灾民参加生产合作社,大搞春运,组织运销,以在扩大再生产中得以持久的解决生计。其次,为了解决春荒中的粮食问题,边区有计划的兴办粮食供给合作社,先后从各区调集粮食以低于市场价格的标准售予灾民,帮助度过春荒。为了进一步开展生产自救,边区政府又将救国献金和救灾款以实物的形式发放到灾民手里,这些实物基本上都是生产必须的东西,如种籽,农具,牲畜等,并要求与春荒、修地、整滩、垦荒、合作贷款等工作协调相联系,切实解决春荒和生产中的问题。

晋察冀根据地针对 1942 年秋的严重灾荒,边区政府认为战胜严重灾荒的根本办法在于开展群众性的生产自救,想尽一切办法把灾民组织起来,开展生产救灾运动。生产救灾度荒工作成为最为中心的工作之一。晋察冀边区政府于 10 月 20 日及时发出了《关于救灾工作的指示》,其中对具体的救灾办法做以详细规定,号召灾区人民救灾度荒。之后,又布置了生产运销的具体救灾工作。中共晋察冀边区北岳区党委在《关于目前对敌经济斗争的决定》中明确提出,要以合作社组织灾民生产运销,主要包括组织和扶助灾民开展纺织、运销及各种家庭副业,并强调生产运销是救灾工作最有效的办法。与此同时,边区和北岳区党委提出了具体的救灾办法,主要体现在以下几个方面:首先,政府拨款赈济灾民并帮助灾民恢复生产,边区政府筹借一部分种籽、农具借给农民,对于缺乏农具种籽的农民,持"村农会"开具的证明,无须任何担保即可借到农具、种籽等生产工具与物资。同时,边区政府还发放生产贷款,在财力上支持农民购买农具、耕畜或办水利。[56]其次,把分散的灾民组织起来开展生产运销和各种家庭副业,实行生产救灾;第三,组织救灾委员会深入调查,灾区党支部成为救灾生产的堡垒,一村一户逐个解决问题,否则追查相应责任。晋察冀边区政府随着生产救灾经验的积累与发展,到 1943 年春救灾工作逐渐与春耕生产结合起来,边区政府认为战胜灾荒的根本办法还是发展农业生产。

对于苏北地区的救灾防荒,边区政府除赈粮赈款之外,还采取节约生产的救荒措施,即"节约救灾,互助生产"。无论是军政干部还是普通士兵,都参加了种菜运动,每人完成相应的种菜任务。与此同时,灾民也用种种办法进行合作生产,经济富裕的和贫穷的合作,有耕作工具的和无耕作工具的互耕,目的是共同地结成生产互助组以此来促进农业生产。边区政府还号召农民间的借贷,号召农民群众户与户、村与村之间的种籽、耕蓄借贷,相互调剂。此外,边区政府还根据战争和人民生活的需要,调整农作物的种植面积,安排分配农作物的种植计划。据史料记载,1940 年春耕运动中,补充农具 344229 件,借贷种子 4767 石,补充耕蓄:牛 6921 头,骡 11127 头,从而保证 1940 年春耕运动和生产的开展。[57]总之,根据地政府这些具体的救灾措施无不表明了一个基本问题,即生产救灾是中国共产党在民国时期的根本救灾方略。

民国时期以自力更生、生产自救为核心的救灾政策目的主要在于以发展生产来提高军民抵御灾害的能力,可以说是一种积极的救灾政策体系。以生产自救为核心的救灾体系将赈济粮款政策、节约政策、灾民安置政策及水利政策等有机结合起来,在救灾的过程中积极发展生产,以发展生产来抵御自然灾害,在抵御自然灾害的过程中发展生产。

中国共产党在各根据地的救灾政策及实践成效为新中国的救灾事业奠定了基石。新中国建立之初自然灾害极其严重,经过国民党长期的反动统治致使农村农业生产凋敝,水利失修,农村灾荒严重。第一代领导人毛泽东同志在 1959 年 6 月 20 日关于如实报道灾情、唤起人民全力抗争的批语中写道:"……政府救济,人民生产自救,要大力报道提倡……。"同时,周恩来同志在《政务院关于生产救灾的指示》中提出总结过去各地生产自救的经验,希望各地作为参考意见,并根据各地具体情况有所侧重地采取多种救灾政策。新中国成立初期党中央在面对严重灾害时积极开展生产自救,以发展生产来抵御自然灾害,取得了救灾防灾的显著成效。改革开放 30 年来随着经济的发展,我国抵御灾害的能力大大提高。

二、其他特点

一是中国共产党各革命根据地政府对救灾工作高度重视,并将救灾与生产的重要性上升到政治层面,认为救灾与生产不仅是当时严重的政治任务,而且是贯穿革命根据地各方面工作的中心环节。各根据地政府重视民生保障,对救灾抱有必胜的信念和态度。首先从思想政治上提出号召,在报纸上用最大最醒目的标语号召"根据地是一家人,快快救济受灾难的同胞!"及"四两米能救活一个人"等[58],与此同时,大力推行"一把米"与"募糠"运动。对于苏北地区的救灾防荒,苏皖边区政府在中国共产党根据地政府的号召下提出了"不饿死一个人"的救灾防荒口号。晋察冀边区和其他地区对于灾荒的救济同样给予高度重视,并从政治上给予政策支持,提出"加紧救灾治水,保卫边区,克服困难,坚持抗战到底!"的口号。

二是中国共产党各根据地政府积极发动群众,依靠群众,对群众进行宣传教育。在当时战乱的背景下使得人心稳定,人人投入到灾后重建的行动中。晋冀鲁豫根据地在面对严重蝗灾时,充分发挥群众打蝗扫蝗的热情,积极组织群众参与打蝗扫蝗运动。太行区党政军民领导机关首先组织干部深入灾区,向村干部和群众进行思想教育并提出"打破迷信,人定胜天"的口号,鼓励群众相信自己的力量,战胜自然灾害。[59]《解放日报》发表社论认为:"我们深信,我们陕甘宁边区全体军民,只要一致行动起来,……我们一定能够战胜灾荒,克服困难,使我们生产运动的果实得以保持,对日反攻的准备工作得以顺利进行。"[60]。

三是各根据地政府倡导有力的群众备荒运动。各根据地政府把灾荒救济的希望寄托于坚实可靠的基础与广大群众的力量上,因而能够大范围的发动群众,号召群众想出各种办法来应对可能发生的最坏情况。"备荒运动成功的关键,首先在于我们各级干部思想清醒,认识清楚灾荒威胁的严重性,高度发扬对人民负责,与人民共艰苦的精神"。[61]各革命根据地政府抗战时期的救灾工作是在"不饿死一个人"的口号下进行的,这充分体现了战胜灾荒的勇气和信心。

四、小　结

相对于中国历朝历代包括南京国民政府的救灾实效而言,中国共产党在民国时期的救灾成效显著。因此,深刻总结民国时期中国共产党的救灾内容、特点和本质,在理论和实践上都十分必要。当然,中国共产党边区政府的救灾作为一个历史范畴,本身并不是孤立的概念,它是19世纪晚清以来中国面临3000年大变局的宏大历史背景下而发生的许多大事件中的一个亮点事件。历经灾难的中国和中国人民终于在中国共产党的带领下,探索出基于中国国情的救灾经验,形成具有先进时代性的救灾思想。因此,总结中国共产党救灾思想需要结合中国传统救灾思想,站在民国时期内忧外患、民不聊生、国民几于崩溃的时代背景下深刻认识并全面分析。

(一)边区政府对传统救灾思想的扬弃

本章第二节详细总结边区政府采取的救灾政策,都是中国共产党结合特定的时代背景和现实情况,实事求是,解放思想,在实践中不断创新和探索而成。作为那个时代中国生产力和文化的先进代表,共产党从来都是"不拒细流,博采众长"。在智慧源泉上,边区政府的救灾实践或政策直接或间接地受到传统救灾思想的影响。或者说,边区政府的救灾实践,结合救荒实际情况做了大量探索和创新,但在其组合元素中都能找到中国传统救灾思想的影子。

只不过这些影子,是经过共产党发扬的好东西。

一是在救灾指导思想方面对传统救灾思想的扬弃。如第二章所述,中国传统救灾思想的主要哲学渊源大致包括:"天人合一"、"天下大同"、"民为邦本"等。中国共产党自从诞生那天起,主旨就是"救民于水火"、"解民于倒悬"。因此,毫不怀疑,中国共产党对这些文化元素都是认同的,并且在具体救灾实践中始终贯彻这些理念。"救灾就是救民"、"救民就是救国",可见,中国共产党将救灾等同于救国,对救灾的认识程度和重视程度不言而喻。"不饿死一个人"、"根据地是一家人,快快救济受灾难的同胞"、"中国人大团结"、"中国人救中国人"……所有这些都不是口号,反映的是中国共产党实实在在的救灾理念。这些理念,就是"天下大同"、"民为邦本"等传统思想在那个时代的集中反映。如前所述,每遇灾害,边区政府和各根据地执行厉行节约政策。"各机关、部队、各单位、各农村加强粮食仓库工作,提醒粮食工作者,总务工作者、炊事人员,好好保管和使用粮食,建立粮食的严密支领和保管制度,做饭要有计算,除了军需等必要用途之外,要严格取缔开设酒坊并用粮食酿酒,禁止用粮食喂猪等各种浪费现象,提倡省吃节用"。所有这些琐碎的政策和实际行动,虽不及"天人合一"、"天下大同"、"民为邦本"工整响亮,但是,这是中国共产党真真切切的救灾政策和实践,恰恰在最深刻的本质元素中体现了"天人合一"、"天下大同"和"民为邦本"。只不过,这里的"天人合一",再也没有禳灾的愚昧举动或者是通过"减膳、释放奴婢"做做样子,取而代之的是"官民一体,厉行节约"、"社会互助与社会救济"、"自力更生、丰衣足食"、"灾民即兄弟"。中国共产党救灾不是为了维护自身的统治,相反,是为了助民推翻反动的封建统治。

二是在救灾政策方面对传统救灾思想的扬弃。传统救灾思想中，主要包括临灾治标的赈济说、调粟说、养恤说、安辑说、蠲缓说等救灾政策。同样，如前所述，中国共产党在民国时期执行的赈济粮款政策、灾民安置政策、水利政策等各种救灾政策，毫无疑问，受到了传统救灾政策的启发，但是，边区政府和各根据地从来不是机械地执行这些政策，而是设身处地，实事求是，结合具体情况创造性地执行政策。例如，在灾民安置方面，鼓励外来灾民开荒生产，边区政府坚决执行优待灾民的决定，三年中灾民不仅没有各种税负，并且边区政府还帮助解决各种困难。此外，共产党还专门采取了"捕蝗打蝗"政策，作为一级政府，专门组织捕蝗打蝗，在中国此前历史上，未曾有过，这也充分反映了中国共产党作为人民利益的忠实代表，立党为公，执政为民的坚定信念。特别是，共产党还将捕蝗打蝗与解决粮食问题相结合，应该承认，这是一个创举。

三是在救灾动员力量上对传统救灾思想的扬弃。历朝历代，凡是开明的王朝或君王甚至贤达人士对救灾都是非常重视的，有的君王为了禳灾"斋戒三天，以对天谴"、有的士大夫"修河凿渠，拯救斯民"、有的地主富农"开仓放粮，赈济灾民"、有的文人雅士主张"救荒活民"……但是，总的来看，他们的救灾效果都不及中国共产党边区政府的救灾成效。为什么呢？在笔者看来，关键区别在于救灾力量的动员。中国幅员辽阔，从灾害角度看，中国既是灾难大国，也是灾难常国。救灾的成功在于群众力量的广泛动员。而由于封建王朝慑于"草民"、"灾民"威力，惧怕危及统治，从来只认为救灾就是为了争取民心和维护统治，从来就不敢放手发动群众自救互救，当然最后取得的救灾成效也极其有限。在中国共产党边区政府和各根据地，救灾动员情况完全是另一种状态。中国共产党不仅号召群众"自力更生、丰衣足食"、还大声喊出"中国人救中国人"，"有钱出钱，有力出力，有一分钱出一分钱，有一分力出一分力""万众一心、众志成城","集腋成裘",所有的资源都被动员起来参与救灾。态度之积极,力量之浩荡,动员规模之大,史所罕见。以这种动员力量救灾,取得良好救灾成效自然不足为奇。救灾是最基本的民生保障事务,救济灾民是最基本的"大同理想",理论上讲,一场灾害或灾荒发生后,凡是有助于救济灾民的力量和资源都应当在短时间内动员起来参与救灾,以一种"惊天地、泣鬼神"的行动"不抛弃、不放弃"。回顾中国历史,在这一点上,除了中国共产党,没有任何其他组织做到。

(二)中国共产党完成近代救灾思想的转型

前文重点总结了民国学界和资产阶级救灾思想的基础和主要内容,分析了民国时期救灾思想的特点和本质元素,解证了民国时期救灾思想对北洋政府和南京国民政府救灾实践的影响。应该说,民国时期资产阶级学者和政府关于灾害和救灾的研究取得了许多非常值得重视的研究成果,在救灾实践方面也积累了许多宝贵经验,这方面大致包括:在救灾思想体系方面,丰富和完善了传统救灾思想,譬如,提出"教民胜于养民,教养并重"、"救灾是政府义不容辞的责任",深化了对民生保障的重要性认识。又如,提出了实业救灾论、建设防灾思想、防灾重于救灾思想等。再如,民国时期以工代赈更多地与农业生产政策、经济发展政策以及现代科学技术相结合等;在科学防灾救灾方面,注重微观考察,细致深入研究了灾害的种类、特点、成因、规律、影响、性质以及救灾对策等,丰富和充实了救灾的科学性;在救灾体制方面,民国人士已经认识到,科学有效的救灾不仅依靠器物层面的改革,而更依赖于重建中国救灾体制甚至改造政权;在救灾实践方面,南京国民政府已经在形式上基本建立了比较完善的现代救灾制度……总的来看,民国时期在中国救灾思想与实践近代化转型中做出了大量探索，积累了许多宝贵经验。

但是，还应该看到这些救灾思想与实践的局限性。首先，民国学界和资产阶级救灾思想继承并在一定程度上发扬了中国传统救灾思想中"民本思想"、"大同思想"等。但是，由于阶级局限性，民国时期学界和资产阶级政府并未能彻底站在劳苦大众角度深刻理解救灾之于"小民"或"草民"的重要意义，"小民"并不在乎理想和思想多么完美和工整，他们更在乎切切实实地脱离苦难，更能感受"救苦救难压倒一切"的深刻理性与本质状态。显然，阶级局限性决定了民国时期救灾思想不可能成熟到这一步。其次，由于救灾思想的局限，北洋政府和南京国民政府的救灾实践成效必然有限。腐朽的政治，既很难接受先进的思想和对策，也不可能在实践上坚定的贯彻执行哪怕是正确和科学的东西。救灾本是目的，但在腐朽的统治阶级那里变成了"牧民"的手段。救灾本需要也本可以在短时间动员最广泛的力量参与，但在有限的政治体制下，按部就班、"防激变民众"。救灾本是政府最基本最重要最紧迫的民生保障责任，但国民政府却认为它有更重要更紧迫的工作要做。在某种程度上，中国共产党因为救灾而在灾害中壮大成熟，而民国政府却因为救灾在灾害中衰弱以至于灭亡。

因此，综合民国资产阶级救灾思想的高度和实践效果来看，可以认为，北洋政府和南京国民政府并未能完成晚清以来的近代救灾思想的转型。诞生于民国时期的中国共产党，通过其领导下的边区政府和抗日根据地的成功救灾实践，在事实上完成了这一转型。中国共产党在灾难中诞生，并在灾难中成长壮大。如前所述，边区政府将救灾理念上升到"救灾等于救民、救民等于救国"的高度，深刻诠释了"天下大同"、"民为邦本"的真正内涵；在这种理念指导下,边区政府和各根据地将救灾上升到政治高度,一丝不苟地履行政府责任,动用全社会资源、动员最广大力量参与救灾,相信群众,依靠群众,展现出"人定胜天"的救灾自信和气概,在以生产自救与自力更生的核心思想指导下,取得了良好的救灾效果。

不仅如此,边区政府对于民国学者关于灾害和救灾的科学研究不仅认同,而且不断创新并在救灾实践中发展,更重要的是在实践中得到真正应用,例如,捕蝗政策中的"坑杀法、扑杀法、打杀法、诱杀法、禽杀法"都是群众和科技工作者结合具体情况研究总结的结果。再如,对群众和干部大力开展思想教育,"打破迷信",分析灾害成因,采取有针对性的措施等。再次,同时期民国学界和资产阶级政府提出的实业救灾论、建设防灾思想、防灾重于救灾的思想以及完善的以工代赈思想、教养并重思想都在中国共产党的救灾政策与实践中得到充分体现。"自力更生、生产自救"的本质就是实业救灾,而且是一种范畴更广的实业救灾;兴修水利、备荒备耕就是防灾思想体现;第五专署《关于水利贷款分配》(1943年12月8日)中对水利贷款的数额、用途做了明确指示,这显然表明,边区政府对于救灾也采用了金融工具。另外,"根据地政府组织妇女纺织,纺织救灾不仅培养了不少生产者,提高了妇女的纺织技术,并且从政治经济上提高了妇女的社会地位,这些不仅达到了自救的目的,并为将来的纺织手工业打下了基础"。显然,如果要归类,这更应该算是一种"教养并重"或者"实业救灾论"……所有这些都表明,虽然中国共产党边区政府关于灾害和救灾的学术研究成果和理论文献可能并不及民国学界和资产阶级政府,但是,在救灾实践中昭示出的救灾思想、在具体措施上实事求是的精神和解决问题的工具理性,不仅不逊色于民国资产阶级,反而在思想境界和实践效果上都高于民国资产阶级。因此,中国共产党接替民国资产阶级完成了中国救灾思想的近代化转型。中国共产党之所以能接替民国政府完成救灾思想转型,最根本的是其对于民生保障的深刻理解和忠实贯彻执行。

注　释

1　37　胡新民、李忠全编著:《陕甘宁边区民政工作史》,西北大学出版社,1995 年版,第 191、221 页。

2　边区政府民政厅:《陕甘宁边区社会救济事业概述》,1946 年。

3　由于笔者非史学专业出身,同时也由于史料本身所限,未能将陕甘宁边区四年来灾情统计完全,但这并不影响说明陕甘宁边区灾情的严重性。

4　57　宋劭文:《边区行政委员会工作报告》,选自《晋察冀边区财政经济史料选编》(总论编),第 512 页。

5　贾政:《今年春荒救济工作的经验教训》,1942 年。

6　《晋冀鲁豫边区怎样为人民解救灾荒》,《解放日报》1943 年 3 月 17 日。

7　8　19　20　22　30　32　48　49　59　太行山革命根据地史总编委会:《太行山革命根据地史稿(1937—1949)》,山西人民出版社,1987 年版,第 170、169—181、172、173、172、174、173、173、174、174 页。

9　43　46　河南省财政厅、河南档案馆:《晋冀鲁豫抗日根据地财经史料选编》(河南部分四),档案出版社,1985 年版,第 213、214、627 页。

10　乔汀:《苏北水灾真相》,选自《群众》1946 年第 12 卷第 7 期。

11　12　《解放区救灾运动——太行六分区救灾经验介绍》,《解放日报》1945 年 6 月 27 日。

13　《延安县各区长分区视察灾情——延川人民向政府报灾》,《解放日报》1942 年 8 月 10 日。

14　社论《延川水灾》,《解放日报》,1942 年 8 月 10 日,星期一,第一版。

15　《军阀统治下的灾荒与米荒》,选自《向导》,1926 年 7 月 21 日第 164 期。

16　谢扶雅:《被压迫者的福音》,青年协会书局,1938 年版第 40—41 页。

17　西北五省区编纂领导小组、中央档案馆:《陕甘宁抗日根据地:文献卷》(下),中共党史资料出版社,1990 年版,第 92 页。

18　然之:《援助灾民与开展灾民斗争》,《红色中华》,1933 年 8 月 25 日第 105 期。

21　陕甘宁边区财政经济史编写组、陕西省档案馆:《抗日战争时期陕甘宁边区财政经济史料摘编》(第九编—人民生活),陕西人民出版社,1980 版,第 27—271 页。

23　51　54　55　60　61　《加紧备荒》,《解放日报》1945 年 6 月 18 日。

24　52　53　《紧急动员起来,防旱备荒》,《解放日报》1945 年 5 月 18 日。

25　杨华健:《救灾防荒》,选自《群众》第 11 卷第 6 期,1946 年 6 月 10 日版。

26　《关于克服灾荒困难改变粮食定量厉行节约的命令》,1943 年 8 月 5 日。

27　《晋察冀拜年去救灾治水安定民生的具体办法》,1939 年 8 月 10 日。

28　《冀中五年来财政工作报告》,1943 年 4 月 25 日。

29　40　河南省财政厅、河南省档案馆:《晋冀鲁豫抗日根据地财经史料选编》(河南部分三),档案出版社,1985 年版,第 60—61、69—70 页。

31　河南省财政厅、河南省档案馆:《晋冀鲁豫抗日根据地财经史料选编》(河南部分二),档案出版社,1985 年版,第 112 页。

33　《救济敌占区逃来同胞——分予土地粮食使其参加生产》,《解放日报》1943 年 4 月 10 日。

34　《晋冀鲁豫边区怎样为人民解救灾荒》,《解放日报》1943 年 3 月 17 日。

35　56　魏运宏:《晋察冀边区抗日根据地财政经济史稿》,档案出版社,1990 年版,第 120、115 页。

36　劳农:《目前生产救灾工作的几个问题》,《战线》第 105 期,1943 年 3 月 5 日、

38　陕甘宁边区财政经济史编写组、陕西省档案馆:《抗日战争时期陕甘宁边区财政经济史料摘编》,第二编—农业,陕西人民出版社,1980 年版,第 394—396 页。

39　《防旱与水利》,《解放日报》1945 年 6 月 29 日。

41　《关于水利贷款分配的指示》,选自河南省财政厅、河南省档案馆:《晋冀鲁豫抗日根据地财经史料选编三(河南部分)》,档案出版社,1985 年版,第 69 页。

42　《太行林北、平顺等县剿蝗成绩大》,《解放日报》1945 年 6 月 5 日。

44　《太行部分地区蝗蝻肃清敌占区禁止群众扑蝗》,《解放日报》1944 年 5 月 27 日。

45　《太行林北剿蝗胜利磁武敌占区飞蝗成灾》,《解放日报》1944 年 6 月 4 日。

47　《安阳等地人民积极挖蝗卵》,《解放日报》1944 年 5 月 6 日。

50　《解放日报》1945 年 12 月 11 日、13 日。

58　《晋冀鲁豫边区怎样为人民解救灾荒》,《解放日报》1943 年 3 月 17 日。

第八章

结论与启示

第一节　基本结论

自古以来我国一直是一个灾荒的国度，几乎无灾不荒，灾荒始终与灾害的发生相伴随而发生。对于灾害的研究和救灾的探讨，历朝历代以及无数贤达人士探索并积累了许多宝贵经验，形成中国传统的救灾思想；对于灾荒的救助，历朝历代统治者为了维护统治地位，都采取了许多救灾措施，并最终发展形成封建社会的荒政体系，然而，近代以来，由于资本主义经济的发展以及社会结构变迁，传统的救灾思想与荒政体系已无从适应经济社会结构的变迁。正如夏明方教授所言："传统荒政体系在经过几千年演变发展之后已经腐朽不堪，并与清王朝一起崩溃。"[1]

一、中国救荒思想的近代化转型

民国时期的特殊时代背景与历史环境，外国的侵略将中国推向了半殖民地，同时也带来了西方文明，使中国产生了几千年以来最根本的变化，催生了中国社会变迁的近代化因素。对于中国救荒思想而言,也经历了几千年来最为根本的近代化变迁,这与外国的侵略和西方文明的传入有着必然的因果联系。所以中国救灾思想的近代化不是原生意义上近代化转型,不是救灾思想与救灾制度本身发展的近代化,而是由于侵略带来了外国文化催生下的救荒思想近代化。

然而,虽然有外国文明的输入,中国救灾思想的近代化仍然经历了一个漫长的历史过程,民国时期中国共产党的救灾思想及实践活动完成了中国救灾思想的近代化转型,由于历史发展的客观规律决定,中国救灾思想的近代化,乃至于救灾制度的近代化不会一步到位,而是经历了漫长而曲折的过程,是阶梯式的螺旋前进。正如戴逸先生所言:

> 开始学习西方就是从船坚炮利开始,造军舰、造枪炮。此后学习西方的机器生产,开工厂,开矿山。而做到这些,需要人才,需要翻译外国书籍,要有科技人员,需要引进教育和科技,需要资本。器物层面的近代化转型也要很长历史过程,洋务运动搞了 30 年,从轮船招商局、上海织布局、到电报局、铁路逐步前进,其阻力非常大,举步维艰,进展缓慢,发生了几次大的争论。[2]

由此,正如中国整个历史进程中的近代化一样,中国救灾思想近代化的第一阶梯,也是器物层面的近代化,具体为救灾措施的近代化等。正是由于向西方学习先进科学文化及翻译最新科学研究成果的影响,而救荒思想措施层面的近代化在晚清时期已经开始,这种措施层面的救灾思想近代化发展到民国时期,在竺可桢、翁文灏、丁文江、胡焕庸、李四光等一大批科学工作者的努力下,将现代科学技术引入到灾害研究领域,产生了一大批有含金量的研究成果,以至于应用到具体的救灾防灾实践中,以现代交通业、现代传媒业、现代农业科学技术等最具代表性,从而继续推动着民国时期救灾思想在措施层面的近代化发展。

从某种意义上说,中国近代化改革进程的快慢也是由社会环境所致。由于近代爱国热情的高涨,迫切要求改革、革命运动热情高涨,中国人民通过措施层面的改革已经认识到,不仅要在措施层面上改革,还需要在制度层面上改革。[3]然而,救荒思想的近代化在中国近代化转型的背景下也经历了制度层面的改革。即救荒制度的改革,从某种意义上来讲,也是救荒体制与机制的改革。救灾思想在经历了措施层面改革之后,与传统的救灾体系如清王朝的政治制度一样,已腐朽不堪,因而无从适应中国的近代化,随之与清王朝一起崩溃。北洋政府和国民政府在历史的进程中必然要适应历史环境的变化,迫于各种社会压力,从巩固自身利益出发,继续推动着中国的近代化,如政治近代化、社会建设近代化、思想文化近代化,乃至于救灾思想的近代化。北洋政府和南京国民政府在不同程度上努力推动并重建中国的救灾体制,进而于30年代初期以后借鉴西方模式逐步建立了一套形式上比较完整的新型救灾制度。可以说,这在某种程度上标志着中国救灾思想的近代化在制度层面确立。

随着近代化改革逐渐深入,中国的近代化进入到新的阶段,一旦触及到核心本质,则必然要进行行政体制改革,中国需要改造政权。与此同时,民众也需要有一个有效率的、权威性的政府。因而,中国近代化又进入政治体制改革层面。救灾思想的近代化也随着时代潮流在比较完善的新型救灾制度的基础上,必然要求救灾政治体制改革,即政府救灾政治改革。由于民国时期君主复辟、军阀混战、政治腐朽以及帝国主义势力在中国的加剧,时局更加动荡,社会矛盾大大激化,抢米、罢工、抗捐、抗税、罢市、罢课等接连不断,社会矛盾层出不穷。在这样的政治社会背景下,民国时期又是中国历史上由大洪水、大旱灾、大蝗灾、大地震等重大灾害组合而成的灾害群发期,人为战争灾害与自然灾害错综复杂交织在一起,相互影响,相互恶化,从而致使民国时期的灾害更为惨烈。救灾思想的近代化必然要求国民政府的救灾政治体制改革。

然而,国民政府时期虽然建立了比较完善的现代救灾制度,但由于政治腐朽以及政治体制改革不深入,未曾完成救灾思想近代化转型的政治基础,即救灾政治体制改革,从而致使完善的救灾制度形同虚设,救灾实践及效果不佳,未能真正意义上解决由于自然灾害与政治灾害所带来的诸多民生保障问题。政治体制改革需要有一个客观的社会基础,即社会结构的变化。没有社会结构的变化,政治体制的改革则是空谈,社会上需要出现一种推动政治改革的力量。[4] 值此之际,俄国十月社会主义革命的成功为马克思主义在中国的广泛传播提供了一个重要契机。在马克思主义引导下,为正在寻找新的救国救民的先进知识分子,乃至普通民众以极大的震动和鼓舞。当时李大钊、陈独秀、毛泽东、周恩来、李达、蔡和森、邓中夏等一大批知识分子通过各种渠道宣传马克思主义,如组织各种研究会、成立共产主义小组、创办刊物,翻译马恩原著,这些社会结构的改变为救灾思想的政治体制改革提供了基础,也为马克思主义在中国的广泛传播奠定了基础,可以说马克思主义的传播为救灾思想的政治体制改革提供了契机。

革命根据地边区政府在中国落后地区轰轰烈烈展开各种政治体制改革,创造了许多新的经验并形成了许多新的救灾方略,如建立了教育与生产劳动相结合、理论联系实际等政策,重视实践能力的培养。[5] 这种政治体制模式,为民国时期各革命根据地的减灾备荒不仅提供了实践基础,并且为中国救灾思想的近代化确立了适合中国国情的政治体制,可以说,在某种程度上建立了新型的救灾政治体制。这种新型的政治救灾体制,在救灾实践过程中将减灾救灾与生产相结合,救灾思想、救灾制度与救灾实践有机融为一体,可以说已成为中国救灾思想近代化确立的标志,即"自力更生,生产救灾"。同时也建立了科学化、理论化、体系化的救灾体制,并取得了良好的救灾实效。

二、民国时期救灾思想对中国传统救灾思想的传承

民国时期救灾思想是中国救荒思想近代化转型的集中体现,也是中国救荒思想发展的必然阶段。由于灾害救助是社会救助之重要组成部分,因而也是中国社会保障之重要组成部分,灾害保障与其他社会保障制度不同的是,还涉及到灾害学的相关知识,跨学科的特性表现得尤为明显。依此而论,民国时期救灾思想是中国社会保障思想的核心组成部分,又由于中国传统社会保障是以救灾为核心所展开的一系列保障,因此,中国救荒思想是中国社会保障思想的集中体现,因而民国时期救灾思想的近代化承载着中国社会保障思想的近代化变迁。民国时期救灾思想的科学化、社会化、多元化、国际化同时也反映着中国社会保障思想的近代化转型。

中国传统社会保障思想最早以抚民、安民的思想混合在一起的形式出现,此后经过历代王朝的发展,逐渐形成了对后世颇具影响的多种社会保障思想,如天命禳弭论、大同社会论、社会互助论、仓储后备论、社会救助论等。[6] 社会保障思想十分丰富,且明显具有中国特色,有的思想迄今仍然具有指导价值,如社会救助论中的以工代赈思想等,这表明旧中国的社会保障思想较之西方国家并

不逊色,某些方面甚至更具科学性。

正如本书第四章所述,在科学与愚昧并存的特殊战乱年代,天命禳弭思想仍然反映着民国时期救灾思想的时代特色,由于现代科学知识还未曾大众化普及于救灾领域,以及天命禳弭思想根深蒂固的影响,许多地方百姓自愿或通过宗教组织,甚至官员带头组织祈雨等天命禳弭救灾活动,这一定程度上表明天命禳弭思想还有存在的历史空间。可以说,天命禳弭论是中国传统社会保障思想的代表,产生于商代,具有浓厚的迷信色彩,是封建时代帝王组织实施巫术救荒措施的思想或理论基础。天命禳弭论是天人合一思想在封建时代社会保障思想的现实反映,由于人们对天灾人祸的敬畏,加之生产力水平、科学技术水平十分有限,人民将生存保障的希望寄托于对上天的敬畏,认为人类社会的各种灾祸由上天决定,因而通过向上天祈禳以求保佑免除各种自然灾祸。[7]

以工代赈思想是民国时期救灾思想的重要内容之一,也是中国传统社会保障思想的重要体现。民国时期以工代赈的救灾思想既是中国传统社会保障思想的继承,又是在特殊时代背景与历史环境下对传统以工代赈社会保障思想的发展与创新。以国民政府为例,民国时期的以工代赈思想更为注重河工治理、现代水利建设等,尤其在实施以工代赈的救灾实践过程中采用了现代科学技术的最新成果。不仅如此,民国时期的以工代赈救灾思想更多的与农业生产政策、经济发展政策相结合,可以说是一种积极的民生保障思想。

仓储后备救灾思想也是民国时期救灾思想的重要内容,国民政府在恢复重建传统仓储制度的基础上,根据经济社会发展的需要建立新式仓库制度以救济灾黎。继共产党边区政府发动广大人民群众,依靠广大人民群众普遍建立仓储制度后,将灾荒救济的希望寄托于坚实可靠的基础与广大群众的力量上。由于仓储后备具有事先预防、食物救济的实践价值,从古至今一直成为历代统治者所重视的社会保障思想,如《礼记·王制篇》所记载:"国无九年之蓄,曰不足;无六年之蓄,曰急;无三年之蓄,曰国非其国也。三年耕必有一年之食,九年耕必有三年之食,以三十年之通,虽有凶悍水溢,民无菜色"。

社会互助是民国时期救灾思想又一重要内容,也是中国传统社会社会保障思想的具体体现,以中国共产党边区政府救灾实践为例,中国共产党各根据地政府在救灾实践中广泛开展社会互助,倡导各社会团体军民厉行节约发扬互助精神,共同救灾。社会互助是传统儒家思想的重要体现,强调社会成员之间相互帮助,春秋战国时期著名思想家墨子在《墨子·兼爱下篇》中主张"兼爱交利",提出"有力者疾以救人,有财者勉以分人,有道者劝以教人。若此,则饥者得食,寒者得衣,乱者得治"的思想。继墨子之后,孟子在《孟子·滕文公上篇》中主张"出入相友,守望相助,疾病相扶持,则百姓亲睦"等。

民国时期救灾思想在西方科学思潮传播与近代科学技术的影响下既继承了中国传统救荒思想与社会保障思想的核心精华,同时又是在特殊的时代背景与历史环境下,对中国传统救荒思想与中国传统社会保障思想的发展。正如郑功成教授所言:"每一个国家或地区都有其历史渊源与文化传承,但总会有自己的一些特色元素得到传承,每一种制度都会有其历史渊源,即使是移植外来制度,也会不同程度的加注本土元素,这是文化传承的必然结果,也是路径依赖的惯性使然。"[8]

相对于西方社会保障思想而言,中国传统社会保障思想起源于大同社会思想,是天人合一哲学思想指导下的一种民本思想,而西方社会保障思想起源于空想社会主义，是自由主义影响下的社会福利思想，强调个人保障责任。然而，随着经济社会的发展，西方社会保障思想在 19 世纪末到 20 世纪 70 年代，趋向于强调国家责任与国家保障，强调国家在建立和实施社会保障中的主导地位和责任，随着"福利国家"已成为诸多西方国家在社会政策领域的追求目标，这促使西方社会保障水平提高的同时也导致福利病的出现，以至于很长一段时间内难以解决。20 世纪 70 年代之后，西方社会保障思想在福利病的影响下开始进行相关改革与调整，强调自助、互助、与国家保障相结合，主张社会保障问题的解决既是个人的责任，也是社会的责任，更是政府的责任，因而西方国家在进行大规模、深层次社会保障制度改革的过程中追求国家责任、社会责任与个人责任的协调与平衡。然而，这也正是中国传统社会保障思想，即"中庸之道"的现实反映，也正如郑功成教授所言，中国社会保障制度改革应遵循中庸之道。

三、民国时期救灾思想的成功实践：自力更生与生产自救

如前所述，面对战乱频仍、内忧外患、灾害连连的冰冷现实，在传统救灾体系几近崩溃的情形下，民国贤达人士和学界经过深刻的社会观察，对传统救灾思想做了发展，对传统救灾理论做了延展和细化。特别是南京国民政府也努力探索和构建一套在形式上几近成熟的救灾制度。可以说，民国时期，学界和资产阶级统治者为救灾思想和实践的近代化转型做了大量工作，在形式上几近于完成转型。

但是，形式上的完美，并不代表以资产阶级为代表的民国政府和学界完成了这一转型。南京国民政府建立了比较完整的新型救灾制度，在实践上并未得到真正贯彻执行，因而救灾成效很有限。

这并不能归咎于"执行不力"或者"客观原因",或者说,不能认为"理论是完善的,政策是好的,仅仅在执行上出了问题"。恰恰相反,技术层面完美的制度设计或者"一纸空文"得到失败的救灾结果恰好反映了救灾思想不成熟,也以残酷的事实说明救灾思想和实践在国民政府时期未能成功完成近代化转型。导致历史状态的根本原因是:民国资产阶级和南京国民政府尚未深刻理解甚至不可能理解民生保障的真正涵意,当然也就不可能在救灾实践上忠实执行关于民生保障的各项措施,更无从谈起千方百计"救民于水火"的慷慨与激昂。

与之形成鲜明对照的是,中国共产党领导的边区政府和各根据地政权视民生保障为根本。中国共产党的边区政府时期并未形成系统的救灾研究成果甚至根本无条件从事基础研究整理国外先进救灾技术及其他,然而,边区政府所有的救灾政策都突出彰显着真正的"大同思想"以及"民本思想",所有的救灾实际行动都鲜明地表现了实事求是的工作作风和解决问题的科学理性。事实证明,思想成熟标志不在"文字"或者空洞的"理论描述",而是更多的体现在实践行动上。"救灾等于救民,救民等于救国",充分表明民国时期中国共产党边区政府就已经深刻理解民生保障的真正涵意。正是由于此种深刻理解,才有共产党将救灾实践上升到政治高度,形成强有力的政治体制,忠实履行政府责任,忠实执行民生保障;才有共产党"不拒细流,博采众长",吸取传统救灾的思想智慧,运用先进技术科学救灾防灾;才有共产党敢于并善于发动群众,在最短时间内动员所有资源和力量参与救灾,将有限的人力物力财力投入到最需要救灾的地方,自力更生,生产救灾,互助救济,正是由于此种深刻理解,中国共产党边区政府以救灾的成功实践在事实上继民国学界和资产阶级政府后完成救灾思想的近代转型。

新中国成立60多年来,中国也曾遭受各种灾害,特别是从近30年来灾情发展变化来看,总体上中国的灾害问题仍呈现出不断恶化的态势,危害面积也不断扩散,灾害发生周期愈来愈短,危害后果日益严重,人为灾害明显增加的趋势等,同时伴随的还有工业灾害,灾害已成为我国十分重要的基本国情。中国共产党和中国人民在民生保障思想下,举国救灾,弘扬民族精神,"一方有难、八方支援","万众一心、众志成城";备灾防灾,科学救灾,运用先进技术救灾;"不畏艰险、不折不挠",千方百计,严防死守⋯⋯一次又一次地战胜各种重大自然灾害。这些都再次说明,民国时期救灾思想经中国共产党边区政府从根本上以成功救灾的实践活动丰富和充实后,已经在内核上转变成一种近代民生保障思想,而且,在随后共产党执政期间,不断被完善,不断指导新的救灾实践并取得更好成效。

第二节　若干启示

一、民国时期救灾思想与民生保障

晚清时期一批社会贤达人士在介绍西方社会保障思想及制度的同时,已开始深刻反思并批判传统宗族福利保障模式,将社会福利问题提高到治国方略的高度,由此中国开始了建立在农业文明基础上的传统宗族福利保障模式向建立在工业文明基础上的西方福利保障模式变迁。由于民国时期进一步受西方国家保障、国家责任与马克思主义的影响,以及北洋政府、南京国民政府现代政府政治的确立,民国时期的救灾思想,民国社会保障思想更多的体现了政府责任,如熊希龄、蒋介石等人认为救灾是政府义不容辞的责任,中国共产党边区政府已将民生保障上升成为一项政治任务,与建立在"家国观念"基础上的传统救灾保障而言,民国时期救灾思想更为关注民生保障,并将之作为政府义不容辞的责任。可以说,民国时期救灾思想是一种民生保障思想,但这种民生保障思想还只是近代化意义上民生保障思想转型的开端。

民国时期救灾思想起源于天人合一的哲学思想,是通过实践、哲学思考而建立的人与自然因地制宜、协调发展的理念,在生产力落后和科学技术不发达的情况下,古人在受自然灾害威胁时,天人合一思想具体体现为天命禳弭思想,即通过某种超自然力量的祈求来减少灾害或消除灾害。[9]民国时期救灾思想在西方科学思潮与科学知识传播的影响下,较之于中国传统救荒思想而言,体现了科学化的发展趋势,而正是这种科学化的发展趋势为民国灾害救助提供了较之于传统社会丰富的物质基础,同时,随着救灾主体的多元化与国际化,救灾资金筹集的多元化、社会化、国际化,以及救灾措施的社会化,民国时期救灾思想的多元化、国际化、社会化影响着民生保障事业向多元化、社会化、国际化的方向发展。

民国时期救灾思想继承了中国传统救荒思想中的民本思想,中国传统救荒思想强调以"以仁政之心行仁政","爱国必先爱民","彻底为民"为代表的民本思想,民本思想建立在民本主义基础上,强调在应对自然灾害中发挥人的主观能动性以防范饥荒出现,民本思想将发展生产与救荒联系起来综合考虑以至于在救灾中达到标本兼治的效果,力求使灾民更好的生活。从本质上来说,传统的民本思想是在当时历史条件下产生的一种朴素的民生保障思想,其将救荒作为民生保障之重要部分,然而,这种民生保障思想带有历史局限性,根本出发点则在于维护统治阶级的统治,是建立在皇权基础上的民生保障思想。民国时期救灾思想既继承了传统的民本思想，又是特殊时代背景下的民生保障思想。民国时期已经建立了具有现代化特征的政府政治体系，救灾及民生保障已经成为政府义不容辞的责任，作为现代国家公民具有被救济、被保障的权利，因而，经过民国时期中国救灾思想的近代化转型，传统的民本思想已经发展成为特定历史背景下的民生保障思想。

二、民生保障和社会保障理念

纵观古今历史，历代王朝的兴衰无不与民生保障有关，凡是统治者重视民生保障的朝代，统治则稳固，社会经济发展繁荣。南京国民政府虽然在制度上建立了相对而言比较健全的救灾保障体系，但诸多政策终因流于形式而未能付诸实施，以至于导致政权的更替；同样，由于中国共产党在民国时期重视民生保障，将民生保障上升到政治高度，发动广大人民群众，依靠广大人民群众，开展以"自力更生、生产自救"为核心的一系列救灾减灾等民生保障措施，最终赢得了最广大人民的信任，并赢得了解放战争的最终胜利，获得执政地位。由此可见，民生保障问题在经济社会发展中的重要地位；由此，也必然高度肯定民国时期救灾思想在内核上转变成一种近代民生保障思想的非凡意义。

但是，在笔者看来，这种近代的民生保障思想并非等同于现代社会保障思想。前者是后者的铺垫，后者是前者的延伸和拓展；前者是必要积累，后者才是发展目标。不可否认，民国时期甚至晚清时期，部分学界翘楚和资产阶级的开明人士都曾有论及或者引介现代社会保障思想或福利观念。但总的来看，这并不能成为切合时代需要的社会意识，当然发展前途在当时也就不可能构成一股潮流。民国时期，中国国情决定了完成救灾思想的近代化转型、形成一种真正解决内忧外困的朴素的民生保障思想才是当时的社会意识需要。可以认为,这种朴素的民生保障思想主要解决的是生存问题,而并不是农耕社会向工业社会转型过程中的发展问题。现代社会保障理念基于工业社会而言,民国时期的中国并未能有效开启工业化进程,因而,期间产生的民生保障思想,哪怕是经过共产党边区政府发挥到极致,可能也并不能视为现代社会保障思想。

当然,不承认民国民生保障思想等同于现代社会保障思想,并不意味着不承认这种朴素的民生保障思想对开启中国现代社会保障思想的重要意义。恰恰相反,意义重大。正式由于始终秉持这种朴素的民生保障思想,中国共产党带领全国人民,自力更生,励精图治,经过60多年的努力特别是改革开放30多年的奋斗,基本完成了中国工业化进程;正是这种朴素的民生保障思想,由于脱胎于中国传统救灾思想并传承着"天人合一"、"天下大同"、"民为邦本"、"生产自救"等东方文化精华,可能会对解决当今世界面临的灾害问题和社会保障问题提供与西方思想不同的智慧;正是这种朴素的民生保障思想,在经过理论界不断挖掘和探索后,在当代中国,开始发展为包括"公平、正义、共享、和谐和可持续发展"等要素、具有中国特色的社会保障理念。

纵观中外世界各国,"凡是追求社会保障公平并想获得持续、健康、和谐发展的国家,必定高度重视社会保障制度建设;凡是社会保障制度健全、完备的国家,通常都是能够获得持续、健康发展的国家。"[10]纵观古今历史,历代王朝的兴衰无不与民生保障有关,凡是统治者重视民生保障的朝代,统治则稳固,社会经济发展繁荣;凡是历代朝代的更迭与战乱,皆因严重的民生问题与社会矛盾而起,如德国社会保险制度的建立与当时尖锐对抗的劳资矛盾无不有关,英国福利国家的建立迅速化解了国内社会矛盾与阶级对抗等,二战后日本健全的社会保障体系为日本经济的起飞和持续增长奠定了稳定与公平的社会基础,韩国、新加坡等新兴工业化国家或地区通过健全自身社会保障体系促进社会公平与社会和谐。对于中国而言,几乎中国历史上的每次战乱无不与民生保障有密切相关,陈胜吴广起义也皆因残酷的民生问题所迫,北洋政府、南京国民政府虽然在制度上建立了相对而言比较健全的社会保障体系,但诸多政策终因流于形式而未能付诸实施,以至于导致政权的更替,然而,正是由于中国共产党在民国时期比较重视民生保障,将民生保障上升到政治高度,发动广大人民群众,依靠广大人民群众,开展以"自力更生、生产自救"为核心的一系列救灾减灾措施,民生保障措施,最终赢得了最广大人民的信任,并赢得了最终解放战争的胜利,建立了政权。

中国改革开放 30 多年来,我国在政治、经济、文化、社会建设等诸多方面取得了举世瞩目的成就。就当代社会保障而论,正如郑功成教授所言,我们已进入"后改革开放时代",民生问题已成为这一时代的主旋律,成为社会普遍关注的热点。"社会保障"已作为一个完整的、具有最高法律依据的概念于 2004 年 3 月第十届全国人大第二次会议通过的《中华人民共和国宪法修正案》正式提出,且明确要求"国家建立健全同经济发展水平相适应的社会保障制度"。之后,党的十七大于 2007 年进一步明确了社会保障作为国家保障民生与改善民生的核心制度安排的地位,明确提出要"加快以改善民生为重点的社会建设",要让全体人民"学有所教、劳有所得、病有所医、老有所养、住有所居"。

中国救灾思想的近代化则是一种民生保障思想,即建立在现代政府责任基础之上的政府对民生保障的责任。以"公平、正义、共享、和谐、可持续"为核心的当代社会保障核心理念与民国时期救灾思想一脉相承,即民国时期救灾思想在当代的现实反映,且是在新的历史环境下的民生保障。在当代社会保障制度与实践发展的基础上,一批国内外知名学者秉持着学术良知、学术责任、社会责任、国家责任的热情,已就中国社会保障的改革与发展作出战略性的总体规划,并形成了以"公平、正义、共享、和谐、可持续"为核心价值体系的当代社会保障思想,同时,这也是执政为民,以人为本的具体体现,这也正是时代所肩负的历史使命。

注　　释

1　夏明方:《民国自然灾害与乡村社会》,中华书局,2000 年版,第 5 页。

2　3　4　李克主编:《当代名家学术思想文库》戴逸卷,北方联合出版传媒(集团)股份有限公司 2011 年版,第 7—8、9、10 页。

5　杨德才:《二十世纪中国科学技术史稿》,武汉大学出版社,1998 年版,第 166—167 页。

6　郑功成:《论中国特色的社会保障道路》,中国劳动社会保障出版社,2009 年版,第 22—24 页。

7　文姚丽:《古代典籍与仁人志士救荒思想研究述评》,《广西财经学院学报》2010 年第 8 期,人大复印资料《社会保障制度》2010 年第 1 期转载。

8　郑功成:《当代社会保障发展的历史观与全球视野》,《经济学动态》2011 年第 12 期。

9　文姚丽:《中国传统救荒思想的哲学渊源——天人合一》,《社会保障研究》2010 年第 1 期。

10　郑功成:《中国社会保障改革与发展战略——理念、目标与行动方案》,人民出版社,2008 年版,第 2 页。

后　记

　　本书是在博士论文的基础上修改并完善而成的。

　　导师郑功成教授的宽容与支持使我有幸选择"民国时期的救灾思想"这一主题作为博士生期间的研究对象。4年间，他多次的学术指导与严厉批评使我受益匪浅。最令我难忘的是他的"关注公益的人生是有意义的人生，不断学习与不断思考的人生是进步的人生"诸如此类的鼓励。他开阔的学术视野与"辩证思考、逆向思维"的治学方法引导着我对中国社会保障史的探索，他的战略眼光与放眼世界的学术理想启发着我对社会保障理论与政策的思考，他牵头开展的各项战略研究与多次学术会议为我提供了很好的交流平台与锻炼机会，至今，他的博大胸襟及与古人神交的学术气魄对我是一种莫大的鼓舞，他身体力行的国家责任、社会责任、学术责任给予我们榜样的力量。在此表示由衷的感谢！

　　在劳动人事学院学习4年，非常感谢仇雨临教授的帮助与指导，多次的邮件与电话联系，仇老师都给予了宝贵意见。感谢论文开题过程中孙树函教授、潘锦棠教授等多位老师的意见和建议。论文答辩过程中，王延中研究员、贾俊玲教授、吕学静教授、仇雨临教授、杨立雄副教授提出了宝贵的意见和建议。无论是论文的开题或答辩,都凝聚着各位老师为学术后辈成长付出的心血。同时,这也为论文的后续修改和出版提供了可供参考的建议,也为后来学术研究提供了有益借鉴。

在中国人民大学,很幸运的是能得到清史研究所夏明方教授的无数次悉心指导和帮助,史料的搜集与查阅以及论文的完稿都凝聚着夏明方教授的心血。夏明方教授严谨的治学态度,实事求是的学术作风以及淡泊宁静的人生态度为我毕生所追求与向往。他对学生严厉中夹杂着父爱的深沉,他四两拨千斤游刃有余的启发学生主动思考的治学方法使我深深地敬佩。对我这样一个倔强、又很有主见的学生来说,能在他的帮助下快乐地研究民国灾荒史,实属幸运。在论文的写作过程中清史研究所朱浒教授也曾给予了诸多帮助和鼓励,他扎实的文字表达也使我受益匪浅!

本论文在完稿之后曾请教李文海教授,李老师当时已80多岁,令我没想到的是他对我的论文竟然是逐字逐句阅读,甚至连错别字、语句的不通顺、脚注与参考文献的不规范等都详细的逐一指出,严谨的治学态度、诲人不倦的学术品质令我难以言表,留下的只是由衷的敬佩与叹服!同时,感受他敏锐的学术洞察力、开阔的学术视野、宽广的学术胸襟对我也是一次莫大的震撼,使我深刻体会到一位具有多年学术修养的前辈对学术的孜孜追求与对后辈的殷切期望!

4年间,同门的师兄弟姐妹是我学习与生活的重要组成部分,很多人生中的美好时光是与他们一起度过的。感谢鲁全、乔庆梅、张怡恬、张浩淼、张金峰、彭宅文、李志明、谢琼、赵晓芳等各位师兄师姐曾给予的诸多帮助。也感谢曾一起共度4年时光的博士生同学李宏、朱丽敏、刘潇、白洁、代懋、万谊娜、高圆圆、王琬等人,与他们一起学习,建立了深厚的友情。同时,读博期间有幸结识中国人民大学清史研究所的李光伟、韩祥、密素敏等多位同学,他们扎实的学术功底,质朴的学术情怀使我深受启发。

感谢中国人民大学图书馆以及在那里辛勤工作的老师们! 感谢武继山馆长、狄淑君主任在资料查找过程中给予的帮助和支持,同时也感谢古籍旧刊资料室的老师,在史料的查找过程中张京蓉、吴宁、李国芳、王志椿、方瑞丽、李亚先等各位老师给予的无私的帮助和建议。

博士后合作导师周秋光教授非常鼓励并支持我将博士毕业论文修改出版,非常感谢他为本书的出版所做的推荐;同时,也感谢周老师对于本书的修改给予了中肯的意见。每次与周老师长达上小时的电话指导与讨论,无论是对于本书的修改还是对博士后研究而言,都使我受益匪浅。可以说,与周秋光教授的多次长时间讨论使我茅塞顿开,对史学有了更进一步的领悟! 同时,我也深刻体会到周老师一丝不苟、认真负责的学术精神。他科学的治学方法、严谨的治学态度、热情奔放且执著的研究精神鞭策着我在今后不断取得新的研究成果。湖南师范大学近代史研究在全国具有的独特优势,这里的图书馆和资料室为本书的修改提供了丰富的历史资料,浓厚的学术氛围使笔者深受历史的熏陶。李育民教授、曾桂林教授、吴仰湘教授等多位老师对本书的修改及民国时期社会保障制度的研究提供了帮助。感谢欧月娥、欧阳晓等多位老师的帮助和关心。在长沙期间,很感谢师母徐美辉老师、及余伟良、林延光、龚涛、马少珍等同门师兄弟的关心和照顾。

多年的成长与求学凝聚着父母的心血,父亲的宽容与坦然,母亲的慈爱与坚强一直激励着我不断进步;父亲的教诲依然在女儿心中不可替代,母亲的牵挂也时常令我愧疚。父母一直是我坚强的后盾,他们在任何时候都鼓励我往前走。去年,从来没有出过远门的母亲在长沙陪伴我近 4 个月，洗衣做饭，顾念操持。丈夫周文豪一路陪我走来，付出了诸多努力与辛劳，多少次与他的学术讨论直至午夜，多少次的学术斗嘴也培育了我敏锐的洞察力。女儿周恩泽今年 3 月降生，7 个多月来，女儿的成长伴随着我愉快地修改书稿，每当我修改书稿时，她除了哭闹，更多的是甜甜的笑声。此情此景，让我感受到事业和家庭瞬间融为一体。

到西北政法大学工作后，感谢丁韶彬教授、谢斌教授、刘华平副教授、李文琦副教授等多位老师对于本书的出版给予了莫大的鼓励和帮助。本书的出版也得到西北政法大学学科建设经费资助。

本书的最终出版离不开人民出版社张秀平编审的付出与辛劳，与她的多次沟通与交流，使我深感一位资深编辑的严谨与负责，从签订出版合同到最后著作出版，她从各个方面都给予了帮助。在此深表感谢！

作者

2014 年 11 月 12 日

图书在版编目（CIP）数据

民国时期救灾思想研究 / 文姚丽著.

– 北京：人民出版社，2013

（中国慈善研究丛书 / 周秋光主编）

ISBN 978–7–01–012724–8

Ⅰ.①民… Ⅱ.①文… Ⅲ.①救灾–思想评论–中国–民国 Ⅳ.

① D693.66

中国版本图书馆 CIP 数据核字（2013）第 247745 号

民国时期救灾思想研究

MINGUO SHIQI JIUZAI SIXIANG YANJIU

丛书主编：周秋光

丛书策划：张秀平

作　　者：文姚丽

责任编辑：张秀平

封面设计：徐　晖

人民出版社出版发行

地　　址：北京市东城区隆福寺街 99 号金隆基大厦

邮政编码：100706　http://www.peoplepress.net

经　　销：新华书店总店北京发行所经销

印刷装订：北京昌平百善印刷厂

出版日期：2014 年 12 月第 1 版　2014 年 12 月第 1 次印刷

开　　本：880 毫米 ×1230 毫米　1/32

印　　张：11.125

字　　数：350 千字

书　　号：ISBN 978–7–01–012724–8

定　　价：39.00 元